Financial
Big Data
Development Report

金融大数据发展报告

顾晓敏 杨廷干 石永彬等/著

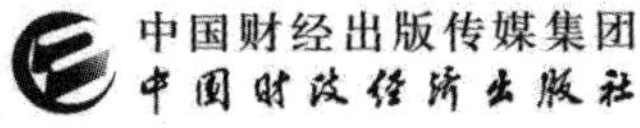

图书在版编目（CIP）数据

金融大数据发展报告／顾晓敏等著. --北京：中国财政经济出版社，2020.12

ISBN 978-7-5223-0138-9

Ⅰ.①金… Ⅱ.①顾… Ⅲ.①金融-数据处理-研究报告-中国 Ⅳ.①F830.41

中国版本图书馆CIP数据核字（2020）第210698号

责任编辑：谷兴华　　　　责任校对：徐艳丽

封面设计：卜建辰　　　　责任印制：党　辉

中国财政经济出版社 出版

URL：http：//www.cfeph.cn

E-mail：cfeph@cfeph.cn

社址：北京市海淀区阜成路甲28号　邮政编码：100142

营销中心电话：010-88191522

天猫网店：中国财政经济出版社旗舰店

网址：https：//zgczjjcbs.tmall.com

北京财经印刷厂印刷　各地新华书店经销

成品尺寸：170mm×240mm　16开　14.5印张　245 000字

2020年12月第1版　2020年12月北京第1次印刷

定价：60.00元

ISBN 978-7-5223-0138-9

（图书出现印装问题，本社负责调换，电话：010-88190548）

本社质量投诉电话：010-88190744

打击盗版举报热线：010-88191661　QQ：2242791300

金融大数据发展报告

课题组负责人：

顾晓敏　杨廷干　石永彬

课题组成员：

李　舰　赵国庆　董骝焕　陆　晨　张　晶

刘　伟　王天凤　张正琦　程　宏　李露茜

目　录

第一章　新金融时代 …………………………………………………… (1)
　第一节　金融业发展现状与挑战 ………………………………………… (1)
　第二节　新金融的基本理论 …………………………………………… (10)
　第三节　大数据对金融行业的影响 ……………………………………… (15)
　第四节　人工智能技术对金融行业的影响 ………………………………… (23)

第二章　金融基础设施变革 ………………………………………………… (32)
　第一节　金融基础设施简介 …………………………………………… (32)
　第二节　云计算和分布式平台 ………………………………………… (40)
　第三节　大数据和人工智能 …………………………………………… (48)
　第四节　区块链技术 ………………………………………………… (57)

第三章　智能信贷 ………………………………………………………… (65)
　第一节　互联网小额信贷产品概述 ……………………………………… (65)
　第二节　基于数据的风险管理和模型体系 ………………………………… (71)
　第三节　系统架构 …………………………………………………… (82)
　第四节　智能算法的应用 ……………………………………………… (91)

第四章　智能金融服务 …………………………………………………… (107)
　第一节　智能风控 …………………………………………………… (107)

第二节　智能客服 …………………………………………………………… (115)
第三节　智能投顾 …………………………………………………………… (123)
第四节　智能营销 …………………………………………………………… (132)

第五章　传统金融行业面临的挑战 ……………………………………… (141)
第一节　传统金融行业的大数据应用现状 ………………………………… (141)
第二节　传统金融行业的瓶颈 ……………………………………………… (146)
第三节　To C 还是 To B …………………………………………………… (163)
第四节　当传统金融遇上金融科技 ………………………………………… (172)

第六章　金融监管的变革 ………………………………………………… (179)
第一节　金融监管科技简介 ………………………………………………… (179)
第二节　海外发达国家金融监管的发展和演变 …………………………… (182)
第三节　海外发达国家金融科技监管经验 ………………………………… (192)
第四节　展望未来：数字化时代的监管科技 ……………………………… (206)

第七章　新金融发展趋势与展望 ………………………………………… (212)
第一节　未来金融，在路上 ………………………………………………… (212)
第二节　未来未知，做好准备 ……………………………………………… (217)

后记 ………………………………………………………………………… (225)

第一章　新金融时代

第一节　金融业发展现状与挑战

一、金融业的内涵和特点

金融在社会经济中居于核心地位，几乎所有现代经济活动的发生都伴随着由货币信用衡量的价值流动。金融业，顾名思义，是融通货币资本的行业，又称为金融行业。从“金”“融”和“行业”三个词分别可以推断出金融业的三个基本特点：一是以货币资本为运营内容，不直接生产实物；二是为经济生产和经营活动解决资金短缺和流转等问题，可以有效地服务实体经济；三是具有经济行业的一般性，追逐利润并追逐持续利润，或者其他可持续发展的基础①。

金融业的第一个特点表明人人都与金融相关。几乎所有人都有融通货币资本的需求，最常见的就是参与商业银行的存贷款业务，其他常见的金融业务还有保险业务、证券业务、信托业务、外汇业务、支付清算业务等。金融业务广泛存在于经济生活的各个方面，几乎所有人都能切身感受到金融业发生的变化给自己经济生活带来的影响。

金融业的第二个特点反映了金融在经济运行中的重要性及其与信息之间的联系。资本是经济生产活动中的重要生产要素，金融可以为实体经济生产和经营活动提供货币资本及其流转服务。金融系统的良好运行，是保证经济活动有

---

① 如，政策性金融机构以国家信用为基础，开展政策性金融业务，实现政府特定的政策目标。

效开展的前提。从信息的角度来看，金融的本质是通过对信息的处理和整合提供货币资本融通的服务。信息的具体表现形式是数据，数据的存储技术和分析技术的发展自然会对金融业产生巨大的影响。可见，金融天然和信息技术有着密切的联系。

金融业的第三个特点说明金融有盈利和可持续发展需求。和一般的经济产业一样，金融行业也追逐盈利，并尽可能地追逐更多的利润。正是由于这种逐利性，货币资本作为一种稀缺资源，并不是按需分配的。一般情况下，金融机构会倾向于将货币资本投向能够带来较大回报的地方。为了更有效地融通货币资本以追求高额利润，金融业会主动提高金融服务水平。信息技术水平在很大程度上决定了金融业的服务效率。借助于信息技术的发展，金融业不断提高自身服务效率，加速自身的发展，更高效地融通货币资本，实现利润最大化。

由于金融在市场经济中占有特殊的重要地位，所有的市场经济国家都非常重视金融业的发展。现代市场经济在本质上是一个发达的货币信用经济，也称为金融经济，表现为以货币信用衡量的价值流动导向实物流动，货币资本运动导向物质资源运动，可以形象地理解为“物随钱走”。中国特色社会主义市场经济实行以来，经济的迅速发展离不开金融发展的支持，经济生产和经营活动的高效运转得益于金融系统提供的高效货币资本运转的支持。在这一过程中，我国金融业也从非常落后的局面发展成为信息化水平在国际上比较先进的金融系统，在全球金融科技浪潮中走在时代前列。

二、金融与信息技术结合的历史

改革开放以前，我国实行的是由中国人民银行执行的“统存统贷”的金融制度，且中国人民银行归属财政部管属，金融被财政“裹挟”。1979 年 10 月 4 日，邓小平在中共省、直辖市、自治区委员会第一书记座谈会上的讲话中提出“要把银行办成真正的银行”，开启了中国金融体系的市场化改革之路。金融从财政中独立出来，以及金融监管机构和金融机构分离之后，中国特色社会主义市场经济的现代金融体系开始建立。目前形成了“一委一行两会”的监管结构[①]和多种金融机构从事金融业务的局面。

---

① “一委一行两会”是指国务院金融稳定发展委员会（金委会）、中国人民银行（央行）、中国银行保险监督管理委员会（中国银保监会）和中国证券监督管理委员会（中国证监会）。

改革开放初期，我国的金融业务基本由银行包揽，银行对账务的处理采用手工记账方式，涉及的运算主要靠“打算盘”实现。在这种几乎没有现代信息技术含量的情形下，银行的账务处理效率非常低下，普通的存取款业务需要耗费大量人力和物力。如果需要办理汇款业务，则至少需要等待半个月以上的时间，从而形成了大量的在途资金，造成货币资本的巨额浪费。这样的金融业务处理效率完全不能适应我国经济快速增长的大环境，金融系统急需加快改革和发展的步伐。

从当今经济运行的基本常识可以判断，发达的市场经济必须配套发达的金融体系。效率低下的货币资本流转系统是不可能支撑高效的经济生产和经营活动的。正如前文提到的金融业第二个基本特点，高效的金融服务可以促进实体经济发展。反过来，低效的金融系统会制约实体经济生产和经营活动的开展。为了更好地服务中国特色社会主义市场经济建设，我国金融业加快实行了自动化、电子化和网络化的改革进程。

20 世纪 80 年代，我国的银行存折基本上都是用手工填写的，实际上应该叫作“存单”。到 90 年代，随着银行自动化和电子化的普及，存折才普遍有了黑色磁条，由手工书写改为电脑打印，后来又开始普遍使用银行卡以及信用卡①。90 年代的银行卡还不能跨行使用，商场不得不配备多家银行的 POS 机（销售终端机具）满足客户不同银行的银行卡刷卡需求，商场收银台摆放一大堆 POS 机也成为当时的一种壮观景象。直到 2002 年 3 月中国银联在上海市成立，推广普及了银联卡的使用，各银行通过使用银联跨行交易清算系统进行清算，才陆续使银行卡可以方便地跨银行、跨地区和跨境使用。事实上，中国银行营业网点的全面电子化联网是在 2018 年 7 月才完成的。2018 年 7 月 27 日，中国农业银行西藏自治区分行的 114 个手工作业银行网点全部电子化改造完成，至此中国的银行业才实现全面电子化联网。这也反映了中国金融信息化变革过程中区域发展的不平衡。

中国的保险业和证券业起步较晚，中国太平洋保险和中国平安保险的诞生标志着我国现代保险行业的初建，证券市场则是在 90 年代初才建立的。保险

---

① 我国的银行业 20 世纪 80 年代就已经局部实现了电子化，如 1985 年我国银行推出我国第一张人民币信用卡“中银卡”，次年又推出第一张可以在全国范围使用的信用卡“长城卡”。但我国磁条存折、银行卡和信用卡的普遍使用是在 90 年代实现的。我国 20 世纪八九十年代的金融业发展可谓日新月异，当时国内的新鲜事物大多数是从国外引进的，改变了人们的经济生活方式。当然，即使是在当今，笔者也觉得我国的金融业发展变化很快，很多变化对笔者来说也很新奇。值得欣慰的是，有些变化并不是从国外引进的，而是由国内自主推动产生的。

业和证券业在建立之初就加快信息技术升级，但在当前的金融业大数据升级改造的过程中，保险业相对落后。

在国际上，信息技术对金融业的改造起源很早。1952 年，美国加利福尼亚州富兰克林国民银行发行了世界上第一张磁条卡。从 20 世纪 60 年代末到 70 年代初期，日本银行协会开发了全国性银行数据通信系统，并在 1983 年全面联网，实现了日本银行业的互通互联。1973 年，美国和欧洲银行界设立了环球同业银行金融电讯协会，联结了各国金融数据通信系统，我国中国银行于 1985 年加入该系统。

货币资本融通业务的开展离不开信息的处理，信息技术的发展对金融业的发展起到基础性作用。回首国内外金融业发展的历史，金融业务的发展得益于信息技术的进步。如果没有发达的信息技术，金融业不可能将市场经济中分散的和复杂的货币资本需求和供给方信息整合在一起。一部金融发展的历史，也是信息技术不断进步的历史。

在金融和信息技术结合的历史中，诞生了一系列有趣的名词，如电子金融、信息金融、网上金融、平台金融、移动金融、碎片金融、数字金融、互联网金融、大数据金融、金融科技等。从这些名词可以形象地看出，金融受到了信息技术冲击及影响，信息技术主要包括传感技术、通信技术、信息存储技术、计算机技术。

近年来，金融和信息技术出现了加速结合的现象，除了涌现各种新奇名词以外，还对各年份贴了相应的标签。如，2013 年是“互联网金融元年”，2014 年是“互联网金融发展年”，2015 年是“互联网金融监管年”，2016 年是“互联网金融规范整治年”，2017 年是“金融科技元年”，2018 年是“监管科技元年”，2019 年是“金融科技大年”。金融业态的巨大变化和迅猛发展，即使是从业专业人士，也应接不暇。

三、当前金融行业的机遇与挑战

在过去 40 余年的经济发展中，中国一方面建立了完整的市场经济体系，另一方面绕开了许多经济发展的中间过程，直接进入先进的现代化建设。这种在短期内实现从无到有再到优的发展路径，数量和质量齐飞，无疑使中国经济发展面对的机遇和挑战都比其他国家和地区要多。

就目前而言，中国金融业发展已经取得了巨大的成就，基本上建立了完整的现代金融业务体系。截至 2019 年 9 月，中国拥有 4 500 多家银行业金融机构、130 多家证券公司、230 多家保险公司，金融业总资产为 300 万亿元，其中银行业总资产为 268 万亿元，规模居全球第一。另外，我国的债券、股票和保险市场都为全球第二大市场。外汇储备余额为 3.1 万亿美元，多年来居全球第一。① 据英国《银行家》发布，2019 年全球银行 1 000 强榜单前 10 名中有 4 家中资银行，其中中国工商银行连续 7 年位列榜首②，另外 3 家银行分别是中国建设银行、中国农业银行和中国银行。

当前中国金融科技发展也蒸蒸日上。据国际知名会计师事务所毕马威和金融科技风投公司 H2 Ventures 联合发布的 2019 年全球领先的 50 家金融科技公司中，中国有 10 家金融科技公司上榜，其中蚂蚁金服位列第一，京东数科和度小满金融分别位列第三和第六。从发展的角度看，中国金融科技也处于全球领先地位。据安永公司发布的《2019 年全球金融科技采纳指数》显示，中国和印度的消费者金融科技采纳指数同为世界第一，为 87%，远高于全球平均水平的 64%。另外，中国的中小企业金融科技采纳率为 61%，位列世界第一，其次是美国，指数为 23%，全球平均水平为 25%。

当前中国金融业的机遇与挑战反映在其所处的历史和时代的特殊路径上，一方面高速发展的经济金融和包容性较强的经济金融环境为金融业的发展奠定了良好的基础，另一方面形势和背景的新变化为金融业的发展带来较高的风险和不确定性。当前中国金融业的机遇和挑战体现在“数量”和“质量”两个方面。

在“数量”方面，中国已经建立了庞大的金融体系，但仍然不能满足市场对金融产品和服务的需求。从前文提供的数据来看，中国金融业整体规模在世界范围内名列前茅。庞大的金融体系的形成得益于中国国民财富的大量积累，并长期保持了全球最高的储蓄率。但是，即使中国拥有体量庞大的金融供给，也不能满足市场对金融产品和服务的需求，还有很多融资需求不能得到满足，很多金融产品和金融市场不完善，以及很多地区的金融服务不能触及。在这种供给和需求仍有较大增长空间的情况下，金融业发展具有潜在的巨大机遇。机遇和挑战是硬币的两面，庞大的金融业规模和巨大的潜在发展机遇面临着结构性问题，这种结构性问题体现在金融市场结构和传统金融向新金融转化

---

① 相关数据来源于中国人民银行行长易纲在 2019 年 9 月 24 日召开的“以新发展理念为引领，推进中国经济平稳健康可持续发展”新闻发布会上的发言。

② 中国工商银行被形象地称为“宇宙行”或者“宇宙第一银行”。

方面。我国虽然有庞大的金融业规模，但主要是银行业规模较大，约占 89%，非银行业仅占金融业规模的 11%，我国金融业以银行业为主导的间接金融为主，融资方式以债券融资为主，股权融资相对较少，形成了庞大的债务规模。债务具有刚性兑付效应和严重的顺周期性，会对金融系统稳定性造成潜在的威胁，近年来频繁出现的公司债务危机和地方政府债务压力就反映了这一问题。从传统金融和新金融占比来看，传统金融机构占比很高，新金融虽然发展迅猛，但基本上还处于探索阶段。传统金融机构的转型面临着诸多的困难，包括制度、人才和观念等方面，都面临着极大的挑战。总体而言，金融市场供给和需求的快速增长，一方面给金融业的发展带来潜在的机遇，另一方面这种剧烈的变化也使金融市场结构、传统金融变革及其相关配套机制都面临巨大的挑战。

在“质量”方面，相对于发达国家金融业发展水平，中国金融业仍属于“追赶型”行业，但在发展上已经开始出现局部范围的比较优势。中国当前的金融系统起步很晚，现代银行业在 20 世纪 80 年代建立，现代股票市场和债券市场在 90 年代才慢慢建立，1992 年成立中国证监会，1998 年成立中国保监会，2003 年才成立中国银监会。时至今日，中国的银行业规模很大，但其他金融业发展相对落后，股票市场和保险市场规模占国内生产总值（GDP）的比例不高，而债务总量占 GDP 的比例却很高，这种不平衡也对金融系统稳定性造成了威胁。无论如何，经过 40 余年的追赶，中国已经建立了基本完整的现代金融体系。在过去，中国金融业的发展很好地完成了数量和规模的增长，这符合过去 40 余年中国国情的需要。金融作为一种特别稀缺的生产资料，市场对金融的需求是迫切的，不管金融产品和服务的质量如何，都会有市场需求。目前，中国金融业发展方式应该转变为追求高质量的发展，市场对金融产品和服务的需求更加注重质量，这实际上也反映了金融供给侧改革政策提出的原因。金融供给侧改革可以简单理解为改革金融体系使之提供质量更优的金融产品和服务。为了提供更好的金融产品和服务，一方面需要完善和健全现代金融体系建设，实现传统金融模式的赶超，另一方面还需要发展新金融领域，占据新金融发展的制高点。当前，金融业受到信息技术发展的冲击，尤其是大数据、人工智能和区块链等技术的影响，金融业的基础设施及其产品和服务正在发生根本性的变化。所幸中国金融业在新金融的局部领域正走在国际前沿，面对金融业发展的根本性挑战的同时，中国金融业拥有潜在的巨大机遇。

正如曾经被评为全球最具金融影响力前五名中的克里斯·斯金纳认为，中国正在引领由互联网科技引发的人类“第四次变革”①，并预言 2024 年中国的一线城市将不再出现现金，到 2030 年中国将变成“无现金国家”。中国未来的金融业发展似乎充满希望，让我们拭目以待。

四、新时代孕育新金融

金融业发展正处于“最好的时代”，金融信息技术得到极大发展，金融产品和服务更丰富、更广泛；这也是“最坏的时代”，我们根本不知道未来金融是怎么样的，不知道未来金融信息技术会发展到什么程度，也不知道未来会出现怎样的金融业态。

金融业的发展天然和信息技术的发展息息相关，金融服务主要是一种信息服务，金融体系主要是建立在一个庞大的金融信息系统上面。自动化和电子化大大地提高了金融系统的运行效率，但它们引发的金融变革渐渐退潮，以大数据和人工智能为代表的现代信息技术正引领时代变化。大数据和人工智能技术分别对应数据的存储技术和分析技术，正在对金融业产生革命性的影响。

金融业与信息技术结合的过程普遍被认为可以划分为三个阶段。第一个阶段为金融科技 1.0，是金融业利用互联网技术（IT）实现自动化和电子化的过程，又称为电子金融阶段。第二个阶段为金融科技 2.0，是金融业利用互联网技术实现远程信息共享，并利用互联网手段实现业务拓展，称为互联网金融阶段。第三个阶段为金融科技 3.0，是由大数据、云计算、人工智能和区块链等先进技术驱动，对金融基础设施、数据形式及其分析方法产生革命性影响，使金融业可以提供更稳定、更广泛和更精准的金融产品和服务。现在大家谈到的金融科技通常就是指金融科技 3.0。

新时代孕育新金融，新金融最大的特点就是金融科技，数据存储、处理和分析技术的进步对传统金融业产生了深刻影响。放在更大的技术驱动社会经济发展的背景下，金融科技实际上是第四次工业革命（工业 4.0）在金融领域的体现。工业 4.0 的概念是 2013 年 4 月在德国举办的汉诺威工业博览会上正式提出的，是对工业革命发展阶段的一种划分。工业 1.0 是蒸汽机时代，工业 2.0 是电气化时代，工业 3.0 是信息化时代，工业 4.0 则是利用信息化技术促

---

① 人类第一次变革是语言的产生，人类有了共同的信仰，开始群居生活；人类第二次变革是人类进入文明社会；人类第三次变革是工业化产生。

进的产业革命时代，即智能化时代。先进的信息技术对金融产业的变革便是金融科技，是当前新金融的最重要的表现。

新金融服务新时代，现代金融的发展为人类经济生活带来了极大的便利，也对经济发展提供了强大的支持。尤其是在一线城市，用户已经很少去银行柜台办理各种业务，ATM 机（自动柜员机）的使用频率也在下降，很多证券、保险等业务也可以直接通过 PC（个人计算机）端和移动端直接办理。由于使用了大数据、人工智能等技术，金融业可以从更多维度上了解客户对金融产品和服务的个性化需求，并提供精准和智能的服务。

受益于现代金融业的发展，经济生产和经营活动可以得到更充分、便利的金融服务。众所周知，良好的道路交通体系对经济发展起着至关重要的作用，原因是良好的道路交通体系为经济系统中实物流动和劳动力流动提供了便利。充分的实物流动和劳动力流动促进了经济生产和经营活动的发生，为经济发展提供坚实基础。

新金融的发展和道路交通体系的贡献类似，也对经济发展有重要贡献，金融为经济系统提供了畅通的价值流动，为经济生产和经营活动提供了快速、高效的资本和资金运转。金融不直接参与实体经济生产和经营活动，一方面它为实体经济提供金融资本，作为一种重要的生产要素提供者，对经济发展有直接的贡献；另一方面发达的金融体系极大地促进了经济系统中的价值流动，高效的资金和资本运动可以提高经济生产和经营活动效率。实物流和价值流是经济活动的两个方面，任何一项流动受到阻碍都会影响经济的发展。因此，就像发展经济要发展道路交通体系一样，发展经济也需要发展金融体系。对于当前而言，需要促进新金融的发展，进一步推动大数据和人工智能等先进技术对金融业进行产业变革。

在感受新金融给社会经济生活带来各方面便利和新奇体验的同时，人们尤其是对于金融从业者和金融机构而言，其对金融业的未来充满了未知和恐惧。未来，我们将面临三个方面的挑战：一是金融人才和教育培养体系错配的挑战；二是新技术发展的不确定性；三是未来金融业态的不确定性。

在金融人才和教育培养体系方面，由于传统的大学金融教育体系很少涉及信息技术或者相关交叉学科知识的培养，大多数传统金融学人才在新金融形势下会出现知识结构和行业需求不匹配的现象。传统金融业需要大量的业务人员，而从新金融业务的发展趋势来看，其更少依赖人工的干预，因此大量的传统金融从业人员需要面临转型的挑战。近年来，银行业对柜员等岗位的需求逐渐下滑，却逐年增加了对科技人才的需求。据清华大学金融科技研究院与北京熵简科技有限公司联合发布的《2019年“招聘大数据就业市场景气度”研究报告》显示，传统金融行业就业逐年下滑，但金融科技行业整体需求增加，且薪资水平相对更高。

面对新金融形势的变化，我国教育体系也在慢慢发生改变。近年来，交叉学科建设呈上升趋势，越来越多的高校在原有计算机、统计学、金融学、管理科学等相关学院的基础上建设人工智能学院、大数据学院和金融科技学院或者相关研究中心，以及系统科学、复杂性科学等交叉学科的设点单位也在逐年增加。这些教育体系的变化反映各高校及相关机构为新金融培养和输送具有交叉学科背景的人才。2017年，上海立信会计金融学院在全国第一次开设金融科技的本科专业，后续香港中文大学、中央财经大学、西华大学、山西工商学院和三亚学院也开设了金融科技本科专业，金融科技教育正在进入大学教育体系。

虽然目前新金融对于复合型人才的需求远大于就业市场的人才供给，但是随着新金融教育体系的发展，新金融和新金融人才之间的良性互动，会为未来金融行业的发展带来机遇。

大数据、人工智能等新技术方兴未艾，目前正处于高速发展的阶段，很多新的大数据技术和人工智能技术还处于研发阶段，每天都有新的技术面世。新技术发展的不确定性为金融和新技术的结合带来很大的不确定性。新技术会对金融业造成革命性的影响是确定的，但是新技术本身的不确定性使得这一影响具有不可知性。因此，新时代的新金融发展面临根本的不确定性。

新技术对金融业的影响实际上就是新技术的产业化过程，这一过程使金融产业生态发生了巨大的变化。在传统的经济生态中，可以很清楚地划分金融机构和非金融机构，而在今天，我们很难辨别某些公司究竟是属于金融公司还是非金融公司，或许在监管层面或工商登记处有明确划分，但是它们的业务是否属于金融业务就难以判断了。

在新金融业态上，相对于其他国家，中国监管层面对创新的支持具有更强的包容性。对于很多金融和技术相结合的新金融业务，中国监管体系在早期的管控较为宽松，当这些业务对应的行业发展到一定阶段，并对未来发展状况有比较清晰的理解之后，中国监管层才出面管理。这种鼓励创新的监管机制使中国的很多新金融业务得以较快发展，如在微信支付和支付宝支付的移动支付领域，中国处于全球领先地位。

金融和科技之间的关系可以从二者结合的名词的意义解读，即金融科技（FinTech）与科技金融（TechFin）。科技金融是比金融科技更早出现的一个概念，是指金融机构支持科技企业实现科技成果转化、发展和创新。世界上最有名的专业从事科技金融的金融机构是美国硅谷银行，其以服务美国硅谷的科技公司出名，曾服务于 Facebook 和 Twitter 等明星公司。2010 年，美国硅谷银行和浦发银行在上海市合资设立了浦发硅谷银行有限公司，成为中国第一家科技银行。可见，在商业领域，金融以支持科技企业的发展为主。而现在科技反过来对金融产生重大影响，形成科技赋能金融产业变革的局面。金融与科技之间的相互影响推动二者共同发展，当二者之间的相互影响越来越深刻，会出现怎样的一番景象？

整体来看，科技公司在逐渐向金融领域渗透，传统金融机构也正在尝试科技转型。新科技和传统金融两方力量的较量，必将使传统金融体系发生巨大变化，未来将会产生什么样的金融业态，只有等待时间的验证。就像在过去人们不能想象“刷脸”支付、数字货币等，我们现在也难以预料未来金融的样子，我们只能大概知道金融会掌握客户更多维度的数据，会使用非常智能的算法估计客户的偏好和需求。

本章的第二节至第四节将分别介绍新金融的基本理论，概述大数据和人工智能对金融行业的影响。

第二节　新金融的基本理论

一、新金融的科技推动力

新金融的科技推动力是指推动金融发展的科技动力，是创造性破坏理论在金融领域应用的结果。创造性破坏理论是美籍奥地利经济学家约瑟夫·熊彼特提出的，该理论阐述了企业家创新是经济增长的真正根源，解释了企业家精神的创新作用对经济增长的贡献。企业家善于通过引进新的科学技术、改变生产组织方式、开辟新市场等对原有经济结构进行“破坏”，创造性地建立新的并淘汰旧的生产体系和经营方式。

科学技术的进步是推动人类社会发展的根本动力。在经济学的世界里，科学技术对经济发展的推动需要通过企业家创新来实现。科学技术的进步如果没有通过企业家将它应用于改变原有经济生产和服务过程，并成功取得市场的认可和实现经济价值，就不能算是推动了经济发展。科学技术进步对经济发展的推动表现为一种“颠覆式创新”的现象。

科学技术正在对金融业产生颠覆式影响。在美国，人们诧异华尔街和硅谷开始做同一件事；在中国，互联网科技公司和金融机构开始在同一个领域角逐，原本“八竿子打不着”的两个行业成了竞争关系；在过去，我们希望金融可以更好地支持科学技术的进步；在今天，我们惊诧于科学技术对传统金融模式造成如此大的威胁。科学技术的进步正在加速纳入金融创新过程中，体现在“创造性破坏”正在发生，“破坏”原有的传统金融体系，“创造”新的金融业务模式。

从“破坏”的角度来看，科学技术对传统金融服务、金融格局、金融稳定性、金融监管和货币政策都造成了巨大影响。传统的银行业务、保险业务和证券经纪业务需要开设大量实体门店并招募大量业务人员，引入先进的科学技术方法后，很多金融业务并不需要大量的实体门店和业务人员。传统的金融竞争格局被打乱，打破了依靠业务人员线下扩张业务的模式，原有的竞争优势甚至可能成为新金融时代下的累赘。由于在新金融时代下，可用的数据体量更大、变量维度更高、情况更为复杂，金融监管需要考虑的维度和精确程度都大大提升，而且新时代金融格局变化很快，金融监管需要紧跟新时代变化，传统金融监管方法可能会失效。这种“破坏效应”会使金融系统面临复杂的不确定性、金融风险和隐患增加，金融稳定性受到了挑战。由于金融格局的变化，传统好用的货币政策工具可能会面临失效。从近几年中央银行货币政策传导的效果来看，一些传统货币政策的效果大不如前，故而使用了很多非常规货币政策。非常规货币政策属于短时政策手段，但近些年这些非常规货币政策工具难以退出，使非常规货币政策常规化，给货币政策蒙上一层迷雾。

从“创造”的角度来看，由于新技术在金融领域的应用，金融体系运营成本降低，市场摩擦减小，极大地拓宽了产品和服务的可达范围，显著提高了金融体系的运行效率和服务实体经济的能力。金融体系的运行需要产生、存储和分析大量的数据，而大数据时代的新技术的应用会促使数据成本降低，提高运用数据的效率。金融受益于与数据相关的技术的发展，金融体系减少了大量的人力和实物的消耗，运营成本减少。借助于互联网等新平台的使用，金融体系的信息成本降低，金融交易可以以更高的效率促成，融资效率提高。此外，信息的分析能力的提升，使金融服务能力得以提升，尤其是可以提升精准服务的水平。先进的科学技术对金融业造成颠覆式影响，创建了新的金融运作方式，促使金融业可以提供更加便捷、准确和高效的服务。在传统的经济世界里，金融是一种非常稀缺的生产要素，在科学技术的推动下，相对于过去，这种稀缺生产要素的稀缺状况得到改善，促进了经济生产和经营活动发展，从而促进社会经济发展。

二、新金融的金融推动力

新金融的金融推动力是金融机构在拓展金融业务的过程中，除了使用原有的战略方法外，新金融也注重金融长尾市场带来的潜在利益，与之对应的是长尾理论。长尾理论是美国《连线》杂志前主编克里斯·安德森提出的经济学理论，其指出了在商品渠道扩宽和成本下降的情况下，商家可以在分散的大量末端客户群那里获取巨大的商业价值。

二八定律①是大家熟知的和长尾理论相关联的一个理论。二八定律最初描述的是收入分布的不均匀性，即 20% 的富人拥有 80% 的财富，80% 的低收入群体只拥有 20% 的财富。这个定律在金融领域也是适用的，金融机构的大部分利润实际上是从少部分客户那里获取的，而大多数客户创造的价值总量却很少。在实际情况中，往往是比二八比例还要不均匀，金融机构从利润最高的 20% 客户那里获得的利润可能要达到总利润的 90% 。

金融机构天然会更加注重需求量大的大客户。同一类型的一笔金融交易，大客户的成交金额比小客户大很多，在相同利润率的情况下，大客户带来的净利润比小客户高很多。如，银行发放一笔商业贷款，大客户和小客户的交易流程类似，银行付出的成本没有太大的区别，但是一个大客户的借款金额可能上亿元，而个体户的借款金额可能只有数万元。同一类型的一笔金融交易，大客户带来的净利润远远高于小客户。因此，金融机构更愿意服务大客户，而忽略规模较小的客户，在中国金融市场表现为中小微企业融资困难的问题。

和二八定律不一样，长尾理论指出了尾部客户群也具有很大的商业价值。在信息技术的加持下，金融体系的运营成本可以大大降低，可达范围也大大拓

① 二八定律又称为帕累托定律、帕累托法则，其与在大自然和社会经济系统中常见的无标度现象有关，反映了分布的强异质性，少部分主体占据大量资源，大部分主体只拥有少量资源。

宽。被传统金融忽视的大量客户群中单个客户的商业价值不高，但是将他们加总起来，能产生巨大的商业利润。

2013 年 6 月 2 日，马云在首届外滩国际金融峰会上称，中国的金融行业特别是银行业服务了 20% 的客户，赚了 80% 的钱，那些 80% 没有被服务的、该服务好的潜在企业，只有把它们服务好，中国巨大的潜力才会被挖掘出来。近年来，金融行业变化很大，一个很重要的变化就是金融产品和服务的可获得性提高，普通大众也可以方便地享受金融服务。

三、新金融的普惠效应

新金融的发展越来越体现普惠效应。大数据和人工智能等技术在金融行业的应用，降低了交易成本，拓宽了渠道，为实现长尾金融提供了可能性。普惠金融的关键在于“普惠”，目标是让更大范围内的人民群众享受到金融服务。金融机构天然是“嫌贫爱富”的，但长尾理论指明了没有被传统金融服务到的客户也具有金融服务的商业价值。金融服务走向尾端客户群是新时代的金融行业商业价值取向，即实现金融更好地服务社会经济的价值。

世界上最著名的普惠金融机构是格莱珉银行，由诺贝尔和平奖获得者穆罕默德·尤努斯在 1974 年创立，是一家旨在服务于贫困人群的无抵押小额贷款银行，因此也称为“穷人的银行”。1974 年，孟加拉国发生饥荒，当时已经是大学教授的尤努斯决定去实地调查受灾情况，他在街上看到一名妇女用竹子编筐，询问得知，她需要跟人借 22 美分买竹子，然后将编好的竹筐以低价 24 美分卖给贷款的人，这样每天可以赚 2 美分。尤努斯问这位妇女，如果借她 1 美元，一天可以赚多少钱，妇女说可以赚 1 美元。尤努斯找到 42 位类似的妇女，然后借给她们 27 美元，不设期限、不付利息，这样她们就可以利用这笔初始资本挣更多的钱，从而摆脱贫困。如今，格莱珉银行已经成为全世界规模最大的小额贷款金融机构，成为普惠金融的楷模。

在传统的金融体系里，金融机构服务贫困和金融资源严重稀缺的人群需要拥有一种社会公益的情怀，但在科技赋能的新时代，普惠金融是具有巨大商业价值的战略选择。改革开放 40 余年，中国集中金融资源帮助了小部分企业和个人从事经济生产与经营活动，对国民经济增长做出了巨大贡献。在这一过程中，中国同时也面临着中小微企业融资难、融资贵的结构性问题，这种结构性失衡对经济发展的影响越来越明显。中国金融服务的尾端是一个庞大的客户群，对其合理利用将会创造巨大的商业利润。在信息技术对金融体系冲击的背景下，金融成本的降低、渠道的拓宽，为普惠金融的开展奠定基础。

普惠可以拆分为“普”和“惠”两个字。“普”是要使更多的人群享受到金融服务，包括中小微企业、收入低的人群，甚至是贫困人群；“惠”是要提供更加廉价的金融产品和服务，虽然从单个客户那里获得的利润不多，但是众多客户创造的利润加总起来会很可观，看似巨大的成本分摊到每一个客户就会很低。这种既“普”又“惠”的金融实际上意味着金融的稀缺性逐渐降低，逐渐变成一种丰饶的资源，形成一种普惠的局面。

四、新金融的脱媒效应

金融脱媒又称为金融非中介化，即金融交易绕开以商业银行为主的金融中介机构，直接在资金的供给方和需求方之间发生。这里的“媒”就是指金融中介机构。金融脱媒现象是金融体系发展的一种自然现象，最早出现于20世纪60年代，美国商业银行为了规避监管当局的利率管制而进行的金融创新。中国金融体系是以商业银行为代表的间接金融，在改革开放40余年里为经济发展提供了最主要的金融支持。随着商业银行存贷款利率市场化的推进、证券市场等间接金融的发展、互联网金融等新金融的出现，中国金融脱媒现象越发明显，并对商业银行体系的规模和业务结构产生了显著的影响。商业银行规模在我国金融体系中占比很重，快速的金融脱媒会冲击金融体系整体的稳定性。

虽然金融脱媒现象的产生是金融体系发展的自然演进，但是技术进步和新金融发展促进了金融脱媒的加速，尤其是大数据和人工智能等新技术在金融领域的产业化，以及互联网金融、移动支付等新金融业务的出现。金融中介的盈利模式本质上是基于资金供给和需求双方之间的信息不对称。大数据、人工智能等技术在金融中的应用降低了资金供需双方的信息不对称，并使双方之间的金融交易变得更加便捷和廉价。金融脱媒的加速会对金融系统的稳定造成威胁，带来潜在的系统性金融风险，尤其是传统商业银行体系备受考验。

传统金融的“脱媒”过程，对应着金融科技的“触媒”，这一现象在支付领域体现最为明显。金融业是关于货币资本融通的行业，其中支付功能是金融体系最根本的功能。最传统的支付方式是现金支付，然后是刷卡支付。中国的银行业在20世纪90年代实现了单个银行的刷卡支付。2002年，中国银联成立以后，实现了跨银行的刷卡支付。随着智能手机的普及使用，移动支付成为最流行的支付方式。在中国各个城市大型商场乃至小商户门店中，支付宝支付和微信支付成为交易的主要支付方式。境内移动支付的快速发展，意外地造成了外国人在中国消费的支付困难。2017 年，网联支付清算公司成立，其专门从事非银行支付机构网络支付清算，承包了第三方支付机构和银行机构之间的结算，降低了移动支付的成本，提高了支付效率。网联支付清算公司还致力于打通境外人员在中国境内的支付渠道，预计在 2022 年冬奥会之前，外国人在中国也可以享受便捷的移动支付。

互联网金融的发展也显著促进了金融脱媒过程的演进，互联网货币基金、众筹、P2P 等新金融模式抢夺了传统商业银行业务。2018 年 6 月底，余额宝对接的 6 只互联网货币基金的资产规模达到了 18 602 亿元，超过 2017 年年底中国银行的个人活期存款余额的 17 986 亿元，居民原用于银行存款的资金可以方便地购买到利率更高的互联网货币基金。从资金供给和需求双方金融交易的渠道来看，双方可以在股权众筹、债权众筹、P2P 等平台上直接交易，便捷地实现各自投融资需求。

2019 年，中国社会融资规模增量累计为 25.58 万亿元，直接融资增量（企业债券 + 非金融企业境内股票融资）为 3.59 亿元，按增量法计算的间接融资比例为 85.97%。中国的社会融资还很依赖以商业银行为主导的金融中介机构，快速的金融脱媒会对商业银行体系造成威胁，也会对中国金融体系造成威胁。在科技推动金融产业变革和新金融业务的发展背景下，应该加强商业银行应对能力，积极引导商业银行科技化转型，创新金融业务。

第三节　大数据对金融行业的影响

一、金融业是数据密集型行业

美国的信息技术公司 IBM 在业界最先提出了大数据区别于传统数据的 5V 特性，即 Volume（体量大）、Variety（种类多）、Value（低价值密度）、Velocity（速度快）、Veracity（准确性）。从全球视角来看，中国大数据的体量位居前列。据国际数据公司（IDC）和数据存储公司希捷的研究报告显示，2018 年中国产生了约 7.6 ZB[①] 数据，超过了美国当年的 6.9ZB 数据量，且预计中国创造和复制的数据量将以每年 3% 的速度增加，高于全球平均水平。根据预测，2025 年全球数据总量将会从 2018 年的 33ZB 上升至 175ZB，数据量的几何级数增长将促进数据价值的深挖，大数据与社会经济生活之间的联系也将越来越密切。2019 年，滴滴快车的全球用户量达 5.5 亿个，年运送乘客达 100 亿人次。截至 2019 年 6 月，京东金融已累计服务涵盖 4 亿个个人客户、800 万家线上线下小微企业、700 多家各类金融机构、17 000 家创业创新公司。基于生产生活中的海量数据资源，整个经济社会的数字化水平将遵循数据化、信息化、数字化、智能化的路线持续发展。

大数据不仅服务于人们的生产生活，还是国家战略发展的重要着力点，各国政府都已意识到大数据在未来竞争中的重要性，纷纷制定相关政策，以大数据为抓手争夺新一轮国际竞争的制高点。美国是最早关注大数据发展并以大数据作为国家级战略的国家之一。2009 年，美国开通政府数据门户网站（www. data. gov），网站整合了美国联邦政府的地理数据、原始数据和数据工具等，通过应用程序接口（API）供给私人领域的开发者分析、挖掘、开发应用来提供公共服务或者进行盈利。2012 年，美国专门成立大数据高级督导组，从联邦政府层面确立国家需要开展的大数据研发任务并制订计划和确立目标，协调各部门推进国家层面的大数据发展。英国作为欧洲的金融中心，2012 年将大数据技术列入国家八大前瞻性技术之首，一次性投入 1.89 亿英镑用于相关科研与创新，大数据技术已成为英国的重要国家性战略。在英国，2015 年创建英国数据银行网站（data. gov. uk），2017 年提出了新时期发展数字经济的顶层设计《数字战略 2017》，英国对大数据发展的重视程度可见一斑。全球各国都在竭力提升国家的数字竞争力，党中央和国务院也高度重视大数据的发展，自 2014 年以来“大数据”已经连续 6 年进入国务院政府工作报告，在 2019 年的报告中强调：“深化大数据、人工智能等研发应用”，2019 年国务院政府工作部署中多项任务与大数据密切相关，促进我国从“数据大国”迈向“数据强国”。显而易见，被李克强总理誉为 21 世纪“钻石矿”的大数据是中国快速成长的新动能，也是各个行业发展的新方向。

大数据技术因信息化水平的不断攀升已然渗透当今社会的各个领域，而从

① 计算机存储单位一般用字节（B）、千字节（KB）、兆字节（MB）、吉字节（GB）、太字节（TB）、拍字节（PB）、艾字节（EB）、泽字节（ZB，又称皆字节）表示，其换算关系为 1TB = 1024GB、1PB = 1024TB、1EB = 1024PB、1ZB = 1024 EB。

投资规模和可挖掘的潜在综合价值上来看，金融行业和信息行业在大数据方面的价值潜力最大。金融业是数据密集型行业且数据积累的速度和规模高居各行业之首，金融业的核心实时交易系统的运作每时每刻都在产生海量的数据，同时也需要海量的外部数据作为支撑。金融行业的大数据具有数据维度广泛、数据质量较高的特点。美国银行的一份调查研究指出，银行每创收 100 万美元，平均产生 820GB 的数据，远超电信、保险和能源行业。中国金融电子化阶段始于 20 世纪 70 年代到 80 年代，目前已建立较为完备的金融信息系统，并通过广泛的业务类型和多样的金融产品积累了大量的交易数据、产品数据、客户数据等结构化数据①，且结构化数据的占比相对于其他行业更高，为大数据应用提供了分析便利。由于中国银行业的信息化开始较早、运营时间较长、业务系统较完善、监管较为严格，其成为金融大数据工作涉猎最多的领域之一。基于特有的业务场景，银行通过柜台业务模式和手机端的人脸验证功能，也积累了大量客户的影像数据等非结构化数据。

近年来，金融与互联网之间的结合越来越紧密，为用户的金融需求提供了更加便捷、快速的服务。互联网技术也使传统金融产生了翻天覆地的变革，如前台业务的虚拟化：传统金融业务交易渠道由线下转至线上，其交易方式也由柜台转为远程，传统金融在互联网领域的探索也促进了其用户行为数据和交易数据的积累。基于线上平台的运营模式，互联网金融行业可以更加便捷地获取用户不断积累的行为数据和社交网络数据。金融行业如此密集的数据积累，为其在金融核心业务环节的应用提供了强大的创新服务支撑。

二、金融大数据治理

随着数据挖掘和人工智能技术的不断发展，数据对于一个企业乃至一个行业的重要性已成为共识。数据不仅仅是战略性资源，更是可以深挖价值、带来直接经济利益的资产。2018 年 5 月 21 日，中国银保监会发布《银行业金融机

---

① 整体上我们将数据类型分为结构化数据、半结构化数据、非结构化数据。结构化数据，能够用数据或统一的结构加以表示，如数字、文字、符号。结构化数据也称行数据，是由二维表结构进行逻辑表达和实现的数据，严格地遵循数据格式与长度规范，主要通过关系型数据库进行存储和管理。半结构化数据，介于完全结构化数据和完全无结构数据（如声音、图像文件等）之间的数据，XML、HTML 文档就属于半结构化数据。半结构化数据一般是自描述的，数据的结构和内容混在一起，没有明显的区分。非结构化数据，是数据结构不规则或不完整，没有预定义的数据模型，不方便用数据库二维逻辑表表现的数据。非结构化数据包括图像和音频/视频信息等。

构数据治理指引》（银保监发〔2018〕22 号），引导银行业金融机构加强数据治理，提高数据质量，充分发挥数据价值，提升经营管理水平，由高速增长向高质量发展转变。大数据时代，数据资产将成为衡量企业价值的重要标尺，也将决定企业在竞争格局中的地位。然而，拥有数据并不意味着拥有了数据资产，通过创新性的方法联合各方有效、准确的数据，从而在数据中挖掘到有效的信息，这样的数据才能算作资产。数据具有物理属性、存在属性和信息属性，而决定其是否存在价值、是否可以被定义为数据资产的是数据的信息属性。数据的价值在于能够通过分析和挖掘的过程消除信息的不对称，从而获取信息，推动业务发展，实现盈利。这些预期需求的实现都需要数据存在且能够带来正确、有效的信息。大数据治理是保证数据质量的必须手段，同时也是金融业实施大数据解决方案的重要保障。

同一金融企业中不同部门常常会积累同一主题的数据进行业务活动，但是由于具体业务场景的不同，数据分布在各个隔离的业务系统中。不同的业务部门对于同一主题数据差异化的理解和定义客观存在，使相同的数据被赋予了不同的含义或以不同的形式存储，加大了跨部门之间数据合作的难度。因此，数据治理的第一步是要在宏观层面制定统一的金融大数据规范和标准。避免由于数据标准和规范的不同产生的数据多源异构现象和逻辑信息“孤岛”现象，使数据间相互关联、共享，创造价值。第二步，数据治理工作虽由企业的科技部门主导，但是也需要业务部门的深度参与和配合支持，大数据的应用是植根于具体的业务场景的，数据治理的终极目标也是数据能为具体的业务所用，更好地推动业务的发展。

金融控股集团是由一家金融控股公司与多家金融成员企业构成的，通常涉足银行、信托、证券、期货、基金、保险等两项以上的金融领域。改革开放以来，我国金融业经历了由混业经营到分业经营再到综合经营的阶段，目前中国约有 13 家国有金融控股集团和 25 家民营金融控股集团，如平安集团、中信集团、光大集团、蚂蚁金服等。集团内的各成员企业积累了不同维度、不同类型的客户数据、产品数据、交易数据等。金融企业内跨部门的数据治理尚且存在困难，融合集团内各个相对独立的企业的数据更是金融控股集团数字化转型过程中需要面对的挑战。因此，需要从金融控股集团层面建立自上而下、协调一致的标准、规范、流程和方法，确保数据统一管理、高效运行。同时，针对金融行业强监管的法律合规要求，在数据的合作、共享方面，必须要保护用户的隐私和数据安全。

金融控股集团出于数据运营的合规性要求，通常成立独立的科技子公司作为数据运营的实施方整合、挖掘成员企业的各类数据，输出高价值的数据产品。金融控股集团则作为集团数据治理的统筹规划方，负责制定相关的数据标准和规范，从组织架构的设计上把握好数据共享法律合规的底线，达成高数据质量、全生命周期管理、安全使用数据的目标。集团层面还应设计相应的考核指标，推动成员企业合力建设并完成金融控股集团金融科技建设的大数据基础。成员企业是数据的贡献方和受益方，将符合数据标准的数据提供给集团进行整合分析、挖掘建模，各企业之间优势互补、利益共享、风险共担，实现金融控股集团内收益的总体提升。

三、金融大数据的应用现状

数据价值创造的关键在于数据的应用，数据的积累和应用已涵盖到金融业务各个流程，包括资产获取、资产生成、资金对接和场景深入等。金融大数据的应用推动着传统金融行业创造新的业务模式、应用、流程和产品。从金融大数据方向的投资分布来看，当前中国金融大数据投资占比较高的为银行业，其次是证券业和保险业。未来金融业的核心竞争力很大程度上依赖于从大数据中提取信息和知识的速度与能力。中国工商银行原董事长姜建清在文章“未来成功银行一定是数据大行”中谈道：“数据应用将从分散、被动、辅助的地位，上升为银行的经营核心和创新来源，成为银行不可复制的竞争力。谁能拥有海量数据并从中获取有价值信息的能力，谁就把握了未来。”阐明了数据价值创造对于金融行业未来发展的重要性。

银行业作为金融机构中体量最大的行业，拥有开展大数据建设的有利条件。历史上银行业也一直紧紧跟随科技的发展更新业务模式，20 世纪 50 年代随着磁条技术和芯片技术的发展，银行信用卡诞生；20 世纪 60 年代，银行 POS 机、ATM 机等逐渐走入业务领域，至今已有 90% 以上的银行业务实现电子化，这使银行积累的业务数据中结构化数据比例较高且数据质量良好。此外，银行是资金流动中的枢纽和中介，因此大量的交易数据、客户数据、信用数据、资产数据得以积累，具有庞大的数据体量。其中，交易、财务、违约记录等数据是银行独有的数据资产，可以全面反映各类社会经济主体特征画像，是互联网行业难以通过技术手段获取的强数据和稀有数据。综上特点，银行大数据的积累时间长、维度广泛、体量庞大，且拥有很高的完整性、准确性和一致性。

银行大数据的应用主要集中在风险管控、客户管理、产品创新三个方面，利用大数据为银行提供预测、决策支持以及更加科学的客户个性化服务和产品设计。商业银行信用中介职能是商业银行的最基本、最能反映其活动特征的职能，通过信用中介职能，商业银行实现了储蓄转投资、“聚小额贷大额”“积短期贷长期”的资产转化功能。资产转化的核心是经营风险，风险控制能力是银行的核心竞争力。风险管理包括信用风险、市场风险、操作风险三个方面，银行的主要风险管控领域在于信用风险评估和欺诈行为识别上。传统的信用风险测算主要是利用历史借贷数据和财务数据对客户的违约风险进行分析和判断，此方法的评价维度较为单一且存在一定的滞后性。以企业客户为例，传统的信用风险评价模型基于过往的历史静态数据测算风险，但是影响企业客户信用的重要因素是行业当前的发展状况和企业的经营现状，若仅利用企业历史的信贷数据和财务数据对风险进行评估，待风险出现才采取应对措施为时已晚。大数据风控即利用借款人相关的工商、运营商、电商、出行、社交等不同维度的数据，通过数据间的交叉验证和大数据风控模型估计借款人的信用评分，从而进行风险揭示或风险预警，达成全面、高效、及时、精准的风险管控。

金融大数据在银行客户管理方面的应用主要体现在获取客户和为客户提供个性化服务两方面。随着市场竞争的加剧和经济一体化的不断发展，商业银行的市场营销观念从“以资金为中心”向“以客户为中心”转变，客户资源成为商业银行竞争制胜的关键因素。获取客户、留住客、活跃客户是银行客户运营的三个“痛点”。研究数据表明发展一个新客户的成本是维护一个老客户的3—8倍，一个老客户贡献的利润是新客户的10倍以上。因此，对于大多数的商业银行而言，增加存量客户的参与度是更加重要的且与利润紧密相关的经营目标。利用大数据技术分析、挖掘客户的真实需求、性格特点、生活习惯、投资偏好等，建立客户360度全景动态画像，有助于银行为客户定制个性化的服务，精准营销，同时也有助于预知客户风险。在减少客户流失方面，可以利用客户的多维度数据建立客户流失预测模型，量化客户流失的风险，并及时利用差异化的营销方案挽回高流失风险用户。在市场竞争激烈的当下，较大型的商业银行都将大数据技术与业务能力结合打造自己的生态圈。

2018年12月19日，中国证监会发布《证券基金经营机构信息技术管理办法》（证监会令第152号），引导证券行业充分利用现代信息技术手段完善客户服务体系，改进业务运营模式，提升内部管理水平，增强合规风控能力。相比于银行业与大数据技术的深度结合，证券业的大数据技术发展则起步较晚，且由于证券业的业务多元复杂、监管壁垒较高，大数据应用相对滞后。但随着多层次资本市场体系逐步完善，产品创新和制度创新层出不穷，大数据技术在其中的应用也将越来越广泛。一是基于股市行情和股票价格预测的量化交易优化，大数据技术可以有效拓宽证券企业量化投资数据维度，构建更加多元的量化因子，开发更加完善的投研模型。二是基于客户画像的个性化服务，根据客户的购买行为、风险偏好等数据，为客户提供更加个性化、场景化、智能化的普惠金融服务。

随着中国银监会和中国保监会合并成为中国银保监会，保险行业对信息化重视程度将提升到新的高度，这为大数据应用落地奠定了基础。保险业的业务从前期的产品设计定价、精准营销获取客户到后期的核保核赔，大数据技术已经深入应用到每个业务环节。通过关联客户的健康数据、财产状况、征信数据、就诊记录、既往投保情况、可穿戴设备产生的数据，可以分析客户的潜在需求，为其提供定制化产品和服务，增加产品的营销成功率。这些客户相关数据的应用还可以有效地提高保险公司的核保效率和准确度，减少客户核保时需要进行的投保告知，并从更加全面立体的角度判断投保人是否符合投保规则并定量计算投保人风险情况。在保险的核赔方面，可以利用不同保险公司之间共享的理赔数据对骗保情况进行甄别，也可以结合物联网（IOT）技术加快核赔的效率，减少人力成本。在保险行业竞争激烈的当下，结合大数据应用实现精准营销、风险控制、差异化定价、实时核保和核赔已经成为保险业快速发展的新契机。

四、金融大数据的挑战

金融大数据的挑战之一是数据治理与共享的挑战。数据治理是数据共享的基础，而数据共享是数据治理价值实现的途径。企业通常出于保护商业机密或者节约数据整理成本的考虑，没有足够的动力共享自身数据。以行业角度来看，金融机构间由于行业监管较为严格且数据较为敏感，数据壁垒明显、数据“孤岛”现象严重。若需整合不同金融机构间的数据进行数据应用的开发，前期的数据清洗、转换类的工作量将非常大，这也导致金融业涉及的跨领域、跨行业的应用较少。因此，应以企业的数据库建设为基础，有效整合企业内部的数据资源，为数据共享打下基础。进一步地，由行业协会和监管部门牵头强化数据治理整体性的顶层设计和扶植政策，实现行业内数据共享。为保证不同主体间数据共享的安全性与可靠性，解决数据“孤岛”、数据确权、数据隐私等棘手问题，基于区块链技术的数据共享平台是合作的企业联盟间解决数据共享问题的较优方案。此外，金融行业的数据管理还存在着数据质量不达标和数据来源单一的问题。金融业的数据虽质量相对较高，但也存在数据重复、缺失以及格式不统一的质量问题。为有效整合管理数据，应制定数据质量标准和金融业元数据标准，提升对数据的监控管理水平。金融业数据的主要来源为企业本身积累的业务数据，来源比较单一，可以引入如税收、征信、公共缴费等方面的外部数据支撑全维度的数据应用分析。

金融大数据的挑战之二是数据安全合规的挑战。随着社会对用户隐私的要求越来越高，相关监管机构针对个人隐私数据的拥有权和安全性出台了强监管的法规。欧盟的数据保护规定（GDPR）于 2018 年 5 月 25 日正式生效，中国国家互联网信息办公室也出台了《数据安全管理办法》，意味着企业必须建立起对个人数据的尊重，满足客户对数据隐私的要求，加强对数据安全和用户隐私的保护工作。金融行业的数据多为关于用户、资金、交易的隐私数据，较于其他行业的数据安全等级更高，对数据的隐私保护方面的要求也更加严格。数据安全的保护不仅限于数据本身，也包含植根于数据之上的分析结论和模型结果。大数据背景下，尽管面临众多方面的挑战，但数据共享已逐渐成为各行业数字化发展的趋势。大数据是人工智能的基础，研究表明模型的准确率与训练数据量成正比，金融领域中对于数据的强监管限制了数据的融合与使用。在保证数据安全和用户隐私的情况下，如何尽可能多的综合各个源头的数据使预测和计算的结果更优化成为各金融企业需要解决的问题。联邦学习是一种分布式的机器学习方式，由谷歌公司在 2016 年最先提出，应用前景广泛，无具体算法和领域的限制。数据的各拥有方可以在数据不出本地的情况下建立模型，各方根据自己本地的数据更新模型参数，然后将更新结果放到云端进行聚合，如此一直迭代到收敛。利用联邦学习的方法，既保证了每个终端的用户数据不出本地，各个终端又可以同时共享一个通用的模型，利用联邦学习的方法在云端不断更新模型的参数，使模型达到最优，保证数据在合规的条件下为企业所用。

金融大数据的挑战之三是业务与技术互联的挑战。金融业大数据应用的开展，不仅需要技术部门进行平台搭建、技术创新，也需要熟知业务场景、业务

“痛点”的业务部门深度参与。只有深刻理解业务应用场景，才能开发出满足实际需求、适应自身情况的大数据应用。联通业务与技术需要金融企业的业务人员对大数据技术有一定的了解，并肯定大数据在金融行业中的潜在价值。此外，金融企业的技术人员也需要对金融基础知识有所掌握，大数据技术归根结底是为金融业务服务的。因此，技术与金融复合型人才的培养是各金融企业开展大数据转型的重要战略。金融企业在加强人才培养的同时，也可积极与外部成熟的大数据公司开展合作，借鉴其快速的解决方案和技术优势，将自身的大数据战略尽快落地，并产生市场价值。

第四节 人工智能技术对金融行业的影响

一、人工智能的来龙去脉

人工智能是一个广为人知的词汇，这种“明星”效应最主要应归功于两场举世闻名的人机围棋大赛。第一场发生在 2016 年 3 月 9 日至 15 日，美国谷歌公司开发的人工智能机器人阿尔法围棋（AlphaGo）和韩国九段围棋棋手李世石在韩国首尔进行的 5 局围棋对弈，最终 AlphaGo 以 4:1 的总比分战胜李世石。第二场发生在 2017 年 5 月 23 日至 27 日，人工智能机器人 AlphaGo 的升级版与世界排名第一的围棋棋手柯洁在中国嘉兴市乌镇镇进行的 3 局比赛，最终 AlphaGo 以 3:0 战胜柯洁。现在，即使是在中国遥远的山村里，大多数人也都听说过人工智能，并且知道人工智能可能对人类社会产生巨大影响，可能会替代很多人的工作，可能会在未来使很多工作岗位消失。这些影响也将体现在金融领域，使金融行业发生巨大的变化。在计算机诞生初期，计算机和人类智能之间的联系就受到了科学家们的关注。1950 年，计算机科学之父艾伦·麦席森·图灵在其发表的学术论文“Computing Machinery and Intelligence”（计算机器与智能）中提出了著名的“图灵测试”，首次提出定义计算机智能的标准为：如果一台机器和测试者（人）在隔开的情况下，测试者随意向机器提问，经过 5 分钟之后，如果有 30% 的测试者不能区分对方是人还是机器，则该机器可以被认为拥有类似于人类的智能。

1956 年，人工智能之父约翰·麦卡锡联合克劳德·香农、马文·闵斯基、赫伯特·西蒙和艾伦·纽厄尔等在美国新罕布什尔州汉诺斯小镇的达特茅斯学院举办了著名的达特茅斯会议。这次会议持续进行了两个月，第一次提出了"人工智能"（Artificial Intelligence，AI）的概念，并将其定义为"研制智能机器的科学与技术"①。因此，1956 年被称为"人工智能元年"。达特茅斯会议结束之后，学术界掀起了人工智能研究的高潮。人工智能诞生初期，计算机的各项能力都不强，主要研究方向是符号推理，那时的人们认为智能应该产生于逻辑推理，通过演绎的方式实现更复杂的智能，如果机器能够证明和推理的话，就会变得越来越聪明。1957 年，人类用算法模拟了神经元细胞，出现了感知机模型，可以自动学习"或""和"的逻辑运算，很快迎来了人工智能发展史上的第一次高潮。1969 年，明斯基全面地论述了感知机的缺陷并错误证明了神经网络的运算性能后，把人工智能带到了一个低谷。由于进展不及预期，大量研究项目被迫停止。

20 世纪 70 年代到 80 年代中期，随着基于领域专业知识推理的专家系统在一些专业领域的成功应用，如医疗、工程、军事领域等，人工智能研究从理论走向了应用，从最初的一般理论探讨转向了在某些专业领域的应用研究，推动了人工智能发展进入第二次高潮。传统的专家系统主要使用基于规则的方法，并强调数理逻辑和演绎思维，而不是从大数据中归纳出智能。1986 年，辛顿提出了反向传播算法，纠正了明斯基关于神经网络算法的错误判断，使神经网络方法又流行起来。基于演绎的专家系统和基于归纳的神经网络交相辉映，把人工智能推向了新的高峰。这一时期的专家系统虽然在一些细小的领域获得了成功，但是专家系统所需的知识需要预先输入，且不能有效地理解相对宽泛的知识，应用范围有限。20 世纪 80 年代，日本提出了"第五代计算机研制计划"，希望通过人工智能一举完成对美国的追赶，甚至宣称赌上国运，引起了业界的投资热潮，可惜最终没有成功，随后 20 世纪 80 年代中期到 90 年代中期，人工智能发展跌入了第二次低谷。

在前两次高潮和低谷中，学术界关于人工智能的研究已经取得了很多重大突破，奠定了当前人工智能发展的基础。1966 年前后，美国麻省理工学院的约瑟夫·魏岑鲍姆开发了第一个聊天机器人 ELIZA；1968 年，爱德华·费根鲍姆等开发了第一个专家系统 DENDRAL，可以用于推断化学分子结构；1986 年，"深度学习"之父杰弗里·辛顿与合作者提出了反向传播算法用于训练神

① 英文原文为：The science and engineering of making intelligent machines。

经网络模型。

20 世纪 90 年代中期至今，人工智能发展进入了第三次高潮。随着摩尔定律[①]的应用，计算机性能不断突破，保证了很多智能算法运行的硬件基础，使大数据、云计算、机器学习、自然语言处理、语音识别、计算机视觉和机器人技术等领域都得到巨大发展。1998 年，人们用支持向量机做手写邮政编码的识别可以把准确率提升到 99%，远远超过同期神经网络技术的表现，占据了业界主流地位，关于神经网络的研究又陷入了低潮。好在辛顿等人还在坚守，由于计算能力的提升，人们可以处理越来越深层的神经网络，大约从 2004 年开始，"神经网络"一词逐渐被"深度学习"替代。2006 年，辛顿在论文中提到，6 万个手写数字数据库的图像经过训练后，对于 1 万个测试图像的识别准确率达到了 98.75%，深度学习在图像识别领域的优势逐渐体现出来。

相较于人工智能的前两次研究高潮，第三次研究高潮的不同之处在于其产业化驱动的属性，促使工业界和产业界深度参与到人工智能研究的浪潮中。这使人工智能技术的研究可以走出高校的实验室，吸纳更加广泛的行业需求，拥有更加充足的资金支持，完成更加迅速的工业化应用。此次高潮在产业界掀起了巨浪，随着芯片计算能力的增强和众多优秀算法的成功应用，越来越多的行业巨头和创业公司都纷纷积极进入人工智能领域。在国家发展战略上，人工智能也已成为国际竞争的新焦点。我国在政策支持、战略部署、人才储备上都为人工智能技术的发展提供了优质的条件，2017 年 7 月，国务院发布《新一代人工智能发展规划》（国发〔2017〕35 号），确立了"三步走"战略目标，将人工智能发展上升到国家战略层面。2019 年 8 月，科技部印发《国家新一代人工智能创新发展试验区建设工作指引》（国科发规〔2019〕298 号），明确到 2023 年布局建设 20 个左右试验区，打造一批具有重大引领带动作用的人工智能创新高地。未来将有更多产业的人工智能应用和人工智能基础设施投向市场，人工智能技术的基础研究和前沿技术研发也将得到更加有力的推动。借助人工智能技术，不仅新兴的智能化市场能够得到快速发展，传统领域的智能化转型升级也将逐步得到实现。

金融业是人工智能产业化的重要行业，金融行业本身具有数据密集型的特征，金融行业在数据和算法大力发展的背景下，金融产品和服务的智能化改造

① 摩尔定律是英特尔的创始人之一戈登·摩尔在 1965 年提出的，他通过观察发现，当价格不变时，每隔 18—24 个月，晶体管体积可以缩小一半，集成电路上可容纳的晶体管元器件的数目会翻 1 倍，芯片性能提升 1 倍。也就是说，每 1 美元能买到的电脑性能，将在每隔 18—24 个月翻 1 倍。

必将迅速推进，创造出智能化的金融行业生态。《新一代人工智能发展规划》中明确提出金融产业智能化升级的发展方向："建立金融大数据系统，提升金融多媒体数据处理与理解能力。创新智能金融产品和服务，发展金融新业态。鼓励金融行业应用智能客服、智能监控等技术和装备。建立金融风险智能预警与防控系统。"正如在本章第一节中提到的金融行业的第二个特点，提升从数据中提取信息的能力是金融业高效运转并服务经济活动的关键，人工智能的快速发展和运用必将在金融行业中体现。同时，金融行业本身具有雄厚的资本实力，支撑了人工智能在金融行业的快速落地。

二、人工智能在金融业的产业化

伟大的物理学家斯蒂芬·威廉·霍金2011年曾预言，未来100年以内人工智能将会比人类更聪明，人工智能将会控制人类。暂且不论最终人工智能和人类智能之间的关系，以及人工智能技术是否会反噬人类社会，人类工业化发展到今天，当前最重要的发展特征就是人工智能在各个行业的产业化。人工智能正在加速对人类社会经济生活产生巨大的影响。创新工场董事长李开复先生在《人工智能战略白皮书》的发布会上说："随着人工智能技术的发展及产业的应用，人工智能会产生巨大的经济价值。其中，金融领域将会是AI最快产生商业价值的领域之一。"

人工智能在金融业产业化的直接影响是替代人工，尤其是简单重复性的脑力工作岗位。物理网点数量是传统银行竞争力的表现，被称为"渠道之王"。在过去，银行新增一个物理网点，将会显著带动网点附近的存贷款业务增长。大型银行业金融机构受益于其物理网点在全国范围内的广泛布局，消费者可以方便地在同一家银行办理各类金融业务，成为其客户。目前，银行新增物理网点带来的业务增长量大大减少，甚至部分地区新增网点带来的收益不足以填补成本支出。银行物理网点容纳了大量银行从业人员，尤其是柜员和大堂服务人员。物理网点大量增设了迎宾机器人、服务机器人、咨询机器人等，银行对网点工作人员的容纳需求大幅降低，人们对于前往银行物理网点办理业务的需求也大幅降低。据中国银行业协会发布的《2019年中国银行业服务报告》显示，2019年中国银行业金融机构离开柜台办理的业务量占总业务量的比例高达89.77%，在物理网点柜台上办理的业务总量不到11%。从近些年银行招聘需求来看，柜员岗位的需求持续下降，而科技类岗位需求持续上升，出现"前台削减，后台加重”的趋势。

金融业是人工智能产业化最具有潜力的行业之一。有三个主要因素促使金融业成为人工智能产业化可以迅速落地的行业。第一，如本章第三节中提到的金融业本身具有的数据属性：体量大且频率高。第二，金融业的基础设施比较好，金融业本身具有强大的计算能力用以支撑庞大和复杂的金融交易，这些技术基础设施为人工智能算法的实现提供了“算力”支持。第三，金融行业具有雄厚的资本可以投于人工智能的产业化，以及丰厚的利润属性也吸引人工智能在金融行业的落地。前两个因素实际上是算法实现的两个基本条件，即数据和“算力”。数据是算法工作的原材料，“算力”是实现算法的硬件基础。有了数据和“算力”的支撑，人工智能算法自然会在金融行业更快落地，实现商业化。第三个因素是人工智能在金融行业产业化的经济因素。金融行业是高薪、高利润行业，高薪吸引优秀人工智能产业的人力资源，高利润吸引人工智能公司开展金融相关业务，高薪、高利润赋能金融行业发展。

金融和科技的结合历来有之，受科技发展的影响，金融行业经历了电子化、信息化、网络化和移动化。随着人工智能相关技术在金融行业中的应用，金融业正式进入智能化时代。人工智能在金融行业的产业化主要表现在两个方面：一是赋能金融，强化传统金融业务，提升金融服务水平；二是智能金融对决，在交易和对抗中彰显能力。接下来的两部分将分别介绍这两方面内容。

三、科技赋能金融

随着大数据技术在金融领域的应用越来越广泛和成熟，人工智能技术与金融领域的结合也越来越紧密。人工智能技术对金融机构的全面赋能，使金融机构的服务效率得以提升，金融服务的广度和深度也得到了进一步的拓展。英国央行发布的《未来金融：英国金融体系展望回顾及对英格兰银行的影响》报告中也指出，金融科技等新兴技术的出现能够提升金融服务效率，提升金融普惠性，推动金融活动逐渐由以银行为主转变为以市场为基础。

人工智能技术驱动智能金融发展的趋势之一是客户服务（客服）智能化。客户服务是金融服务中的重要环节和连接金融企业与客户的重要桥梁，也是对于企业品牌形象和市场地位的关键影响因素。传统的客服存在着服务效率较低、培训成本较高、流动性较大等弊端，无法满足金融企业客服的多元化场景和指数级增长的需求。智能客服自2013年开始规模化出现并上线使用，可以

24 小时不间断地为客户提供服务，且响应速度快、服务效率高。随着机器学习和自然语言处理技术的不断突破，智能客服经历了四个阶段：第一阶段是基于关键词匹配的机械客服阶段，该阶段的客服是由关键词的精确匹配或近义词的模糊匹配触发的，服务场景单一且受限。第二阶段是基于自然语言处理技术的自然语言模型客服阶段，该阶段的客服可以对用户提出的复杂问题进行语义分析，理解用户的诉求并给予反馈，当前企业应用的智能客服多处于自然语言模型阶段。第三阶段是基于深度学习技术的智能客服阶段，该阶段的智能客服采用深度学习算法架构，可以对上下文进行建模，深度理解用户语义和意图，对用户的情感值建模并进行情感分析。金融业具有更强的专业性且业务类型繁多、客服的需求较大，在保证服务效率的条件下，智能客服的回答需要更具有针对性和指导性，除优化的语义分析技术和深度学习算法之外，完备的语料库搭建需要融合人工客服的经验积累并不断根据业务场景的变化迭代更新。现阶段，金融企业多采用智能客服机器人与人工客服相结合的方式为客户提供服务，以保证客户的多元化服务需求得到最大限度满足。智能客服的应用不仅提高了金融业的客户服务效率、节约了人力成本，也拓宽了金融业客户服务的多元化渠道，客户服务从传统的网点渠道、电话渠道到 Web 端、移动端、微博和微信端，使客户享受到多渠道、快捷、便利的金融服务。此外，智能客服的应用也有利于客户问题的收集和当前舆情的分析，对于金融产品的优化改善、客户黏性的提升、产品需求的探查都起到了巨大作用。

人工智能技术驱动智能金融发展的趋势之二是业务运营智能化。金融业务常常因为严格的监管法规、烦琐的审批流程导致服务效率低，用户体验差。人工智能技术的有效应用可以保证金融风险在得到严格管控的前提下，金融行业的运营效率得到极大提升。在金融行业竞争激烈的当下，严控风险的同时提高服务效率和用户体验也成为各企业获客、留客、活客等运营难题的解决方法。金融业务运营智能化主要表现在智能风控、智能定损、智能催收等几大应用方面。金融行业与高风险性紧密相连，以信贷业务的贷前审批为例，传统的信贷模式贷前需要填写大量的申报纸质材料，审核流程繁复且耗时较长。智能风控基于中国人民银行征信在线数据结合反欺诈模型，以及贷款人的信用记录与社交行为数据，利用机器代替人工对贷款人的信用与风险进行评估，消除人工审批的主观判断，实现自动化的同时降低成本、提高效率、控制风险。传统的定损理赔需要层层人工复核，人力成本消耗高且服务效率低下。智能定损理赔多基于成熟的图像识别、声纹识别、机器学习等核心算法，服务效率和准确率高。以车险的智能定损理赔为例，用户上传车辆损坏部位的图片，通过企业云端服务器的图像识别算法与机器学习模型对车辆损坏的部位和程度进行判定，数秒内得出定损结论，并具有提供查看附近修理厂以及下一年保费预测的功能。智能定损理赔在很大程度上减弱了传统定损理赔中出现的欺诈骗保、理赔时间长、赔付纠纷多等问题，同时也节约了人力成本、解决了中小险企在偏远地区和高峰时段查勘能力不足的问题。

人工智能技术驱动智能金融发展的趋势之三是金融产品智能化。近年来，随着我国金融业市场环境的变化，金融服务和产品极大丰富，社会公众与小微企业在金融领域的参与度迅速提升。受益于居民可支配收入的增加，消费者对于购买金融产品和优化资产配置的需求愈加强烈。智能投顾是针对消费者定制的差异化投资顾问服务，将投资者的财务状况、风险偏好、理财计划等个性化指标视为变量导入模型计算，生成自动化、智能化的资产配置建议，并对投资组合实现跟踪和自动调整。传统投顾投资门槛高，投顾费用昂贵，主要服务于高净值客户群体。而智能投顾为中低净值更广泛的长尾人群提供便捷、高效的投资理财及资产配置服务，让优质的金融服务惠及更多的人和企业。智能投顾帮助用户选择最适合自身的金融产品，制订投资计划，智能投研帮助金融机构专业从业人员深入分析当前的市场与行业，为投资决策提供支撑。据公开资料显示，中国资产管理行业的规模约为110万亿元，发展前景广阔。对于金融机构和金融分析人员而言，随之而来的是日益膨胀的金融数据，分析成本增加，分析难度上升。智能投研基于大数据技术，运用深度学习、自然语言处理、情感分析等方法，实现投资信息获取、数据处理、量化分析、研究报告撰写及风险提示等功能。智能投研克服了传统投研流程中信息不对称、数据不及时、研究报告撰写耗时长等难题，提供了便捷、全方位获取信息的渠道。此外，智能投研也辅助投研人员从信息搜索到报告生成进行全流程整合管理，并在金融产品创新设计方面提供服务支撑。

四、智能金融对决

金融活动作为一种经济活动由金融市场的主体、客体、中介和监管机构四个要素构成。金融市场的主体指参与金融市场交易的当事人，包含企业、政府及政府机构、中央银行、金融机构、居民个人等。金融市场的客体指金融市场的交易对象即金融工具，包含同业拆借、票据、债券、股票、外汇和金融衍生品等。金融市场的中介指连接供给者和需求者的桥梁，主要分为服务中介与交易中介。金融市场的监管机构指通过监管政策和措施的实施，防范金融风险的发生，维护金融秩序的稳定，保证货币政策的正确实施，促进经济的发展。大数据时代，智能金融对决存在于金融活动过程中的金融要素内部或各个金融要素之间，是各要素借助人工智能技术或智能化算法控制风险、优化收益、实现自身目标的智能化金融对决。本部分主要介绍三类常见的智能金融对决，即金融监管机构与进行违规金融交易当事人之间的对决、金融机构的智能反欺诈系统与不良客户和其欺诈行为之间的对决、参与金融交易当事人为从金融活动中获取更高的资金回报率而进行的对决。

随着金融业务的普及和加速数字化，金融机构开发了大量金融业务创新产品，线上业务交易的数量也不断增多。为了防范潜在的金融风险、保障金融活动的合规与稳定，监管机构要对每天以数百万计的金融业务进行筛查，需要大量的人力成本与合规费用，传统的监管手段捉襟见肘。金融监管的范围和任务发生了很大的改变，监管机构的数字化转型迫在眉睫，借助智能化技术的监管科技应运而生。监管科技可通过自然语言处理、智能算法模型、区块链技术等智能化方法，甄别跨行业、跨市场交叉性金融风险，达到服务监管需求、提高监管效率的目的。如，中国证监会研发的大数据“捕鼠”云平台，利用深度挖掘和爬虫技术对交易人的证件号、手机号、亲属关系等进行数据关联分析以识别内幕交易；基于区块链技术的智能监管平台，可以保证链上的交易、资金、数据难以篡改和可溯源，提供尽职调查、数据报送、合规管理、客户核验等服务。金融科技与监管科技相伴相生，有效、高效的监管是金融科技健康发展的必要保障。

金融与风险总是相伴相随的，其中欺诈风险是金融业最痛恨而又难以根除的风险。近年来，银行业金融机构的离柜率不断攀升，非银行金融机构的业务也不断地从线下转移到线上。在线上业务飞速发展的同时，金融欺诈案件也出现爆发式增长。线上金融业务具有数量庞大、平均单笔额度低的特征，而相应的数据资料也有分散化、碎片化、复杂化的特点。信息的不对称使金融机构不能获取交易的完整信息，更难识别交易中的欺诈信息。传统金融风险管控需要大量的专业人员对交易相关材料进行严格审查，容易出现人工失误甚至监管自盗，且效率低下。大数据时代，金融机构率先进行数字化转型，将传统纸质材料转移到电子信息系统，并将传统审批流程逐渐转移到线上完成，甚至实现流程自动化。人工智能技术的发展提升了大数据处理效率和分析能力，帮助金融机构处理复杂且海量的结构化数据和非结构化数据，实现金融大数据的价值，消减金融交易中的信息不对称，并有效地识别欺诈信息。基于用户行为和用户社交关系的智能反欺诈系统，通过对用户画像的多维度描述和用户聚类、风险点分析等方法，为每笔交易进行欺诈评分，为反欺诈系统提供一个更为全面的评判结果。在数据化时代和智能化时代，欺诈人员和机构运用了先进的技术进行信息造假，制造的虚假信息无法通过常规的交叉验证进行识别，给金融风险管控和反欺诈带来极大的挑战。金融机构只能不断提升识别虚假信息和欺诈手段的能力以应对欺诈方技术的进化。正所谓："道高一尺，魔高一丈，愈进愈阻，永无止息"。

智能化的技术与算法除了在风险控制和反欺诈方面应用广泛外，同时也深度应用在投资策略制定中。量化投资是主要基于自然语言处理、机器学习和知识图谱等方法，对搜集到的大量数据进行分析建模，根据模型的运行结果进行投资策略的构建和投资时机的选择。建模时需根据策略的逻辑考虑多元的相关联的变量，如公司的历史表现、财务数据、宏观经济数据、关联公司数据等。相较于传统的完全依赖于基金经理的资产管理，智能量化投资策略能够考虑的变量更多元，触达的数据量更大，处理的场景更加复杂，同时也突破了基金经理本身的工作时长、身体精力、工作稳定性的限制。但量化交易策略的成功与否，除了要有有效的模型和算法之外也需要对实盘和市场行情有长期了解，不断地实践和重复自己的投资策略以积累经验。构建一个成功的量化交易策略，仍离不开对市场和业务的深度认知。人工智能赋能下的量化交易，正受到资本市场和投资者越来越多的关注，目前量化投资应用在投资交易、资产管理、智能投顾等多个领域，但相比于美国量化投资市场的日趋饱和，中国的资本市场还是一片有待挖掘的"蓝海"。

第二章　金融基础设施变革

第一节　金融基础设施简介

一、金融基础设施的发展历程

关于金融基础设施，国内外的定义有明显不同。从传统来看，国外侧重于硬件设施，主要关注支付清算和交易①，如2012年国际清算银行支付结算体系委员会和国际证监会组织联合发布的《金融市场基础设施原则》，将金融基础设施定义为用于清算、结算或其他金融交易包括系统运行方在内的各参与机构之间的多边系统；国内侧重于法律制度等软性环境，如“一整套支持金融市场和金融中介有效运行的法律制度、会计制度、审计制度、信息披露机制、交易与清算组织、监管机构等”②。

近年来，越来越多的学者倾向于把二者统一起来，如金融基础设施是指金融运行的硬件设施和制度安排，主要包括支付体系、法律环境、公司治理、会计准则、信用环境、反洗钱以及由金融监管、中央银行最后贷款人职能、投资者保护制度组成的金融安全网等③。我们可以发现，狭义上来看，金融基础设

① 蔡达：“我国金融基础设施建设的现状、问题和对策研究”，《现代管理科学》2019年第1期，第45—47页。

② 欧阳岚：“关于新兴市场经济国家金融基础设施的思考”，《江汉大学学报（社会科学版）》2005年第1期，第68—70页。

③ 刘运涛、曹楠：“我国普惠金融发展的金融基础设施建设研究”，《金融发展评论》2015年第8期，第141—146页。

施主要指支持业务运行的硬件环境；广义上来看，金融基础设施可以包含很多内容。在大数据时代下，对基础设施的冲击首先体现在技术层面，这也是我们重点关注的对象，同时为了聚焦讨论的范围，我们将金融基础设施的概念限定在狭义的范围，也就是硬件设施。

需要注意的是，金融领域所谓的硬件设施，当前主要是指计算机软硬件系统，因为现在的金融业务几乎全部建立在信息系统之上。回顾历史，早期的金融服务主要集中在银行业，各种存款、清算、投资业务，都需要人们手工完成，银行柜台和交易大厅都是一片人头攒动的热闹景象，当时的硬件设施只有各种工具和工作环境。1946 年，世界上第一台通用计算机 ENIAC 在美国宾夕法尼亚大学诞生，最初美国国防部用它进行弹道计算，占地 170 平方米，重达 30 吨，每秒钟可进行 5 000 次运算。1951 年，世界上第一台商用计算机 UNIVAC I 诞生，交付给美国人口统计局用于人口普查。1955 年，美国银行引进了 IBM 702 型计算机，用于进行账务处理和报表编制，开启了金融业的信息化。从此以后，各项金融业务都依托信息系统进行，硬件设施也相应地特指计算机软硬件环境了。

电子计算机的引进可以大大地提高金融机构的效率，而且最关键的是能降低出错的风险，因此很快就受到了金融行业的欢迎。从 20 世纪 60 年代开始，金融行业进行了大规模的电算化，给业务模式带来了重大的冲击。1956 年，美国银行业协会颁布了磁性墨水特征识别（MICR）的标准，可以很容易地将支票进行电子化，从而利用电子记录系统进行处理；1968 年，该协会进一步构建了一套通用的支票处理语言，使整个银行业全面进入了电子化时代。随着技术的不断发展，金融机构也不断扩大技术人员的编制，越来越多的计算机技术应用到了金融后台业务中，这是金融基础设施发展史上的一次颠覆性变革。

早期计算机的操作系统和硬件是一体的，可扩展性很差。1969 年，美国 AT&T 公司的贝尔实验室完成了 UNIX 操作系统，并于 1971 年首次发布，通用的操作系统渐成主流，不过仍然需要和大公司的服务器配合。1983 年，Richard Stallman 创立了 GNU 计划，希望能发展一个完全自由的类 UNIX 操作系统。1987 年，Andrew S. Tanenbaum 为教学设计了 MINIX，这是一个轻量、小型并采用微内核架构的类 UNIX 操作系统。1991 年，Linus Torvalds 上大学时对 MINIX 只允许在教育上使用很不满，于是他便开始写自己的操作系统，即后来的 Linux 内核。如今，Linux 已经成了大数据时代服务器的主流操作系统。随着操作系统的不断发展，计算机硬件也在不断小型化。1981 年，IBM 公司推出了个人电脑；1984 年，苹果公司推出了带有图形界面操作系统的个人电脑；1985 年，微软公司发布了 Windows 操作系统，其从一开始就在个人电脑领域占据了大量的份额，加速了个人电脑的普及。

与此同时，金融业尤其是银行业，在电子化信息系统的大规模应用下，业务量实现了飞速增长，计算机后台处理信息的完成能力不成问题，但是前台网点的流量还需要人工处理，即使雇用了更多的柜台员工，也总是忙不过来。因此，和个人电脑结合，将计算机引入业务前端，就成了新的发展方向。从 ATM 机开始，一些自动化的前端设备逐渐流行起来，20 世纪 80 年代末，POS 机的出现使企业间的自动付款和转账成为可能，信用卡的用户量也开始飞速增长，无现金的社会慢慢到来。研究数据显示，1960 年美国商业银行总雇员数为 64 万人，到了 1980 年达到 148 万人，但是到 1990 年的时候，仍然只有 147 万人，这就是个人电脑带来的前端业务自动化的结果，节省了大量的人力，这也是一场重大的变革。

20 世纪 60 年代，美国联邦政府开展了一项研究，希望建立一套稳定、容错性高的计算机网络的通信机制，起名为 ARPANET，主要用于军方。1981 年，美国国家科学基金会（NSF）资助了 CSNET 网络项目，于 1982 年开发出了传输控制协议/网际协议（TCP/IP）标准通信协议。1986 年基于 TCP/IP 扩展，产生了 NSFNet 网。这个网络很快席卷美国，成为主流，逐渐取代了 ARPANET 在互联网中的地位。随着 NSFNet 网的建设和开放，越来越多的其他国家的普通用户也可以接入，于是形成了以美国为中心的互联网体系，后来人们把这个网络称为因特网（Internet）。互联网初期最主要的需求是资讯的共享，在技术层面需要在 TCP/IP 之上开发不同的应用层协议，其中基于超文本传输协议（HTTP）的万维网（World Wide Web，WWW）项目成了主流，其发明人是英国计算机科学家蒂姆·伯纳斯·李，他于 1990 年实现了通过 HTTP 传输超文本格式内容的技术，用户可以通过统一资源标识符（URL）定位万维网上的地址，使用浏览器工具访问并解析超文本的内容，从而实现了简单而丰富的信息共享。从此，人类就进入了互联网时代。

伴随着互联网的风潮，金融行业迅速地产生了新的变革。美国富国银行从 1992 年开始建设网上银行，美林证券于 1999 年推出互联网经纪业务。进入 21 世纪以来，网上银行和各种网上金融服务已经普及到了全世界。我国的金融行业，也是从这个时代开始“弯道超车”，迅速赶上了世界先进水平。1996 年我国央行开始立项实施现代化的支付清算系统，21 世纪以来银联快速崛起，国内的金融机构也经历了基础设施的巨大变革。移动互联网普及之后，随着我国通信网络的大规模建设以及智能手机的廉价化，金融行业和互联网行业进行了深度融合。2013 年，阿里巴巴集团推出了余额宝，其通过互联网实现的自动化理财迅速引爆了普通民众的小额理财需求，互联网金融已经成了一个鲜明的“中国特色”。

2013 年也称为“大数据元年”，各种新技术的发展，使金融基础设施领域又发生了巨大的变革，无论是金融科技还是人工智能，都需要依托大数据的基础及相关技术，我们将在后续的章节里进行详细的介绍。

二、信息系统的基础框架

关于金融设施中的计算机软硬件系统，不同的领域、不同的业务，甚至不同的企业，都有不同的架构，随着技术的发展，每一个公司的系统架构也是不断变化的。总体上来说，金融基础设施的发展经过了早期的数字化到网络化再到大数据化的发展过程，在大数据时代里，最显著的特点是基于数据的分析获取价值，信息系统已经不再是单纯的业务支持了。我们基于当前主流的信息系统架构，整理了一套具有代表性的框架，如图 2－1 所示。

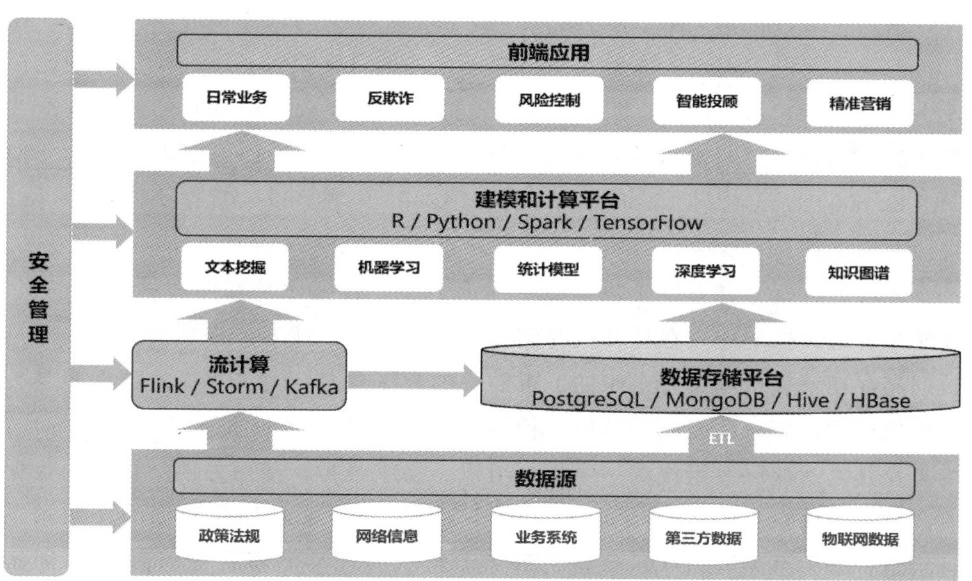

图 2－1　金融信息系统架构

不同的企业或者机构通常不会只有一套系统，对金融行业来说，存在很多专门的业务系统，如各种存贷款、支付结算系统等，还有一些相对通用的管理系统，如财务管理、信息管理、人力资源管理、客户关系管理系统等。我们不对这些具体的功能进行讨论，但它们具有一个共同点，就是会产生数据，这些数据通常都会存储在数据库中，不同的信息系统会有不同的业务数据库。数据仓库的技术可以把散布在不同系统里的数据提取出来，经过抽取、转换、加载（ETL）等过程后，进入统一的数据仓库。

此外，有的业务数据需要实时处理或者使用，并不存入数据库中，这样的方式称为实时计算或者流式计算，如一些消息处理的功能。大数据时代下的一个新特征就是对数据的快速响应，这些都促使实时计算的框架不断发展并流行。如数据流平台 Apache Kafka，是一个开源的分布式流处理平台，可以高效地处理线上的业务日志、访问日志等消息，这些消息可以通过专业的流计算平台实现快速地分析和统计，如 Storm 或 Flink。

数据的来源并不只有内部的业务系统，对于金融行业来说，还需要很多第三方外部系统的数据，如市场信息系统、征信系统等，这些系统的数据可以导入数据仓库，也可以参与到实时的流计算。此外，网络信息也能提供大量数据，如舆情数据、社交网络等。随着技术的发展，一些文本数据，如政策法规、裁判文书、科学文献、专利介绍等，都能用于进行大数据分析。此外，还有各种物联网设备提供的数据，如与健康相关的可穿戴设备、环境信息的监控设备等。随着 5G 网络的完善，物联网数据的规模还会有爆发式的增长。这些不同的数据来源共同构成了数据源，位于图 2-1 的下方，可以通过 ETL［抽取（Extract）、转换（Transform）、加载（Load）］方法进入数据仓库，也可以直接参与流计算。

传统的数据存储系统是数据库，根据定义，数据库是按照数据结构组织、存储和管理数据的建立在计算机存储设备上的仓库。或者严格来说，数据库是长期储存在计算机内、有组织的、可共享的数据集合。过去主流的数据库是关系型数据库，把一些复杂的数据结构归结为简单的二元关系（二维表），由二维表及其之间的联系组成的一个数据组织，易于维护，使用方便。常见的数据库产品有 Oracle、MySQL、PostgreSQL 等。近年来，非结构化数据的使用越来越广泛，非关系型数据库迅速流行起来，常见的产品类型有文档型（如 Mongodb）、列存储型（如 Hbase）、键值对型（如 Redis），这些非关系型数据库都具有格式灵活、读写速度快、易于扩展的特点。

无论是关系型还是非关系型数据库，其应用场景主要为操作型系统，主要面向应用，支持对实际业务的处理，也可以叫业务型数据库。如果要对数据进行综合分析，存储和快速查询是主要目的，通常不会进行频繁增、删、改，因此需要另一套设计模式，这就是数据仓库，主要面向数据分析，侧重决策支持，常作为公司的单独数据存储，负责利用历史数据对公司各主题域进行统计分析。

传统的数据仓库都是基于数据库产品的，大多数运行环境都是单机服务器，如果对性能要求高，就需使用高性能服务器。云计算流行后，分布式的存储成了主流，各种数据库产品都出现了分布式产品，但更多的数据仓库应用环境直接切换到了云平台，如 Hadoop 生态圈的 Hive、HBase 等开源工具，拥有大量的用户，关于云平台的细节我们会在后续章节进行详细介绍。

无论是云平台的数据还是流计算的结果，都可以进行后续的深入分析。统计学是各种大数据分析技术的基础，是预测科学性的保障，很多统计模型可以帮助我们研究数据内部的规律，以及对外部或者未来进行预测。机器学习方法是统计学和一些计算机算法的结合，在一些场合下也称为统计学习，其核心思想是基于数据、从经验中学习，然后进行预测。深度学习是机器学习中的一类方法，结合大数据构成了今天火热的人工智能，尤其是基于图形处理器（GPU）计算的框架可以大大地提高计算性能，在很多领域有着深入的应用。文本挖掘技术能够对文本数据进行处理，如各种政策法规、新闻舆情、文字公告等，基于自然语言处理（NLP）的方法对文字信息进行结构化以及句法、语义等分析，从而提取有价值的知识。知识图谱可以进一步从文本等非结构化信息中提取关系和规则，从而更精准、高效地实现搜索、摘要等功能。以上技术都是大数据时代的主流技术，我们会在后续章节进行详细的介绍。

所有的大数据相关分析方法都可以部署在建模和计算平台之上，不同的企业或机构的基础设施架构可能会有所不同，具体工具的选择也可能存在差异。但总的来说，目前的主流是基于 Hadoop 等分布式框架实现各种分析方法的并行化计算，如使用 Spark 等工具。另外，针对深度学习，尤其是图像数据的深度学习，需要 GPU 计算环境，常用的深度学习框架有 TensorFlow、PyTorch、MXNet 等。除了直接调用工具和方法，实际的分析建模过程中经常需要创造新方法或者基于特定的数据编程，目前最主流的通用工具语言是 Python。此外，专注于数据分析和统计建模的 R 语言也有着广泛的使用。

在建模和计算平台之上，就是各种前端应用了，不同的行业和机构在这方面的差异很大，下面以几个具有代表性的例子进行介绍。如，反欺诈系统，可以基于各种交易数据，使用大数据的技术挖掘出异常，并迅速定位到各地，从而及时识别和干预；风险控制系统在银行和一些互联网金融业务中广泛使用，基于机器学习和人工智能技术可以快速而自动地判断风险，并进行合理地度量，有助于科学和高效地进行风控决策；智能投顾是人工智能时代的新应用，通过机器问答计算实现智能化的投顾服务；精准营销在互联网电商行业有着广泛的应用，引入金融领域后，也可以用于智能化的市场营销。

在整个基础设施框架中，信息安全是贯穿始终的。信息安全是指为信息系统建立和采取的技术及管理的安全保护，即保护信息系统中的硬件、软件和数据信息资源，不因偶然或恶意的原因遭到破坏、更改、泄漏，使信息系统连续、可靠地正常运行，保证信息交换和共享服务正常有序不被中断。信息安全技术主要包括密码技术、身份认证技术、防火墙技术、虚拟专用网络（VPN）技术、安全扫描技术、入侵检测技术、可信计算技术等。

金融系统对信息安全的要求是重中之重，基本上贯穿了整个基础设施，除了基础的安全软件和网络防火墙以外，很多系统还会从硬件层面开始搭建一套完整的可信计算环境。通常硬件层由可信安全芯片、可信度量核心根（CRTM）和可信基本输入输出系统（BIOS）组成；软件层包括内核层、服务层和应用层，内核层与安全芯片交互，服务层以操作系统服务的形式存在，应用层提供可信安全服务支持，从而确保整个信息系统的环境都是安全可信的。如果使用国产化的自主软硬件系统，还可以进一步实现安全可控（此处不详述）。

总的来说，图 2－1 的架构是当前主流的金融信息系统架构，其中使用的各种技术和软硬件产品都经过了很多年的发展，并且仍然处于不断变化和革新中，各种新技术对基础设施的冲击非常大，后面章节我们会对典型技术的影响进行详细讨论。

三、大数据时代下金融科技的新变革

说起大数据时代下的金融基础设施变革，就不能不提到“金融科技”，其是这几年金融领域最热门的词汇之一。金融科技（Financial Technology，FinTech），通常指金融和信息技术融合的产业，通过各种科技手段对传统金融业提供的产品和服务进行创新。在风险投资的加持下，近些年出现了很多专门的金融科技公司为传统的金融机构提供服务，同时也在一些具体业务上和传统金融机构进行竞争。另外，很多传统的金融机构，尤其是银行业，也在进行金融科技方面的创新。

“FinTech”这个词最早是从欧美流行起来的，2016年开始席卷中国金融行业，资本市场提供了大量的资金投入国内的金融科技公司。2016年8月，国家发布《“十三五”国家科技创新规划》，明确提出促进科技金融产品和服务创新，建设国家科技金融创新中心，并在依法合规、风险可控的前提下，支持符合创新特点的结构性、复合性金融产品开发，从政策法规层面对金融科技进行了引导。很多人开始把2017年称为“金融科技元年”。

细究“金融科技”概念的发展，可以追溯到国内的互联网金融。2013年被认为是中国的“互联网金融元年”，随着国内互联网产业的成功，很多先进的技术进入了金融领域，快速地实现了互联互通，并催生了很多基于互联网的新业务。不过国内的情况和国际上很多创新的金融业务差别比较大，关于“金融科技”也没有统一的定义，直到2016年才开始统一到金融科技的话语体系中。比较权威的定义来自国际组织金融稳定委员会（FSB）于2016年发布的专题报告：“金融科技（FinTech）是指技术带来的金融创新，它能创造新的业务模式、应用、流程或产品，从而对金融市场、金融机构或金融服务的提供方式造成重大影响。”

在相关的金融科技的发展过程中，很多政府在政策方面进一步提供了技术便利、明确了监管标准。2015年，英国政府宣布启动银行业数据共享与数据开发计划，向金融科技公司提供API，从而从政策层面促进银行与金融科技公司进行深入的合作，为消费者提供更好的服务。2015年7月，中国10个部委联合发布了《关于促进互联网金融健康发展的指导意见》（银发〔2015〕221号），这都标志着金融领域的高科技创新应用发展到了新的阶段。

因此，在FinTech大规模流行之后，很多业内人士把这个阶段称为FinTech 2.0，相对于过去FinTech 1.0主要专注于互联网的高效连接，在FinTech 2.0新阶段更偏重于资产端，同时引入智能化技术，并深入客户端的服务中。随着技术的发展和应用的深入融合，有人划分出FinTech 3.0甚至FinTech 4.0，也有人提出“智能金融”的概念，还有人基于数字货币和区块链提出了全新的价值互联网的观点，这些都可以看作是金融科技的延伸。在这里我们无意深究“金融科技”一词具体含义的发展演变，也不认为金融科技就等于大数据金融的全部内容，而是把金融科技认为是大数据时代下金融技术发展的重要领域，这样就可以不用陷入外界给金融科技贴的各种“标签”中去。

不过可以作为参考的是，金融科技中的大部分技术都是大数据时代下对金融基础设施产生了重大影响的关键技术。其中，最关键的技术是云计算、人工智能和区块链，其中云计算和人工智能都可以算作是广义的大数据技术的分支，云计算侧重于数据的存储和基础框架，人工智能侧重于分析和预测。近年来，这些技术都得到了突破性的进展，并被快速地应用到金融领域，取得了很多重要的成就，我们在后续章节将进行详细的介绍。

除了狭义的金融基础设施以外，我们也可以简单地了解一下广义的金融基础设施的变革。目前在行业标准和政策法规方面还存在很多需要变革的地方，如金融大数据缺乏统一的存储管理标准，金融行业大数据的安全规范也存在很多空白。金融领域的数据涉及很多个人隐私，在隐私保护方面的要求更高，但细分的法律法规还不完善，单纯依靠金融机构自身进行管控，存在安全风险。

随着技术的发展和金融科技的大规模应用，相应的大数据发展的产业规划和政策扶持会不断出台，监管机构也应该推进金融行业安全可控的数据共享，如提供标准的 API 等。此外，金融行业的各类企业、机构也应该协同制定更详细和完备的行业标准，以便进行更加严格的规范化、标准化管理。这些都可以认为是广义的金融基础设施的变革，同时也是在这个不断变化的大数据时代下需要密切关注的。

第二节 云计算和分布式平台

一、云计算的发展和变革

在很多领域，尤其是金融机构，对于大运算量的软硬件平台要求很高，其中最典型的是大型机。大型机大规模地应用到业界已经有大半个世纪的时间了，这个领域的巨头是 IBM 公司，全球排名靠前的大公司很多都曾经是大型机的客户。大型机具有高安全性、高可靠性、强大的事务处理能力等诸多优点，目前尚无黑客可以攻击，全年宕机时间不超过 5 分钟，可以在不重启的情况下运行 10 年，1 天可以处理百亿次事务，其从一开始就成为对数据有高端需求的公司的标配。直到今天，银行、电信这些对安全性和稳定性要求高的行业都还在使用大型机。

大型机的缺点也是显而易见的，一方面是运行在其上的软件系统通常比较陈旧，另一方面是迁移和扩容的成本巨大。当然，使用大型机的目的就是稳定和不要迁移，但是在如今瞬息万变的信息时代，这种不灵活性还是会影响到公司战略的。所以，近些年出现了很多替换大型机的声音，2012 年，美国宇航局（NASA）宣布关闭最后一台大型机，标志着一个时代的终结，不过很多机构，尤其是银行等金融机构，还存在很多大型机的身影。

在介绍金融基础设施的发展历程时，我们提到了早期信息系统的主要功能是提供业务支持，其难点在于“高并发”的事务的处理，大型机是处理这类事务的最佳工具。当时对数据分析能力的要求还不是很高，如果要实现巨大的计算量和复杂的算法，并不是大型机擅长的。如果有复杂而巨量的分析任务，就需要超级计算机，简称超算，也称为巨型机。这两种机器的差异并不是大小的差别，简单来说，大型机的优势在于稳定性和处理多事务的能力，具体到每个事务通常都很简单，在商业企业中有广泛的应用，而超算的优势在于能进行非常复杂的大规模计算，主要用于科研和军方项目。

无论是大型机还是超算，都是非常庞大的个体，购买或者租用都很贵，一般的企业很难承受，即使是金融企业，也很难保证充分的资源支撑。随着大数据时代的到来，需要处理的业务量和数据量越来越多，企业需要基础设施既能满足处理大量事务的需求，又能满足进行复杂计算的需求。一个很自然的思路就是通过大量便宜的服务器实现并行计算，这种架构从 20 世纪 80 年代开始就一直有着广泛的应用。

2006 年 8 月，谷歌公司首席执行官埃里克·施密特在搜索引擎大会（SES San Jose 2006）上首次提出“云计算”（Cloud Computing）的概念。同年，亚马逊公司将其弹性计算云服务也命名为“云计算”，后来“云计算”这个词就成了这种远程并行框架的代称。2008 年，微软公司也发布其公共云计算平台 Azure。这三家公司成了早期云计算产业的巨头。由于这种模式是由第三方公司提供服务，购买云服务的企业通过公网连接云平台，因此也称为公有云。

基于谷歌公司发布的 MapReduce 框架，Apache 软件基金会支持 Hadoop，发布了开源的云计算框架。Hadoop 项目的前身可以追溯到 Apache 软件基金会的 Lucene 项目下的 Nutch 系统，该项目发起于 2002 年，业界广泛地使用其实现网络爬虫。该项目实现了分布式文件系统（Nutch Distributed File System，NDFS）。2004 年，谷歌的文章发布后，该项目开始实现 MapReduce 的机制，并且与谷歌文件系统（Google File System，GFS）相对应地发展了 HDFS 分布式文件系统。到 2006 年，Apache 软件基金会启动了对 Hadoop 项目的独立支持，正式从 Nutch 系统分离。2008 年，Hadoop 成为 Apache 软件基金会的顶级项目。

有一些企业基于 Hadoop 或者类似的框架，独自建设内部的云平台，或者委托第三方企业帮自己开发和部署内部使用的云计算平台，这种方式也称为私有云。虽然“云计算”这个概念主要是提供公有云服务的公司在推广，但就技术本身来说，其与私有云没有本质的区别。不过对普通企业而言，开发和部署私有云需要的成本巨大，因此各企业还是以购买公有云服务为主，这也是云计算时代的主要方式。公有云服务一共有三种模式：SaaS、PaaS 和 IaaS。

SaaS 是软件即服务的简称，也称为按需软件服务。服务商在云端提供软件，客户通常无需购买安装，可以直接通过浏览器使用其功能，或者通过简单的客户端软件连接云端的服务。客户无需为整个软件付费，只需为自己选择的功能模块付费即可，同时也可以根据使用时间或者资源占用量购买，完全颠覆了过去购买软件许可证（License）的模式，为普通企业节省了大量资金，也省掉了很多安装和维护的麻烦。

PaaS 是平台即服务的简称，即服务商提供了远程的开发平台，包括相关的操作系统、集成开发环境（IDE）、中间件、数据库、Web 服务器等，用户只需要在平台上开发或者部署自己的应用程序、管理自己的数据即可，相当于服务商提供了全部硬件平台和大部分的基础软件平台。用户购买服务时可以选择软硬件平台，省掉了很多基础维护的工作。

IaaS 是基础设施即服务的简称，即服务商提供服务器硬件、存储设备、网络硬件、安全工具等基础设施，用户可以自行安装操作系统及各类软件，实现完全自由地远程操作。这种服务方式可以省去管理机房、购买硬件、安装网络设施等工作。这种服务方式通常还包括弹性的硬件和软件，用户可以在不迁移系统的同时完成计算性能的升级，相关的网络、存储和所有基础设施管理都由云服务提供商负责，用户还可以选用安全与备份服务。

在以上三种云服务中，IaaS 作为云计算的基础层，技术壁垒和产品的标准化程度最高，国外市场主要被亚马逊、微软、谷歌和 IBM 四家巨头占据；国内主要有阿里巴巴、腾讯、中国电信、金山云等服务商。有一些 PaaS 和 SaaS 平台本身就建立在 IaaS 之上，只不过其会针对具体的行业和应用场景提供对应的服务。对于企业用户来说，完全可以根据自身的需要选用不同的公有云服务。

企业还可以综合使用公有云和私有云，这种模式称为混合云。通常使用公有云储存和开发大多数不涉及敏感信息的系统，使用私有云管理核心资源和敏感信息。二者通过专用的安全接口进行交互，对于用户来说，可能感觉不到公有云和私有云的差别。这种使用云计算的方式改变了过去购买和维护大量软硬件资产的模式，完全可以按需购买云资源，除了可以节省管理和维护的精力以外，关键是能实现可扩容。当企业规模不大或者计算资源要求不高的时候，可以选用较低的配置，当业务扩大的时候，可以购买资源，最大化地避免浪费，也能实时实现升级。

从 2006 年开始，云计算技术开始飞速发展，2008 年的金融危机客观促进了云计算的广泛应用。当时大量受到金融危机影响的企业有很强的动力进行成本缩减，其中 IT 成本是一个很重要的部分，云计算的成本优势非常明显，而且能够更好地控制 IT 成本，因此从美国开始，整个云计算产业蓬勃发展。2013 年，美国中央情报局选择了亚马逊公司作为云计算的服务提供商，签订了 6 亿美元的合同，也增强了市场对云计算技术的信任，此后，越来越多的企业开始大规模采购云服务。

中国最早的公有云提供商是阿里巴巴集团，其旗下阿里云计算有限公司成立于 2009 年，于 2011 年正式提供公有云服务，现已成为中国云计算市场的龙头企业。近年来，越来越多的服务商能提供不逊于国外服务商的云服务，无论是性能还是成本都具有很强的竞争力，这也非常有利于初创公司发展，也是这些年中国互联网行业能够异军突起的重要原因。

二、云计算技术简介

我们说到云计算技术，通常涉及两个层面：第一个层面指的是基础设施技术，如要提供 IaaS 的公有云服务，应该如何进行部署；第二个层面是云平台上的计算技术，如何通过多个服务器的集群实现数据的存储和计算是其中的关键。作为专有化的名词，云计算技术一般指后者，关于服务器集群的管理和算法的研究也比较多。

第一个层面的基础设施技术，要通过本地的硬件集群提供远程的服务，使远程用户感觉不到硬件的限制并且可以很轻松地扩容，这需要虚拟化技术。虚拟化技术简单来说就是将一台计算机虚拟为多台逻辑计算机，每台逻辑计算机可运行不同的操作系统，且应用程序可以彼此独立互不干扰。过去常用的虚拟化技术是虚拟机监视器（又称为 Hypervisor），其基本原理是通过中间层将一台或多台独立的机器虚拟运行于物理硬件上。这种方式使用起来非常便利，可以轻松地将一台主机虚拟化成多台供远程访问的逻辑计算机，但也存在一个很重要的问题，即其会损失计算性能。

在云计算服务里，性能是非常重要的，因此对轻量化的虚拟化技术有了广泛的需求，其中最典型的是容器技术。容器虚拟化是一种操作系统层面的虚拟化，最早的原型可以简化为对目录结果的简单抽象，2000 年，Linux 平台开始出现了一些商用的容器技术，到现在容器技术已经成了云计算虚拟化的主流，最常用的工具是 Docker 技术。Docker 公司的前身是 dotCloud 公司，于 2010 年在旧金山成立，专注于 PaaS 平台。2013 年，dotCloud 公司将其核心技术 Docker 开源，基于 Apache2.0 协议。Docker 技术是一个能够把开发的应用程序自动部署到容器的引擎，发布后很快风靡全球，随后 dotCloud 公司改名为 Docker 公司。

现在很多提供云服务的公司都选用 Docker 技术实现虚拟化，可以很轻松地安装和管理平台上的应用程序。云平台的集群通常都包含大量的节点，如何管理这些节点是一件很麻烦的事情，尤其是操作系统和各种应用软件的安装调试，通常来说工作量巨大。基于 Docker 技术，可以很容易地把云计算集群中每一个节点需要安装配置的工具部署在容器中，然后以文件的形式将容器分发到各个节点，实现统一的管理和维护，非常方便。

第二个层面的计算技术，是研究和应用中的主流。对于云平台来说，用户的需求不仅是把数据存起来，还要能够用起来。在传统的应用场景中，只要把数据进行电子化存储之后可以查询即可，最多进行一些分类汇总、描述统计之类的简单分析。在大数据时代所谓的“大数据分析”通常会使用各种统计模型、机器学习方法进行深入分析，这套分析的方法和技术也常称为“数据科学”。关于具体的大数据分析技术，我们将在后文进行介绍，所有的这些技术，都需要依托一套计算框架，这就是云计算的核心技术之一。目前最主流、最具代表性的框架是 MapReduce，其在 Hadoop 中得到了实现，MapReduce 的原理如图 2-2 所示。

Hadoop 的底层基于一套 HDFS 分布式文件系统，为上层的计算提供数据的输入。MapReduce 框架通过映射（Map）和归约（Reduce）的机制把算法实现并行化，并自动分配到不同节点进行计算和汇总。Map 对列表的每一个元素进行指定的操作，得到一组中间值。Reduce 把这些中间值通过一定的函数进行处理以获取最终的结果。具体来说，系统可以自动将数据文件切片(splits)，形成键值对，然后通过 Map 过程将分割好的键值对交给用户定义的 Mapper 方法进行处理，生成新的键值对。对于这些输出的中间结果，可能还需要进行合并操作，可以由 Hadoop 自动完成，将多个键值对进行合并。最后传给用户自定义的 Reducer 方法，进行计算和汇总后输出最后的结果。整个过程除了需要定义 Mapper 方法和 Reducer 方法之外，其他的并行化操作以及数据管理全部通过 Hadoop 的 MapReduce 计算框架实现。

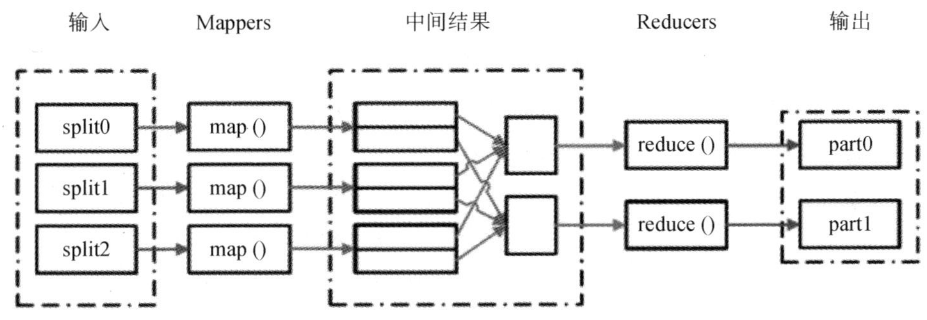

图 2-2 MapReduce 计算框架

数据可以直接存在 Hadoop 的分布式文件系统中，并能通过 MapReduce 框架编写并行算法进行计算，不过有时候借助于第三方工具效率会更高。如，Hbase 数据库可以基于 Hadoop 的 HDFS 模块作为底层存储，同时实现了一个 NoSQL 的数据库。Hive 是一个基于 Hadoop 的数据仓库，可以使用类似 SQL 的语句，自动把语句翻译成 MapReduce 的操作。这使我们可以在未深入了解 Hadoop 的文件系统和计算框架的前提下，使用类似普通数据库的简单操作方式处理大数据。这些工具都依赖 Hadoop 的环境，所以我们称之为 Hadoop 生态圈。

Hadoop 的 MapReduce 虽然方便，但是每个节点的计算都需要读写 HDFS 文件，如果算法需要频繁地存取数据，就会很低效。针对这个问题，加州大学伯克利分校 AMP 实验室于 2012 年开始开发 Spark，这是一种类似于 MapReduce 的框架。Spark 拥有 MapReduce 具有的优点，但是中间输出结果可以保存在内存中，从而不再需要读写 HDFS，因此 Spark 能更好地适用于数据挖掘与机器学习等需要迭代的 MapReduce 的算法。2014 年，Spark 成为 Apache 的顶级项目。

Spark 是 MapReduce 的替代方案，同时可以兼容 HDFS、Hive 等分布式存储系统，能运行在 Hadoop 集群管理 Yarn 上，可融入 Hadoop 生态圈，在日常使用中通常与 Hadoop 互为补充，可以和 Hadoop 部署在同一个集群。因此，也成了云计算平台的常用计算框架。对于一个云平台来说，能够基于 Hadoop 和 HDFS 存储数据，通过 Spark 分析数据，就可以满足人们对大数据的所有需求了。这种分布式平台的好处在于，当算力不够时，只需要简单地扩充硬件，也就是 Hadoop 集群中的节点，就可以很快地增加算力，而不需要更新和修改应用程序。

一般来说，如果只是进行一些标准化的简单数据分析，如求和、平均数、分类汇总等计算，可以直接使用 Hadoop 中的 MapReduce 框架实现，可轻易地做到扩容。如果是针对商业智能中的多维分析，可以使用 Apache Kylin 项目，同样可以在 Hadoop 的集群上部署和快速扩容。更多时候，我们的分析方法并没有这么简单和标准化，所以如何把模型和算法改写成并行的方式成为扩容的关键难点，这个时候可以选用 Spark 类的框架，能够比较容易地开发并行算法。在这个层面上的开发很难有一套一劳永逸的方法，毕竟不同的算法改写成并行算法花费的精力很可能千差万别，需要我们针对不同的问题进行定制化的开发。不过一旦能解决具体问题的并行算法开发、部署到 Hadoop 或者 Spark 类的集群中，以后面对更大的数据量时，只需要简单地增加服务器即可，无须修改算法或者升级系统，这就是算法层面的可扩容。

随着 Hadoop 和 Spark 等开源平台的不断成熟，围绕着 Hadoop 产生了一个完整的生态圈，再以基于 X86 的 PC 服务器集群作为硬件服务器，形成了当今主流的云计算平台方案。这套方案可以快速部署并且轻松扩容，相比大型机和超级计算机价格低廉，尤其是可以通过增加节点的方式弹性地增加计算能力，非常适合快速变化的互联网行业。它也很适合初创公司，公司规模小的时候用比较少的机器搭建集群，一旦业务量激增，只需买入新的硬件接入集群即可，成本的增长几乎是线性的，不会被大的系统商绑架。也有很多大的厂商基于这种框架提供云计算的服务，普通用户可以根据自己的需求随时增减计算能力，这样更加便捷和便宜。等到进入大数据时代之后，云计算平台已经成了主流，当今大数据和人工智能的发展速度如此迅速，云计算平台功不可没。

三、云计算在金融业的应用

金融机构的业务要求基础平台能存储大量的数据以及具有实时计算的能力，目前很多新业务如风控、交易预警、反欺诈、精准营销等都需要实时计算的能力。金融行业是一个数据密集型的行业，金融机构每天都会汇集大量的企业和个人的数据，包括用户行为、用户信用、市场状态、行业研究等信息。如何高效地利用好这些数据，是金融企业发展和转型的关键，而底层的基础设施则是重要的支撑。在实际操作中，很多金融企业都经历了或者正在经历大规模的系统改造，由于不同的企业差别很大，为了更灵活地应用好大数据，通常都会定制化地设计和开发技术平台，还可能需要将之前存储在很多不同信息系统的数据进行整合，重新设计并搭建数据采集、存储、传输的架构。

由于金融机构通常需要超大规模的数据存储和实时计算，基于云计算的架构成了首选。中大型金融机构由于资金较为充裕并且具有很强的研发能力，往往会选择将技术平台部署在私有云环境中，这样总体上更加可控，还可以针对具体的业务需求配置定制化的软硬件，在总体上更能节约成本，同时还可以提升平台的整体性能。小微金融机构通常对成本更加敏感，研发能力也相对较弱，由于公有云具有按需扩容、按使用量收费的特点，有些小微金融机构会从建设初期开始就将系统全部部署在公有云上，由于业务初期的用户和数据量通常较少，这种方案具有明显的成本优势。如果未来业务发展得很快，也可以很容易地搬迁到私有云。此外，某些关键数据如果不愿意部署在公有云，也可以采用混合云的模式。

对金融企业来说，安全性、隐私保护和可靠性是核心的需求，这些都是云计算早期时一些企业的顾虑，但现在的大型云服务提供商都很好地解决了这些问题。在安全性方面，大型云服务商都通过了主流的安全标准认证，此外企业还可以在云平台中部署自己的防火墙系统。在隐私保护方面，理论上如果不同用户的系统位于相同的物理机器中，存在某一处应用被黑客攻破就会波及其他系统的可能性。但是，现在的云计算服务商建了很好的隔离机制，可以把不同用户的数据存储在自己的安全数据区中，彼此不会混淆。在可靠性方面，云计算平台也比较有优势，由于云平台具有良好的备份机制，云服务提供商通常也制定了安全有效的备份策略，使用户的数据相比自行备份来说更加安全可靠，如果由于硬件的原因造成了数据损失，云平台服务商会承担责任，从这个意义上来说也多了一份保障。

金融行业的数据特点除了超大规模以外，还需要实时计算，相比普通的云计算平台，利用 Hadoop 或者 Spark 实现离线计算即能满足大部分需求。在金融业务中，经常需要用到大数据的流式处理，主要是以数据流的形式处理实时的交易数据，并和 Hadoop 与 Spark 引擎结合，可以快速高效地对数据进行模型训练、流式处理、交互式分析等。例如，使用 Kafka 接入交易数据、行为数据等，通过流式处理技术，结合规则引擎，可以实时地统计和分析客户特征，如果发现异常就会实时地报警，同时更新训练数据，基于 Spark 引擎对模型进行更新，从而实现整个分析流程的自我学习。

云计算技术主要提供支撑平台，用来存储数据和打通各平台之间的数据流，同时用来实现大数据分析的各种模型和算法。关于具体的大数据分析的方法和技术框架，我们将在下一节进行介绍。

第三节 大数据和人工智能

一、大数据分析的发展和变革

“大数据分析”是当今的一个热门词汇，纯粹数据量的多寡不足以描述其中的内涵，我们究其根源，其技术基础主要来自统计学和计算机科学这两个支柱学科。在不同时代、不同的技术环境下，实现的方式有所不同，我们先从早期的应用说起。在数据分析的早期阶段，统计学专注于小样本的分析和推断，计算机科学专注于规则和逻辑的计算。人类进入信息爆炸的时代后，这两个学科融合产生了化学反应，从数据中挖掘知识成了实现智能的关键。

数据挖掘于 20 世纪 90 年代开始流行，世纪之交时跟随人们对知识爆炸的预期变得很火。数据挖掘一般是指从大量的数据中通过算法挖掘出隐藏其中信息的过程，一开始是为解决行业中大量数据的问题而生，其风格也比较偏业界，尤其是结合了很多数据库管理的技术。其中一些重要的挖掘方法，在互联网时代也称为机器学习，机器学习最早是人工智能的研究领域，后来纳入了很多统计学的思想和方法，并在计算机算法方面取得了很大的进展。在行业里可以简单地认为“使用机器学习方法、遵循数据挖掘流程”进行数据分析。两者在很多方法上都是共用的，现在很少有人去刻意区分数据挖掘与机器学习，很多时候两个词可以通用，尤其是题名为数据挖掘或者机器学习的书籍，里面的内容也是比较相似的。

数据挖掘应用之初最大的问题是数据孤岛，信息时代的早期并没有完善的系统架构，很多公司的数据都分散在不同的信息系统中，有些甚至还没做到电子化，因此给数据挖掘的实现带来了很大的麻烦。后来数据仓库理论成熟起来，可视化技术也有了进展，于是商业智能开始流行起来，在21世纪初达到巅峰，主要针对当时所谓的海量数据（可以认为是大数据的前身）进行存储和分析。商业智能通常指用数据仓库、多维分析、数据挖掘和数据可视化技术进行数据分析以实现商业价值。

在很长一段时间里，商业智能成了企业数据应用的主流方案。通常来说，企业信息化时可以包含不同的系统，如各种业务系统、财务系统、信息管理系统、市场销售系统等。这些系统主要用来支持业务的正常运转，是早期信息化的主要目的。但是，进入数据挖掘和商业智能时代后，企业意识到了数据的价值，因此通过商业智能（BI）系统整合数据并进行深入的分析和挖掘。当然，业界很多企业对数据的应用还比较浅显，通常只是看一些日常的报表和图形可视化，还达不到数据挖掘的程度。因此，很多厂商的BI方案中只包含数据仓库和可视化的模块，深入的分析通过解决方案的方式销售，这也导致目前业界说的BI系统并不包含复杂的模型和算法。

随着互联网和移动互联网的兴起，人们处理的数据的规模又迎来了爆发式的增长，海量数据已经不足以描述新时代的数据，“大数据”这个概念应运而生。2012年《纽约时报》有篇专栏写道“大数据时代已经降临”，掀起了“大数据”的热潮。中国也称2013年为“大数据元年”，这一年里官方媒体和各种民间的声音都开始热议大数据的未来，热度一直持续到现在。即使是最近两年被特别关注的“人工智能时代”，也被认为是大数据时代的一个延伸，因为业内人士都认为当今人工智能的成功实际上是深度学习加大数据的成功。

“大数据”字面意义就是大量的数据，这和之前的海量数据看上去没多大区别，但是人们对大数据赋予了更多内涵，如现在一提到大数据都要说5个V：量大（Volume）、多样化（Variety）、分析快速（Velocity）、价值大（Value）、可信度高（Veracity）。海量数据时代主要针对的是数据量大，关注大量数据的高性能处理，而大数据时代下，数据的“大”还包括数据源的多样化，除了传统的数据库中的结构化数据以外，各种文本、图像、声音、影像等数据也成了分析对象。快速分析也成了重要的目标，尤其是在互联网的推动下，各种实时计算、实时分析都成了大数据时代的标配。此外，数据的“大”除了量大以外，最主要的是产生重大的价值，大数据成了一种重要的资源。还有一个关键就是可信度高，因为很多环节的数据都可以被如实地记录，改变了之前受技术所限存储的数据不全的问题。综合以上大数据的特性，大数据时代下的数据具有了不一样的“地位”。不同时代能够提供的记录的技术手段是不一样的，我们谈大数据的时候不能忽略其时代特征和具体的技术手段。

无论使用哪种分析方法，首先需要一套软硬件平台，当数据量巨大时，对平台的性能要求非常高，所以大数据技术基本上是伴随着云计算一起发展起来的。一些云计算服务商都提供了大数据分析的工具。此外，在开源平台 Hadoop、Spark 框架的基础上，很多开发者也贡献了一些分析方法的包。不过针对灵活的应用需求，使用编程语言实现各种分析方法，甚至开发自己的特定方法，是最常用的解决方案。Python 语言是目前最流行的编程语言，甚至代表了大数据分析的潮流方向。R 语言因为其统计模型和数据可视化的功能丰富，在金融分析尤其是量化研究中心也有着广泛的应用基础。如果以 Python 或者 R 语言为核心进行大数据分析，把云计算平台当作底层的基础设施，那么大数据分析强调的不是一种工具，而是一种能力，这也是新时代的一个发展方向。这种大数据分析的能力也可以称为数据科学，这些年我国教育部在很多高校都增设了数据科学与大数据技术专业，将会从专业技能以及人才体系的层面为很多应用领域带来变革。

数据科学是统计学、计算机科学和领域知识的融合，如图 2－3 所示。如果仅有统计学和领域知识，就是传统的数据分析，通常只是用简单的工具处理小样本的问题。如果只有计算机科学和领域知识，就是业界常用的商业智能。如果没有数学和统计学背景的话，直接使用工具很容易犯错，各种关于大数据误区的例子实际上都是因为没有深刻理解数据和方法造成的。如果只是把统计学和计算机科学结合起来，就是研究方法本身，相对应的是现在很热门的机器学习。只有把三者结合起来才是数据科学，也是针对大数据的真正解决方案。

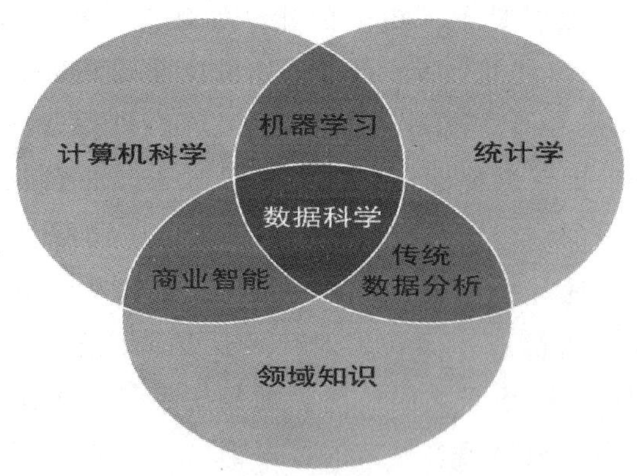

图 2－3　数据科学的结构

数据科学主要从人的角度出发，重点在数据科学家，强调的是融合多种理论与技术手段，基于大数据使用科学方法从数据中获取知识。在数据的存取方面，可以利用计算机技术搭建云计算平台。在数据分析领域，可以融合统计和计算机技术实现各种高性能的分析模型。在数据应用领域，针对具体领域的需求、规则、数据特征，设计不同的软硬件架构和分析模型，从而实现数据的价值。这是数据科学家的职责，也是人们对大数据的期待。

具体到金融领域，各种模型和算法都有着广泛的应用。如，统计学中的时间序列模型可以用来研究股票价格和市场的走势与波动，运筹学可以用来研究最优资产组合，聚类方法可以实现客户细分，决策树、支持向量机等分类方法可以实现客户标签，异常识别算法可以检测异常交易，推荐算法可以实现精准营销，自然语言处理和知识图谱技术可以开发投顾机器人。这些方法分别来自不同的学科领域，但都是大数据分析方法，都可以在 Python 和 R 语言中找到工具，并能在主流的云计算平台中实现。很多时候，默认的模型和算法的预测效果不是很好，需要针对具体的数据进行建模和调参，有时候还需要修改和优化算法，从而更好地分析数据中的规律，并进行精准预测。

从 20 世纪 90 年代到 2020 年不过 30 年的时间，我们已经看到数据分析领域发生了多次颠覆性的变革，不论是理论和方法的更新，还是技术框架与工具的升级，都会迅速地应用到行业中去，尤其是金融业，由于数据质量高、数据价值大、资金充裕，一直是数据应用的前沿领域。每次分析技术的变革都会带来业务模式的改变甚至产生新的业务形态，谁能快速地跟上变化，谁就能抢占先机。与云计算等具有标准化框架的技术不同，大数据技术更多地强调的是一种能力，除了在软硬件基础设施方面向行业的前沿看齐之外，还需要在人才结构和组织制度方面也不断地动态调整，这样才能跟上大数据技术不断发展的步伐。

二、大数据时代下的人工智能

人工智能是计算机科学中涉及研究、设计和应用智能机器的一个分支。它的主要目标包括研究用机器模仿和执行人脑的某些智能功能，并开发相关理论和技术。关于人工智能的边界目前没有一个定论，但通常认为人工智能是智能机器执行的与人类智能有关的功能，如判断、推理、证明、识别、感知、理解、设计、思考、规划、学习和问题求解等思维活动。

在人工智能的发展历程中产生了三个主要的派别。符号主义认为人工智能源于数理逻辑，人类智能的基本单元是符号，认知过程就是符号运算。联结主义认为人工智能源于仿生学，人类智能的基本单元是神经元，认知过程是由神经网络构成的。行为主义认为人工智能源于控制论，智慧取决于感知和行为，不同的行为表现出不同的控制结构。不同的派别在不同时期占据了主流的位置，今天人工智能的成功主要靠深度学习加大数据，属于联结主义的思路。

2016 年，DeepMind 公司基于深度学习技术训练的围棋人工智能 AlphaGo 战胜了职业强手李世石，使人工智能又掀起了新一轮的热潮。推动此次浪潮的人工智能的主要技术是深度学习，是神经网络模型的延伸。严格来说，深度学习是机器学习的一种，不过因为其结构模拟了人的神经系统，在很多认知问题上有着非常好的效果，所以经常被单独拿出来当作一个大的分析门类。有的人会认为人工智能技术是大数据技术的升级，但主流观点仍然认为人工智能属于大数据时代的关键技术之一。

关于深度学习和人工智能的关系的直观描述，如图 2 - 4 所示。人工智能方法包括机器学习和其他方法，如专家系统，在 20 世纪 70 年代甚至是人工智能的主流。但随着人类进入大数据时代，基于归纳的机器学习方法逐渐成了主流。机器学习中包含了特征学习和非特征学习，常见的逻辑斯蒂回归、决策树等都是非特征学习，需要筛选并指定特征，然后建立模型。所谓特征学习是指方法可以自动学习特征并进行筛选，只需将所有的特征输入即可，无需进行人工干预即能得到精确模型。在特征学习中又包含深度学习和浅度学习，多层的神经网络就属于深度学习。

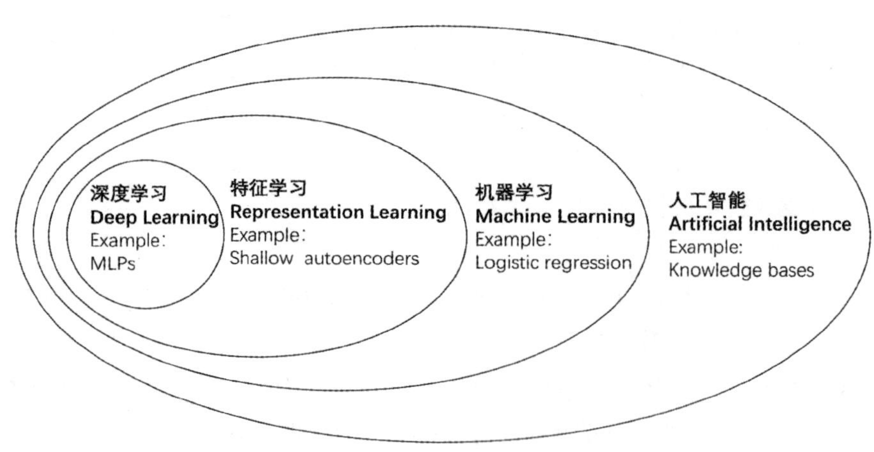

图 2 - 4 深度学习和人工智能

如果我们纯粹从方法的角度来看，现在的人工智能技术和其他大数据分析方法并没有本质的不同。不过从应用角度来看的话，深度学习技术在模式识别，尤其是图像与语音识别领域效果非凡，准确率甚至超过了人类，这就使其可靠性可以适用于很多对安全性要求高的场景，如身份识别，在金融领域也有着广泛的应用。通过人脸识别、活体检测等技术，可以将很多之前线下进行的审核工作转移到线上，为一些金融业务的模式带来了革命性的改变。

此外，以深度学习为核心的人工智能技术还可以借助 GPU（图形处理器）实现廉价、高效的计算，使其实用性大增。2007 年，英伟达公司推出 GPU 接口 CUDA，极大地降低了一些简单的高密度计算的成本。2009 年，斯坦福大学的雷纳和吴恩达合作发表了“用 GPU 大规模无监督深度学习”。论文显示，用 GPU 进行深度学习可以极大地提升速度。目前的人工智能应用主要基于 GPU 平台，虽然软硬件体系和 Hadoop、Spark 等云计算平台有所不同，但是都可以部署在相同的网络集群上，可以基于相同的业务模式提供云服务。如果是公有云，用户只需选择“GPU 云服务”即可，可以远程调用 CUDA 环境部署自己的人工智能应用。如果是私有云，在服务器上安装一些英伟达公司的显卡即可。用户可以根据使用需求，合理安排 CPU 与 GPU 计算的并列，并能共享数据，从而最大化地利用云平台的计算性能。

三、基于大数据和人工智能技术的金融应用

现在的主流人工智能技术是一种特征学习的技术，可以最大化地减少人工的干预，只需要有足够多的数据样本，就可以实现自动的训练和预测，因此和大数据可以实现完美的融合。在金融领域，我国传统的金融体系以服务大型企业为主，难以覆盖大量的中小企业，也很难满足广大居民的个性化金融需求。随着金融基础设施的不断变革，信息系统在各个环节和客户群体中都实现了完善的覆盖，积累了大量数据，使基于大数据和人工智能技术服务更广大的群体成为可能，也极大地提升了服务效率，从应用上进一步促进了金融行业的变革。

随着服务客户的范围越来越广，客户的要求多样化和个性化，为传统客服系统带来了挑战，智能客服成了新时代金融服务的一个重要方向。目前的智能客服应用通常以网络在线客服、微信、微博等即时通信方式为载体，基于海量

的业务咨询数据建立知识库，结合自然语言处理、知识图谱、数据挖掘等大数据技术，实现自动问答，从而可以替代或者辅助人工客服，减少成本、提高效率。

在支付领域，人工智能技术可以实现“刷脸”支付，极大地增强了支付效率和体验。该技术通过手机摄像头捕捉面部信息，然后运行面部识别算法，再通过支付软件处理信息，在极短的时间内完成支付，在安全性、稳定性、便利性方面都得到了大幅提升。

在销售领域，智能营销基于大数据和机器学习技术，分析消费者的个体模式与特点，从而智能化地划分客户群体，精准地找到目标客户，实现“千人千面”、精准画像，具有实时性强、关联性大、性价比高的特点。尤其在移动互联网时代，用户的消费行为、消费场景发生了巨大的改变，使用大数据技术可以更加深刻地了解用户的内在需求，从而形成精准营销。

在征信领域，目前我国的企业征信体系比较完善，而个人征信体系还比较薄弱，随着互联网经济的发展，人们习惯在网络从事消费、贷款、理财、购物等活动，使互联网积累了大量的个人信用数据，使用大数据和人工智能技术实现智能征信，可以补充传统征信体系的不足。

在保险领域，传统保险公司的产品定价的维度比较单一，对客户的风险识别能力不足，尤其是个性化的差异难以体现，存在“千人一面”的情况。通过大数据和人工智能技术，根据客户的个性化需求和风险特征设计相应的产品，是现代保险业的一个发展方向。保险公司还可以使用互联网、物联网、可穿戴设备、车载智能设备等多来源的数据，对客户的行为进行深入挖掘，从而实现差异化定价和精准推荐。此外，保险理赔也是保险业的一个重要环节，传统的理赔模式以人工核查、人工定损为主，理赔的流程比较长，效率不高。大数据技术可以帮助保险公司收集和分析整个行业的理赔案件，基于模型对事故的损害情况进行自动评估，从而实现智能理赔。

在安防领域，由于金融行业涉及大量的现金、有价证券和贵金属等物品，容易成为犯罪分子的目标，因此安全保卫工作非常重要。金融行业一直也是对安防要求最高的行业之一，近年来，在安防技术升级以及与大数据融合的浪潮下，金融安防水平有了很大提升，各种新技术、新产品、新应用层出不穷。目前在金融机构的安防应用中，基于人工智能的计算机视觉与生物特征识别是最主要的技术，此外还会结合手指静脉等技术，实现人像监控预警、可疑人员识别、员工违规监控、重点区域的通行管理等。

智能网点也是大数据时代下的一个金融新应用方向，推动银行网点走向数字化、自动化和智能化是目前银行业机构智能化转型的重要趋势。近年来，银行网点数量和基层柜员都在不断减少，同时银行自助终端、智慧柜台在不断增加。智能网点使用智能硬件、物联网技术实现网络的联通和安全保障，再基于人工智能技术实现各种智能化的应用，可以减少成本、简化业务办理流程，以科技和服务模式的创新提升服务能力。

风险管理是金融业尤其是银行业可持续发展的根本，其中信用风险，涉及众多借款人，存在各种不愿或者无力履行合同造成的违约，是金融风险控制的重点领域。随着互联网金融的发展，其风险控制的重要性以及难点也逐渐凸显，数据难掌握，有效征信数据较少；客群下沉，欺诈成本低；数量巨大，人工难以大规模审批，审核成本高。利用大数据和人工智能技术对用户的各类数据进行分析并实现风险控制，成了金融行业尤其是互联网金融的新方向。

量化交易一直是金融行业中技术水平比较高的领域，传统的量化投资通过建立各种数学模型，试图在各种金融数据中找出市场规律并加以利用。早期的量化模型通常假设为线性关系，难以刻画市场中各要素的非线性关系，因此很难获得超额收益。在大数据时代，使用机器学习和人工智能方法，可以处理更多的输入变量，能够覆盖的信息面更广，可以量化整个投资过程中的变量，做出更精准、更高效的投资决策。此外，借助深度学习和自然语言处理技术，可以把新闻、网络舆情、图像信息等传统方法难以处理的非结构化数据利用起来，构建更复杂、更精准的模型，从而更好地制定投资决策。

近年来，随着人们投资理财需求的增加以及大数据、人工智能技术的发展，智能投顾在国内外也受到广泛关注，吸引了越来越多的投资者。相比于传统的理财顾问，智能投顾通常基于人工智能技术和客户进行互动，因此也称为机器人理财，用自动问答系统等人工智能技术替代客服只是智能投顾的一个方面，属于智能客服的范畴。智能投顾更重要的功能在于自动理财，其可以根据投资者的个人情况及风险偏好制定投资策略，并基于市场的大数据进行实时调整。

对研究人员来说，人工智能技术也可以帮助他们进行智能投研。近年来，机器学习、自然语言处理、自然语言生成、知识图谱等技术开始逐步应用于智能投研领域，通过对大数据的搜索、处理、分析，以及自动读取上市公司的公告和新闻，再结合知识图谱的技术，可以自动构建相关产业的知识库，最终形成对投资决策的支持，甚至自动生成投研报告。

在监管领域，大数据和人工智能技术也可以参与很多活动。如，反洗钱，使用机器学习中的聚类分析和决策树模型等算法，可以帮助银行发现复杂的洗钱模式，更好地刻画客户的风险特征、洗钱场景等规律。深度学习技术可以帮助反洗钱的调查工作，节省跟踪洗钱活动的时间，并通过自动学习制订出最有利的反洗钱整体分析方案。在市场监控中，人工智能技术可以有效地识别内幕交易、操纵市场的行为，应用大数据技术后，以前需要调查人员花费几年时间交叉引用历史交易数据的工作，现在可以瞬间完成，极大地提升了效率。深入使用机器学习方法可以对投资者进行全方位画像，从交易风格、持仓特征、投资偏好、历史监管信息等维度进行全面展示，也为精准识别异常交易模式提供了依据。基于知识图谱可以对账户关联、交易关联、终端设备关联等异常模式进行识别，从而高效地实现智能监管。

此外，反欺诈也是监管领域的一个重要工作，尤其是互联网金融，“网络黑产”已经成了毒瘤，涉及的业务环节多，隐蔽性也比较强，且其开始采用各种高科技手段，传统的反欺诈手段已经很难有效打击日益疯狂的金融欺诈行为，很多科技企业开始使用人工智能技术打击金融欺诈。在贷款前的环节，人工智能可以基于设备风控、活体识别、人脸识别等技术识破身份伪装；在审批环节，机器学习算法可以突破人工审核的局限，使用大数据和自动提取的丰富特征，识别复杂的欺诈模式。除了应用于具体业务，通过对大数据的分析，还能深入挖掘欺诈交易的规律和模式，为反欺诈策略的研发提供支持，从而实现对未来未知风险的防控。

总的来说，大数据和人工智能技术的应用已经渗透到金融领域的各个细分领域，如银行、证券、保险、支付、资产管理等，同时也进入了金融业务的各个环节，如获客、营销、产品设计、定价、风控、保险理赔等。大数据和人工智能技术正在对金融业产生前所未有的深远影响，正在进行一场新时代的智能化革命。之前的几次数字化变革更多地影响到支持系统，其作用也主要体现在减少成本和提高效率，而这次智能化的变革覆盖的领域更广，全方位地参与具体业务中，不仅能提高工作效率，还能提升业务的质量和获得更好的成效。变革仍未结束，也许会一直持续进行下去，我们需要深入掌握并应用这些大数据技术，从而更好地拥抱变革、适应变革。

第四节　区块链技术

一、区块链技术简介

区块链的诞生具有很强的神秘色彩，其创始人中本聪就是一个非常神秘的人物，直到今天人们都不知道他的真身是谁。中本聪第一次出现是在 2008 年 11 月 1 日，他在一个秘密讨论群“密码学邮件组”里发了个帖子：“我正在开发一种新的电子货币系统，采用完全点对点的形式，而且无须受信第三方的介入。”该帖的署名就是塞托西·中本聪（Satoshi Nakamoto）。这样的电子货币系统是“密码朋克圈”（一群钻研密码技术的发烧友）数十年来的梦想，有许多人进行过尝试，但都失败了。当时最积极的反应也只是持怀疑态度，因为“密码朋克圈”已经看过太多低水平的新手想出来的宏伟计划，他们的本能反应就是怀疑。当时有不少人表示，这样的系统是不可能实现的。

中本聪细致入微地回答了所有疑问，最终在白皮书中提出了一个可行的方案。白皮书里写道：“本文提出了一种完全通过点对点技术实现的电子现金系统。它使得在线支付能够直接由一方发起并支付给另外一方，中间不需要通过任何的金融机构。”中本聪选择在 2008 年全球金融危机的时候将比特币公布于世，他在介绍其创新时说道：“传统货币最根本的问题在于信任。中央银行必须让人信任它不会让货币贬值，但历史上这种可信度从来都不存在。银行必须让人信任它能管理好钱财，并让这些财富以电子货币形式流通，但银行却用货币制造信贷泡沫，使私人财富缩水。”

与“密码朋克圈”的文章相比，比特币“创世”论文的语言非常冷静和去政治化，仅将比特币描述成一个区别于传统金融的支付系统。两个月之后，也就是 2009 年 1 月 3 日，中本聪发布了开源的第一版比特币客户端，宣告了比特币的诞生。他同时通过挖矿得到了 50 枚比特币，产生第一批比特币的区块就叫作“创始区块”。中本聪将区块链技术作为构建比特币数据结构及交易体系的基础技术，将比特币打造为一种数字货币和在线支付系统，利用加密技术实现资金转移，而不再依赖于中央银行。比特币使用公钥地址发送和接收比特币，并进行交易记录，从而实现个人身份信息的匿名。交易确认的过程则需要用户贡献算力（俗称挖矿），共同对交易进行共识确认，从而将交易记录到全网公开账本中。用户可以利用电脑、手机等发送或接收比特币，并选择交易费用。

随着比特币的诞生，区块链技术得以公布于众。不过比特币的区块链是为比特币体系而专门设计定制的，因此比特币的区块链技术并不等于区块链技术。区块链技术不是一种单一的技术，而是多种技术整合的结果，包括密码学、数学、经济学、网络科学等。这些技术以特定方式组合在一起，形成了一种新的去中心化数据记录与存储体系，并给存储数据的区块打上时间戳使其形成一个连续的、前后关联的诚实数据记录存储结构，最终目的是建立一个保证诚实的数据系统，可将其称为能够保证系统诚实的分布式数据库。在这个系统中，只有系统本身是值得信任的，所以数据记录、存储与更新规则是为建立人们对区块链系统的信任而设计。诚实意味着系统可以被信任，这正是商业活动和应用推广的前提，所以区块链技术已经被很多领域主流机构看中并非是没有理由的。因为有了区块链技术，在一个诚信的系统里，可以省去许多烦琐的审查手续，许多因数据缺乏透明度而无法开展的业务得以开展，甚至社会的自动化程度也将大幅提升。

区块链技术最主要的特点是去中心化，由于拥有去中心化的共识机制和共享式的数据存储，区块链网络的各个节点可以不依赖第三方机构，实现信息的验证、传递和存储。此外，其还具有很强的透明性，区块链通过共享数据以及对数据一致性的共识，实现了数据的公开透明，系统参与者可以通过公开的接口查询区块链数据，开发相关应用。在数据公开透明的同时，由于去中心化的特点和加密技术的使用，用户的身份和其他隐私信息也可以得到技术层面的保护。区块链上的数据难以篡改，数据一旦被区块链记录，就会在全网传播、达成共识并存储，由于数据广泛分布在全网节点中，任何人单方面篡改数据都是不可能的，而要通过恶意手段推翻全网已经达成的共识，难度极大。由于区块链去中心化的特点，不可能通过摧毁一个中心节点使区块链系统瘫痪，也不可能由于某个节点的原因影响系统的功能和安全，不会发生单点故障，因此其具有很强的可靠性。基于以上提到的区块链特征，再加上计算机语言可编程的性质，人们可以很容易地根据具体应用场景的需要，在区块链上创建和部署智能化的合约，根据相应的控制条件执行复杂的逻辑。

从应用场景的需求出发，区块链又区分了公有链、联盟链和私有链。公有链不受任何机构控制，完全公开，各节点的地位完全平等，并且可以自由加入和退出网络，以及参与链上数据的读写。联盟链则有更为严格的权限控制，各节点通常有与之对应的实体机构组织，通过授权才能加入与退出网络。各机构组织组成利益相关的联盟，共同维护区块链的健康运转。还有一种彻底的私有链，各节点的写入权限收归内部控制，而读取权限可视需求有选择性地对外开放。这种私有链仍然具备区块链多节点运行的通用结构，适用于特定机构的内部数据管理与审计。

我国对区块链领域一直非常重视，从国家层面制订了区块链技术发展的宏伟规划。2016 年，由工业和信息化部信息化和软件服务业司指导、中国区块链技术和产业发展论坛编写的《中国区块链技术和应用发展白皮书（2016）》将区块链的发展简单分为两个阶段，即以数字货币为代表的区块链 1.0 和以智能合约为代表的区块链 2.0，并提出了我国区块链技术发展路线图和标准化路线图等相关建议。2019 年 10 月 24 日，中共中央政治局就区块链技术发展现状和趋势进行第十八次集体学习，习总书记在主持学习时强调，区块链技术的集成应用在新的技术革新和产业变革中起着重要作用。我们要把区块链作为核心技术自主创新的重要突破口，明确主攻方向，加大投入力度，着力攻克一批关键核心技术，加快推动区块链技术和产业创新发展。在国家的大力支持之下，各种区块链的应用进行得如火如荼，尤其在金融领域，出现了一些颠覆性的应用。我们将针对支付与清算这两个典型的领域进行介绍。

二、区块链与支付

支付领域是金融行业最古老、最复杂的应用之一，需要多个参与方协同工作从而使支付交易正常运转。这些支付最初是由银行办理的，主要是支票、汇票或提款单。在过去，通常只有支票、汇票或提款单的持票人才能进行支付，最后款项将转入支票上指定的账户。因此，大部分款项都是以现金方式处理的，直到信用卡被引入，给银行业带来了变革。销售终端（Point Of Sale，POS）的大规模应用连同信用卡，带来了支付领域的革命，随着互联网的兴起，电子钱包技术进一步带来了颠覆变革，并深入地覆盖到普通人的日常消费场景中。

在过去的几次支付领域的变革中，虽然技术方面经过了多次升级，但是都摆脱不了两种制约：一是必须依赖现实中的货币，技术改变的只是支付处理的方式；二是主导者都是中心化的组织，通过一些大企业或者联盟确保支付的成功。区块链技术诞生以来，首先，颠覆的就是金融行业的支付方式，随着比特币等电子加密货币的涌现，产生了全新的货币形态；其次，在跨境支付方面，也带来了巨大的变革。

货币数字化的过程从 20 世纪八九十年代就开始了，最早的形式是货币的电子化，也可以叫作电子货币。这个过程是伴随着信息技术对传统金融机构的渗透和改造完成的。信用卡、支付宝、微信支付等都可以看作是货币电子化。目前的货币数字化已经进入了新阶段，也就是数字货币的阶段，数字货币是建立在互联网和数字加密技术之上的全新货币形态。自 20 世纪八九十年代以来，一直有人试图发明基于互联网的货币系统，他们经历了很多次失败，也留下了相应的经验教训和技术积累。直到 2008 年年底，以中本聪发表的白皮书《比特币：一种点对点的电子现金系统》为标志，基于区块链技术的比特币登上了历史舞台，成了迄今为止最具影响力的数字货币。

从比特币诞生以来，价格经常出现过山车式的暴涨暴跌，2017 年年底疯狂增长，2018 年开始暴跌，2019 年之后又是几次急剧的增长和断崖式的下跌。尽管价格波动很大，但比特币的用户已经遍及全球，也有越来越多的企业和组织接受比特币作为支付手段，这里面既有微软公司、戴尔公司这样的巨头，也有成千上万家不知名的小企业、小商户。与此同时，比特币发展出了较为完整的生态系统，从生产发行、法定货币兑换到商业支付，整个产业从上游到下游都有很多创业企业，它们参与和推动着整个体系的进一步发展。

比特币自身的快速发展，加上它开源的特性，极大地刺激了人们模仿和创新的欲望。据不完全统计，在比特币之后，网上出现了不计其数的数字货币，仅在国内流通的就有千余种。在这样的局面下，通过技术手段创造一种货币成了一件非常容易的事情，不过说服人们去使用它却很难。其实这也可以类比人类历史上的其他货币的发展历程，货币材料是丰富的，而广泛使用的货币形式则依赖于社会的共识。

数字货币发端于区块链技术，在货币形式的持续变革中，区块链还将进一步发挥自己的影响。由于区块链的技术优势，民间数字货币具备了去中心化、全球流通、匿名性高、安全性高等特征，因此迅速受到了金融机构和监管当局的关注，法定数字货币的研究也被很多国家提上日程。据不完全统计，目前国际上正在进行法定数字货币研究和测试的中央银行已经有 10 多家。最典型的要数英国央行于 2016 年研发的法定加密货币原型 RScoin，该货币铸币时不再需要挖矿，货币发行权掌握在央行手中，通过分组记账的方式实现了处理能力随记账节点个数线性增长的高性能架构，央行可以授权商业银行加入网络共同记账，整个货币流通的过程实现完全透明化，交易日志非常详尽而且可以交叉引用，防止节点篡改信息，并能支持交易审计。

我国央行在法定数字货币方面的探索也走在世界前列。2014 年，央行就成立了专门的数字货币研究团队。2016 年 1 月 20 日，央行数字货币研讨会在北京召开，会议认为，央行发行数字货币具有积极的现实意义和深远的历史意义。2019 年 8 月 2 日，我国央行在 2019 年下半年工作电视会议上表示将加快推进法定数字货币的研发步伐。2019 年 12 月，央行行长表示，我国央行从 2014 年就开始研究数字货币，已取得了积极进展。央行把数字货币和电子支付工具结合起来，将推出一揽子计划，目标是替代一部分现金。目前来看，我国的法定电子货币已经呼之欲出，必将会为未来的货币与支付体系带来巨大变革。

相比基础的货币形式，跨境支付是支付领域亟待解决的真正重点问题。支付系统是金融市场最重要的基础设施，据埃森哲报告显示，每年通过银行进行的跨境支付金额规模为 25 万亿—30 万亿美元，全年总交易次数为 100 亿—150 亿笔，每笔交易产生的费用为 30—40 美元。我国是贸易大国，企业级的跨境支付与结算具有巨大的市场潜力。我国每年涉及跨境支付结算的金额都超过 8 万亿元，交易成本的下降将给我国企业和银行带来可观收益。

SWIFT 是当下跨境支付的主流形式，它成立于 1973 年，目前其服务平台对接了全球超过 11 000 家金融机构和企业，覆盖 200 多个国家和地区。根据 SWIFT 官网统计，每天平均有超过 2 600 万条信息通过其网络传递。SWIFT 建立了统一的账户表达方式，会员机构都会有自己的身份代码。传统的跨境结算方式需要经过开户行、央行、境外银行、代理行、清算行等机构，每个机构都有自己的账务系统，彼此之间需要建立代理关系，需要有授信额度，每笔交易还需在各机构之间分别记录，进行清算和对账等。除此以外，每笔交易还需接入 SWIFT 系统进行报文传送。这导致跨国交易的结算时间长、手续费较高、汇率不稳定、通用性不强、无法排除洗钱可能、中间环节多。因为每个国家的清算程序不同，一笔汇款可能需要 2—3 天才能到账，效率极低，在途资金占用量很大。

目前人类社会的科技水平日新月异，但全球金融支付仍然使用着至少半个世纪以前的技术。近年来，金融机构在这一亟待改造的领域动作频繁，2016 年，渣打银行利用区块链仅花 10 秒就完成了一笔跨境支付业务。2019 年，VI-

SA 宣布推出基于区块链的跨境支付网络 B2B Connect，它支持银行间直接交易，为国际金融机构进行跨境支付提供了便利。同样是 2019 年，美国金融服务机构摩根大通推出了加密货币 JPM Coin，以美元 1 比 1 兑换的方式，用于实现银行或国家间的大额支付、机构客户之间即时的交易清算结算，也称为稳定币。这些动作都将动摇 SWIFT 长期以来的主导地位。跨境支付凭借其跨体系和多方参与的特点成为区块链技术在金融领域的重要应用场景。

使用区块链进行跨境支付将能高效地解决跨境支付问题。基于区块链的跨境支付，一种典型的做法是将虚拟货币作为中介，先把汇款人所在地的法定货币转换为代币，再在收款端把代币转换为收款人所在地的法定货币，最终完成跨境支付。与传统的跨境支付方式相比，基于区块链的跨境支付带来的最直观的好处是，跨境支付更加快捷和便宜。基于区块链的跨境支付接近于实时，并且是自动的，它可以全天候不间断服务。汇款方可以很快知道收款方是否已经收到款，从而了解这笔支付是否出现了延迟或者存在其他问题。而在传统的跨境支付模式中，一笔跨境支付常常需要几个工作日。

但这种使用区块链跨境支付的模式同样也产生了许多问题，一是比特币的币值波动幅度很大，比特币来回到账近一个小时，用户面临着货币贬值的风险。二是比特币是区块链最早的应用，由于技术水平的局限，吞吐量小，不支持多人同时交易。三是这种模式只适用于对加密货币开放监管的国家，因此面临着被用于洗钱等地下交易的风险。类似摩根大通这类国际主流银行机构的稳定币模式大部分都在试行阶段，小型公司推行的跨境支付稳定币，隐藏的超发、洗钱风险依然存在，这也是众多国家对区块链跨境支付持迟疑态度的主要原因。不过区块链分布式存储技术毕竟能很好地解决传统银行之间对账、清算的难题，使银行资金成本显著降低，因此随着科技发展，未来会有更成熟的支付模式和产品成为主流，这将为金融业务带来极大便利。

三、区块链与清算

全球金融系统每天要转移数万亿美元，为数百万人服务，并为总值超过 100 万亿美元的全球经济提供支持。可现状却是银行一边提供网上银行服务，一边继续提供纸质支票，仍运行着 20 世纪 70 年代发明的大型计算机。如果有消费者要刷信用卡进行一笔消费，那么这笔钱至少要经过 5 家不同的中介才能最终汇到商家的银行账户，交易清算只要几秒时间，但是之后的结算要数天后才能完成。

按照传统定义，结算是指各经济单位由于商品交易、劳务供应和资金调拨等经济活动引起的货币收付行为。按支付方式不同可以分为现金结算、票据转让和转账结算三种。在当前的实践中，结算更接近不动产清算中的产权转移过程或者一个交易被执行后金融机构交换对价的过程；清算则多是涉及银行间的资金结算，一般为联行业务；审计是指由专设机关依照法律对国家各级政府及金融机构、企业事业组织的重大项目和财务收支进行事前和事后审查的独立性经济监督活动。

金融业是一个建立在信任基础上的行业。为维护信任，伴随着金融业的发展，出现了大量的中介机构，包括托管机构、第三方支付平台、公证人、银行、交易所等。这些机构是传统金融业必不可少的部分，同时也天然地带有成本较高、效率较低、容易出现单点故障的缺点。如，在传统证券交易中，证券所有人发出交易指令后，指令需要依次经过证券经纪人、资产托管人、中央银行和中央登记机构四大机构的协调，才能完成交易，整个流程效率低、成本高，且这样的模式造就了强势中介，金融消费者的权利往往得不到保障。以美股为例，一般来说从证券所有人发出交易指令，到交易最终在登记机构得到确认，通常需要 3 天的时间。

将区块链技术引入清算、结算和审计的环节，可以很好地解决这些问题。首先，区块链可以增加透明度，降低信任成本。如果将相关的过程放在区块链上，将大大增加机构和参与各方行为的透明度。由于区块链技术开源的特性，系统的参与者都能够知晓系统的运行规则、验证账本内容和账本历史的真实性和完整性，确保交易历史是可靠的、没有被篡改的，这种特性相当于提高了系统的可追责性，降低了系统的信任成本。其次，区块链还能实现过程自动化，减少中间环节，提升自动化水平。由于所有文件或资产都能够以代码或分布式记账的形式体现，通过对区块链上的数据处理程序进行设置，自动交易就可能在区块链上实现。在区块链上，交易被确认的过程，可以认为是同时实现了清算、结算和审计的过程。录入区块链的数据难以撤销且能在短时间内同步到每个节点中。也就是说，录入区块链上的信息实际上产生了公示的效果，且交易的发生和所有权的确认都通过加密学算法，保证不会产生争议，并且由于任何交易都需要全网达成共识，实际上形成了比审计更强的监督。

区块链能够降低经营成本。金融机构各业务系统与后台的工作，往往面临很长的流程和很多的环节。现今无论是 VISA、Master 还是支付宝都是中心化机构运营，货币转移要通过第三方机构，这使跨境交易、货币汇率、内部核算的时间成本过高，并给资本带来了风险。区块链能够简化、自动化冗长的金融服务流程，减少前台和后台交互，节省大量的人力和物力，这对优化金融机构业务流程、提高金融机构的竞争力具有重要意义。西班牙银行认为，到2022年，区块链技术能帮助金融业降低200亿美元的记账成本。

区块链技术使用分布式账本不仅可以防御单点故障，还能够有效预防攻击。传统金融模型以交易所或银行等金融机构为中心，一旦中心出现故障或被攻击，就可能导致整体网络瘫痪，交易暂停。区块链在“点对点”网络上有许多分布式节点支撑，任何一部分出现问题都不会影响整体运作，而且每个节点都保存了区块链数据副本。所以，区块链内置业务具有连续性，且有着极高的可靠性、容错性。

此外，区块链也能够满足监管和审计的要求。区块链上储存的记录具有透明性、可追踪性等特征。任何记录、任何交易双方之间的交易都可以追踪和查询。区块链在金融机构的反洗钱及了解客户方面也有很好的应用潜力，基于区块链，金融机构将各自采集和验证的客户信息数字化后，上传至区块链；同时，金融机构为交易中的实体提供电子身份证明信息，并将用户地址与其电子身份证明信息联系起来，任何交易的发生都需要经过该私钥和银行的公钥验证，并由用户地址进行，这就决定了区块链上数据的可追溯性。在这种模式下，各金融机构在区块链上实现交易信息的共享，任一交易的任一环节都不会脱离监管的视线，“黑钱”将无处无法“洗白”，这将极大地增强反洗钱的力度。同时，通过在区块链上设置一定的规则与逻辑，区块链将自动验证交易和用户的合规性，不合规的交易及用户将被去除，整个金融企业的合规程度将得到提高。

区块链技术将为目前的国际清算与结算体系带来一场变革。银行间的区块链系统可以做到公开且透明地记录所有交易。这意味着所有交易都可以直接在区块链上做结算，而不再需要依赖一个由托管服务和交易通信节点行构成的网络体系完成结算了，因此可以降低用于维护这样的传统网络体系的高额成本。这将是金融基础设施的巨大变革，也是未来的主流发展方向。

第三章　智能信贷

第一节　互联网小额信贷产品概述

一、互联网小额信贷产品概念

2015 年 8 月，中国人民银行等 10 部门发布的《关于促进互联网金融健康发展的指导意见》（银发〔2015〕221 号）中提到：互联网技术与信息通信技术的不断突破，推动了互联网与金融产品的快速融合，促进了金融创新，提高了金融资源配置效率，实现资金融通、支付、投资和信息中介服务的跨越式发展，对促进小微企业发展发挥了现有金融机构难以替代的积极作用。

笔者认为互联网金融的金融交易本质并没有改变，只是利用互联网技术扩展了原有金融产品信息交互方式，降低了信息传输成本，提升了交易效率，同时被互联网企业及金融机构的用户接受，所以能够随同互联网产业的爆发得到突飞猛进的发展。

中国小额信贷联盟理事长杜晓山与其合作者孙若梅在《小额信贷基本内涵的界定》中将小额信贷定义为：转向中低阶层提供小额度的持续的信贷服务活动。中国人民银行小额信贷课题组在 2006 年将小额信贷定义为：为贫困和低收入者以及微型企业提供额度较小的信贷服务。在 2008 年，中国银监会进一步扩大小额信贷市场，我国的小额信贷便呈现以商业性小额信贷为主，公益性小额信贷为辅的局面。随着市场的发展与实践，当下小额信贷的概念已包含了面向中小微企业主、个体工商户的小额个人信用经营性贷款与小额个人信用消费性贷款。

运用大数据和云计算技术，资金供需双方通过互联网技术进行了有效的基础数据积累，高速地进行数据交换，打破了物理区域的限制，提升了金融服务效率，解决了传统小额信贷产品中借款人的信息碎片化、沟通成本高、资金交易效率低下的难题，使信贷供给方能够且愿意分辨市场需求及目标客群，并在流程、服务和风控上进行创新，根据资金需求者的情况进行产品设计，使用充足的数据以支持进行大数据风控。

互联网信贷与传统信贷的模式比较情况如表 3－1 所示。

表 3－1　　互联网信贷与传统信贷的模式比较

	互联网信贷	传统信贷
目标人群	传统银行难以服务或不愿服务的大数量的小客群	依据产品设计限制，主要服务规模型大客户
业务场景	以自有或合作互联网平台，接受可展业区域的客户在线申请	通过线下运营场所，由专业人员按照统一标准流程接受客户申请，对客户进行贷前调查和贷后管理工作
风险管理	基于客户网络行为留存数据，形成客户画像，使用计算机技术、风控模型等进行信贷风险防控	基于客户财务数据、现金流数据和信用情况，以评分卡等风险识别和度量方式进行线下审核
授信周期	通过互联网技术及大数据分析，快速完成授信审批	基于贷前调查，又有专业风控人员进行贷中审查，整个信贷审批周期较长

放款主体在申请、审批、放款、还款的贷款全流程运用互联网技术，打破传统信贷业务的地域限制。全流程在线操作也极大地精简了贷款手续，提高了办理效率，降低了操作成本。同时，通过互联网或数据平台系统对接的方式，整合客户网络行为留存数据，获得客户信息流、资金流、物流等信息的实时交互，减少了信息滞后和不对称的风险。对客户留存数据进行分析，判断客户还款能力与还款信用，实现在线信用评级，并在贷后能够有效地对客户资信进行跟踪和监控，及时发现风险预警信号，以便更及时地进行贷后管理。同时，能够通过互联网平台或互联网资信物信息的管控，增加客户违约成本。

二、互联网信贷的发展

2008 年，美国次贷危机逐渐演变为全球性的金融危机，我国政府为了抵御国际经济环境造成的不利影响，采用了宽松灵活的经济政策，4 万亿元投资计划拉动了我国经济的大幅增长，防止了国内经济危机的产生。但至 2010 年，4 万亿元投资计划带来的大规模投资的经济增长模式对经济的拉动效应基本结束，国内经济发展增速开始逐步减缓。

伴随着大规模投资的模式“盛宴”结束，外贸经济的发展停滞，要继续执行宽松货币政策就不得不依靠经济“三驾马车”之一的国内消费。2012 年，《社会保障“十二五”规划纲要》等一系列民生保障政策陆续发布实施。从 2013 年开始，资产证券化业务正式迎来了发展的春天，以“余额宝”为代表的互联网基金和其他公募基金规模的迅速扩大，互联网金融行业正式爆发，因而 2013 年被定义为了“互联网金融的元年”。

在互联网金融发展的新形势下，信贷产品的发展拥有了新的需求。在受到国内经济环境、国家指导政策、客群层次固化等各方面的影响下，传统金融机构及互联网金融公司均把眼光瞄向了以小微信贷、农贷、个人消费信贷为主的零售信贷市场。这部分客群之前未被传统金融机构认可，在无互联网技术支持的情况下，金融机构无法设计出能获得商业效益支撑的适合这类客群的信贷产品。随着互联网金融的发展，该类小额、高频、分散、需求种类多、行业分类专业的客群逐渐显示出了惊人的市场前景和效益性，发展互联网信贷业务逐渐从早期的互联网机构转移为传统金融机构市场竞争目标，巩固互联网信贷发展的交接棒由互联网金融机构逐渐转至传统金融机构及大型互联网金融科技公司手中。

互联网金融行业监管措施也开始逐渐完善，从 2015 年 7 月开始，央行、中国银监会等相继发布促进互联网金融健康发展的意见和方案。2015 年 7 月，中国人民银行等 10 部委发布《关于促进互联网金融健康发展的指导意见》（银发〔2015〕221 号）。2015 年 12 月，中国银监会等 4 部委发布《网络借贷信息中介机构业务活动管理暂行办法（意见征求稿）》。2016 年，《政府工作报告》中强调了规范发展互联网金融的要求。2016 年 10 月，国务院办公厅公布了《互联网金融风险专项整治工作实施方案》（国办发〔2016〕21 号）。2017 年 2 月，中国银监会办公厅发布《网络借贷资金存管业务指引》（银监办发〔2017〕21 号）。2017 年 11 月，互联网金融风险专项整治工作领导小组办公室发布《关于立即暂停批设网络小额贷款公司的通知》（整治办函〔2017〕138 号）。从互联网信贷的经营主体分类来看，我国互联网信贷的模式可以分为 4 种模式，如表 3－2 所示。

表 3－2　　按经营主体划分的我国互联网信贷模式

经营主体	信贷种类	客户定位	代表产品
银行机构	消费信贷为主，经营信贷为辅	原银行服务客群	建设银行的“快贷”，招商银行的“闪电贷”
消费金融公司	消费信贷	中低收入的年轻客群	马上消费金融的“安逸花”
电商平台	消费信贷为主，经营信贷为辅	电商平台的消费客群	阿里巴巴的“借呗”“花呗”，京东的“京东白条”
互联网金融平台	消费信贷	互联网平台的使用客群	度小满金融的“有钱花”

互联网信贷离不开的百度、阿里巴巴、腾讯和京东四大互联网巨头。

百度于 2015 年 10 月推出“百度有钱”消费信贷产品，同年 12 月整合金融业务，成立金融服务事业群组（FSG）。2018 年 4 月 28 日，百度宣布旗下金融服务事业群组正式完成拆分，同时获得近 19 亿美元融资，度小满金融正式独立运营。度小满金融以财富管理和消费金融两大业务平台为主，通过“度小满理财”“有钱花”“度小满钱包”三个产品为用户提供服务。“有钱花”产品原主要通过旗下重庆百度小额贷款有限公司和上海百度小额贷款有限公司进行放贷，资产类型以现金消费贷款及教育费分期为主。截至 2019 年 11 月，度小满金融已经与 60 多家银行合作，累计发放 5 000 多亿元贷款。

“借呗”“花呗”是蚂蚁金服的消费信贷产品，“借呗”是立足于支付宝平台的小额信用循环现金贷产品，对支付宝实名用户通过大数据模型进行信贷决策和用户运行，筛选形成预授信的“白名单”客户，通过重庆市商诚小额贷款有限公司发放消费性现金贷款。“借呗”在推出 10 个月后用户数达到 1 000 万个，放款规模已超 3 000 亿元。2015 年 4 月“花呗”上线，其是通过重庆市蚂蚁小微小额贷款有限公司为天猫商城及淘宝场景下的消费者提供的消费信贷产品，业务模式类似于银行信用卡服务。截至 2019 年 3 月末数据显现，“花呗”资产证券化业务整体余额为 912 亿元，累计发行资产证券化（ABS）产品超 170 单，募资总金额为 4 644. 8 亿元。

“网商贷”的发展始于 2007 年阿里巴巴与建设银行、工商银行的合作放款，直至 2015 年在网商银行成立后独自承担起以天猫商城和淘宝商家为目标客户的经营信贷产品的运营工作。在阿里巴巴、诚信通、淘宝、天猫商城等平台累计了大量原始数据后，“网商贷”充分利用大数据及信息流和资金流的管理，极大地提高了贷款审批效率，降低了操作成本。同时，“网商贷”利用闭环场景的管控优势，实时跟踪商户经营情况，提高客户的违约成本，服务于小微型企业及经营性个人的同时，保障了自身资产安全性。

“微粒贷”是微众银行推出的消费信贷产品，2015 年 5 月在手机 QQ 上线，同年 9 月在微信上线，目前已与 42 家银行机构合作联合放款。截至 2018 年年末，累计放款 1.9 万亿元，有效客户超过 1 亿人，贷款余额超过 3 000 亿元。“微业贷”是微众银行对小微企业法定代表人推出的经营信贷产品，其主要依据企业税务数据作为申请主体的经营资质及企业与个人的征信记录，目前已能为江苏、广东、浙江等 15 个省份的中小微企业提供服务。

“京东白条”是由京东金融提供的针对在京东平台消费的订单的信用赊销产品，自 2014 年 2 月上线以来，其满足了京东客户“先消费，后付款”的需求，同时帮助京东的销售额再创新高。截至 2019 年 6 月末，“京东白条”应收账款余额已增至 411.32 亿元。2016 年 3 月，京东金融推出的“京东金条”是为京东用户服务的现金借贷产品，其资金来源依靠助贷和联合放贷模式，由京东旗下小额贷款公司与持牌机构联合放款或单独放款。“京小贷”通过对京东平台入驻商户的长期贸易往来及物流活动产生的大数据进行判断，为入驻商户提供经营信贷服务。截至 2018 年 9 月，已累计服务 20 万家中小微企业，累计放款总额近 5 000 亿元。

互联网信贷的部分代表产品的基本特征如表 3－3 所示。

表 3－3　　部分互联网信贷产品的日利率、最高额度和最长期限

产品	日利率	最高额度	最长期限
“有钱花”	0.04%—0.065%	30 万元	12 个月
“借呗”	0.015%—0.05%	30 万元	12 个月
“花呗”	分期后为 0.042%—0.044%	3 万元	最高分期期限：12 期（账单）和 24 期（订单）
“微粒贷”	0.02%—0.05%	30 万元	20 个月
“京东白条”	分期后为 0.04%—0.048%	3 万元	最高分期期限：12 期（账单）和 24 期（订单）
“京东金条”	0.04%—0.095%	20 万元	12 个月
“网商贷”	0.015%—0.05%	100 万元	12 个月
“微业贷”	0.03%—0.045%	300 万元	36 个月
“京小贷”	订单贷为 0.036%—0.05%，信用贷为 0.033%—0.05%	订单贷为 500 万元，信用贷为 200 万元	订单贷为 2 个月，信用贷为 12 个月

除了百度、阿里巴巴、腾讯和京东四家大型互联网公司以外，国内还兴起了其他互联网信贷从业机构。成立于2007年的“拍拍贷”，参考了国外P2P平台ZOPA，强调借贷人依据自己的人际关系网络发布借款信息，由有投资意愿的人竞拍投标。早期的平台交易成功率低、线上风控手段少，使“拍拍贷”采用线下风控、线上募集的方式开展业务。2009年，“拍拍贷”开始进入收费和纯中介模式，即不对风险兜底同时对信贷交易抽取佣金。“拍拍贷”在开始帮助本地小微企业解决融资问题后，逐渐被政府部门及社会接受，并依靠互联网金融高速发展的大背景，逐渐成为P2P机构中独角兽企业。2017年，“拍拍贷”在美国纽约证券交易所上市并于2019年11月正式更名为信也科技，自此“拍拍贷”正式转型为科技服务公司，为持牌金融机构提供信贷客户引流及科技风控服务。至2019年10月，其平台撮合成交资金100%来自金融机构。

马上消费金融自2015年6月正式营业以来，作为持牌消费金融机构，通过线下交易场景切入，为客户提供交易分期服务，采用了线下获客、线上留存、大数据审批的以技术驱动互联网信贷的发展路线。马上消费金融在2016—2018年营收净利润连续3年达到两位或3位数增长。截至2020年年初，已成为拥有8 000万个注册客户、2 000亿元信贷资产、150项科技专利、1 000人以上技术人员的消费金融头部公司。

在互联网头部企业纷纷切入互联网信贷市场开疆扩土的同时，受限于国内经营环境和金融强监管，传统银行纷纷进行零售转型，针对客户需求，快速丰富了市场上的互联网信贷产品。部分银行业金融机构推出的互联网信贷产品如表3－4所示。

表3－4　部分银行业金融机构的互联网信贷产品

银行名称	产品名称	日利率	最高额度	最长期限
中国建设银行	“快e贷”	0.015%—0.02%	30万元	12个月
中国工商银行	“融e借”	0.015%—0.028%	80万元	60个月
招商银行	“闪电贷”	0.02%—0.05%	30万元	24个月
兴业银行	“兴闪贷”	0.016%	30万元	36个月

第二节 基于数据的风险管理和模型体系

本节主要通过风控数据维度、模型算法、信贷模型类型以及应用策略介绍基于大数据的风险管理和模型体系。

一、风控数据维度

风控数据是风险管理和风控模型的基础，好的风控数据维度才能有好的风控模型，以下将介绍各个重要的风控数据维度（见图3-1）。

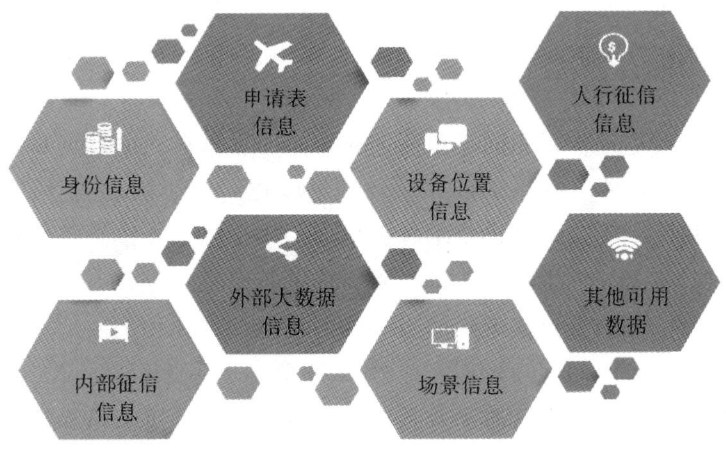

图3-1 风控数据维度

身份信息：是指验证借款人身份的身份证明文件（ID）类信息，包含姓名、手机号、身份证号、银行卡号、设备号、企业名称、社会统一信用代码等。这类信息的用处为：识别主体本人、作为数据查询的关联主键和进行变量衍生。

从身份证信息用于识别主体本人角度，主要是结合外部数据、利用身份证光学字符识别（OCR）以及活体验证本人身份、基于姓名、身份证、手机号、银行卡号等信息交叉验证二要素、三要素、四要素等是否一致。身份信息作为其他数据查询的主键的用处显而易见，需要指出的是只有在确认提交的申请信息是申请者主体本人无误时，查询申请件中申请者的数据才是准确有用的。身份信息进行变量衍生的作用主要是由于有些申请信息是可以做一定程度解析、识别和分析，如大部分手机号码前3位可以判断运营商类型、身份证前6位可以判断出生区域、银行卡前几位可以判断所属银行及卡的类型、社会统一信用代码前几位可以判断企业是否为个体工商户、企业名称可以判断企业类型等。这些解析信息都是比较准确的信息，它们之间可以进行交叉验证以及和客户提交的其他信息做对比验证。值得一提的是，另外基于这类ID信息，可以多方面采集这些主体间的关联关系，进一步用来衍生关联类特征。如所填联系人手机号码被作为多少个申请者联系人就是一个可以直接基于ID以及联系人关系获得的一个特征变量。

申请表信息：是指客户申请贷款时填写的信息。对于互联网和线上信贷业务，这类信息大多是由客户通过App、公众号以及小程序填写收集的，主要包括住址信息、单位信息、联系人信息、婚姻状态、经营地址等，这类信息可以用于识别欺诈用户和制定人群标签。通常欺诈用户填写的信息往往会出现一些规律，如填写的不同城市居住小区名字相同、不同城市或不同单位的电话相同、不同单位的地址街道相同、单位名称相同，甚至居住的楼层和号码都相同等。婚姻状态、联系人关系、地址比较等可以在模型中制定人群标签。当然，随着互联网贷款的逐步发展，要求客户填写的申请信息在逐步简化。相应的信息会在申请时基于授权的情况下进行采集或者从第三方进行查询获取。

设备位置信息：是指收集到的客户设备与地理位置相关的信息，对于此类信息的收集一定要得到客户的授权，如设备型号、系统版本、App安装列表、开关机习惯、地理位置等。对于此类信息的收集，除了直接采集收集外，另外一个常见的方式是采取边缘计算（Edge Comuting），即在终端设备上全封闭的完成数据的采集、处理、计算等一体化操作步骤。直接输出模型的预测或分类结果，不进行用户原始数据的上传，在数据安全日益受到重视的当下，不用进行数据的上传，其相较于传统的采集、上传、存储、计算的模式，降低了终端敏感数据隐私泄露的风险，实现了数据的“阅后即焚”，极大地保护了用户隐私数据的安全。此类信息的用途在于识别客户的一些行为，如是否安装赌博类App、贷款类App是否安装过多、系统版本是否主流、地理位置是否位于高风险区域等的标签，能够用于模型来对客户进行综合判断。

人行征信信息：是指通过查询中国人民银行征信中心（以下简称人行征信）报告获得的信贷历史信息，人行征信信息包含了详尽的个人在金融机构的历史贷款查询和履约记录情况。从模型特征开发角度，一方面从信贷账户类型、信贷账户状态、周期、维度出发，用统计聚合等方法进行基础交叉衍生；另一方面根据信息种类和信息重要程度进行变量衍生，如基本信息、负面信息、逾期信息、负债信息、贷记卡支用率信息、查询信息等进行变量衍生。在基础交叉特征之上，可以进行再次衍生，如比例、趋势、差值等特征。除此之外，可以基于专家经验进行额外的特征提取构造，如综合类的指标、资金压力、月度负债、公积金推算收入等综合特征，以及标签汇总类客户信息，如房贷标签、信用卡标签、公积金标签、学历、账龄历史等标签特征。基于以上逻辑，可以构造出大量的统计类指标、标签画像类指标，这些指标可以综合应用于策略开发与征信建模开发。

内部征信信息：是指对于机构内的信贷客户，其在使用信贷产品过程中自然累计产生的客户信贷行为信息，这些数据可以建立类似人行征信的变量库，我们称之为内部征信信息。这方面的信息包括当前负债信息、历史逾期信息、历史信用记录、催收信息、交叉销售信息、客服交互信息、关联信息等。这类信息的有效利用，可以很好地从风险角度、价值提升角度帮助机构管理其客户。

外部大数据信息：是指通过除人行征信之外的第三方数据，这类数据对人行征信数据是非常有益的补充，尤其是对人行征信“白户”有很大价值。一般把外部数据定位为征信替代数据，用于辅助风险决策，帮助提升征信意识较弱人群的风险识别能力。相较于征信数据的更偏重金融信贷信息，征信替代数据会有更多的类信贷数据或者非信贷数据。外部数据中挖掘出来的申请人的资金需求程度、个人稳定性、消费支出能力等维度可以有效地补充机构的评估。

场景信息：目前大量的基于互联网的信贷产品是以信贷联营的模式开展的。在这种模式下，会存在金融机构以及获客场景的互联网平台。客户来源主要是互联网平台，信贷客户本身就是互联网平台的用户。在这种信贷联营的模式下，平台上用户的行为记录、服务使用记录或者交易数据等是这类联营信贷模式中很重要的数据维度。对于这类数据使用可以采取联合建模模式，对于客户进行分析建模、前端“白名单”预筛选、负面人群排除，平台将结果或者决策随客户申请信息一并提供给后端金融机构，金融机构结合自有数据进行综合判断。另外，对于信贷联营中的小微企业贷款模式，平台数据也是小微企业经营性方面的可持续性和稳定性的非常有效的判断依据。通过合作平台的详细信息，能够对小微企业经营性方面做出有效很好的判断。通常从以下几个维度入手：

- 成熟度，如商户平台评级、平台经营时长等。
- 经营的活跃度，如最近一次经营距今天数、近六月经营天数。
- 经营持续性，如近三月经营额增长率、近三月经营天数增长率。
- 经营规模，如月均经营额、订单笔均价额等。

其他可用数据：除了上述数据之外，还存在一些其他的可供挖掘利用的数据，如公开数据，包括政府、机构、企业等公布的公开数据。这类公开数据可以和机构掌握的数据进行结合，产生一些更有意义的信息特征。如，基于客户户籍地或者所在地关联所在省份或者城市的平均收入水平，结合地图数据识别城乡归属等。再如，结合机构掌握的手机型号数据，关联公开的手机价格以及上市时间可以在一定程度识别设备价值以及使用时长等。

另外，有一部分非常重要的数据，也就是业务进行中留存的非结构化信息。在整个客户贷前、贷中、贷后阶段会留下各种非结构化数据，包含文本、语音、视频、图像等。这类数据需要借助计算技术和深度学习进行挖掘形成结构化数据或评分，最终应用到风险管理中。如，申请时的活体视频或图像，除了认证本人外，能够挖掘出客户当时所在的环境，并进行标签化。人工审核、客服、电话销售过程中的语音数据，能够协助判断客户的语气、态度以及是否说谎，同样可以标签化。人工审核的备注、销售人员的备注、地址、短信等文本信息，也可以在标签化后用于识别客户存在的不被观察的风险。

二、模型算法

在金融场景中，为预测客户风险或者价值而进行的机器学习有比较明确的标签和目标称为有监督学习。有监督学习的分类模型有很多（常用模型见图3-2），这里只简单介绍实际应用较多的三种模型算法，即逻辑回归（Logistic Regression，LR）、极端梯度提升（eXtreme Gradient Boosting，XGBoost）和轻量级梯度提升机（Light Grandient Boosting Machine，LightGBM），且不做相应的数学推导。此外，我们还将介绍多模型融合的方法。

LR是广义线性回归模型的一种，常用于数据挖掘、疾病自动诊断、经济预测等领域。LR是一种简单且有效的处理二分类问题的工具，y值只有两个取值（简单定义为0或1），在信贷领域通常通过定义客户的“好”和“坏”获得y值。如，我们以客户申请之后6个月内是否出现90天以上逾期作为模型训练的y。可以假设每个样本为1的概率服从伯努利分布，其中每个样本逾期的概率 p 满足：

$$\log\left(\frac{p}{1-p}\right)=\beta_0+\beta_1x_1+\cdots+\beta_px_p$$

其中 x 为预测变量，基于概率分布假设以及对于 p 的假设构造基于样本的似然函数，最大化目标似然函数之后，可以获得关于概率 p 的上述模型假设的各参数估计结果。

图 3-2 常用有监督学习分类模型

LR 的最大优点在于容易理解分析，通过回归方程能够清晰地知道每个变量对 y 的影响，能够很好地观察变量是否符合业务意义。通常情况下，我们会对预测变量进行离散化处理和证据权重（WOE）转换，这样既能使模型足够稳定，又能处理所有类型的变量，还能很好地处理缺失值问题。LR 的弱点在于线性假设在实际中往往不能抓住一些变量和目标之间的非线性关系。此外，模型对变量共线性以及异常值较为敏感，建模过程中变量筛选工作需要比较细致地进行。

XGBoost 模型的主要思想为，在进行模型训练过程中，不断调整样本的权重，将难以预测准确的样本的权重进行加强并不断学习。从而在不断学习的过程中，增强模型的预测能力，这里用以决策树为基模型的 XGBoost 模型作为样例进行说明。在实际模型训练过程中，会在前一步预测的基础上，不断地拟合和添加决策树。添加决策树的过程就是学习一个新函数，去拟合上次预测的残差的过程。当训练完成得到 K 棵树后，此时如果要预测一个样本的“坏”的概率，可以根据这个样本的特征，在每棵树中进行判断，以确定最终落到所对应的叶子节点，每个叶子节点就对应其相应概率，最后只需要将每棵树对应的概率平均，平均值就是该样本的预测值。经过不断的实践应用，因为 XGBoost 的以下优点，其已经比较广泛用于数据科学竞赛和工业界：

- 拟合性能较好。
- 提供很多策略防止过拟合，如正则化项、压缩迭代步长、抽样进行节点分裂、控制树深和叶节点规模等。
- 计算速度较快，这是 XGBoost 的“闪光点”。虽然树与树之间是需要先后学习的串行关系，但是对于单棵树的同层级节点进行分裂时可并行。具体到某个节点，节点内选择最佳分裂点，候选分裂点计算增益用多线程并行，训练速度快。
- 添加了对稀疏数据的处理。
- 基于测试集效果变化，提供早停机制，当预测结果已经很好的时候可以提前停止建树，加快训练速度。

LightGBM 是微软公司开发的一款快速、分布式、高性能的基于决策树的梯度 Boosting 框架（见图 3－3）。相比 XGBoost，LightGBM 主要改进在于：

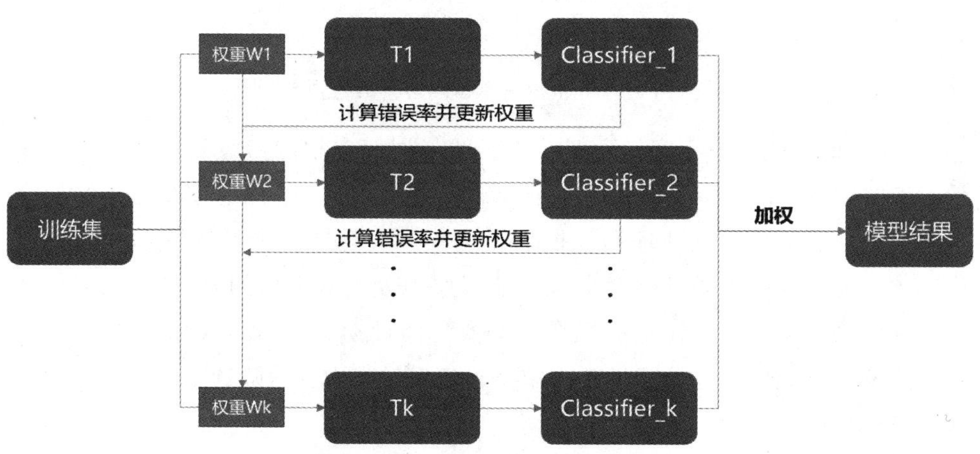

图 3－3 Boosting 建模思想

- 基于直方图的决策树算法，把连续的浮点特征值离散化成有限个整数，同时构造直方图。在遍历数据的时候，根据离散化后的值作为索引在直方图中累积统计量，当遍历一次数据后，直方图累积了需要的统计量，然后根据直方图的离散值，遍历寻找最优的分割点。
- 带深度限制的 Leaf－wise 的叶子生长策略，可以同时分裂同一层的叶子，容易进行多线程优化，也好控制模型复杂度，不容易过拟合。

- 直接支持类别特征（Categorical Feature）。LightGBM 优化了对类别特征的支持，可以直接输入类别特征，不需要额外的哑变量，并在决策树算法上增加了类别特征的决策规则。

- 多线程优化，特征并行。在特征并行算法中，通过在本地保存全部数据避免对数据切分结果的通信。在数据并行中使用分散规约（Reduce scatter）把直方图合并的任务分摊到不同的机器，降低通信和计算，并利用直方图做差，进一步减少了一半的通信量。基于投票的数据并行（Parallel Voting）进一步优化数据并行中的通信代价，使通信代价变成常数级别。特征并行的主要思想是在不同机器且不同的特征集合上分别寻找最优的分割点，然后在机器间同步最优的分割点。数据并行则是让不同的机器先在本地构造直方图，然后进行全局的合并，最后在合并的直方图上面寻找最优分割点。

深度学习模型：深度学习模型的作用主要用于构建初步模型或标签，如申请时的活体视频或图像中，能够挖掘出客户当时所在的环境、穿着、表情等并进行分类，也可以对人工审核的备注、销售人员的备注、地址、短信等文本信息进行分类，将这些分类结果或标签转化为结构化的数据，则能够用于构建 LR 等信用评分模型。用于文本处理的常用深度学习模型有 LSTM 和 BERT 等，用于图像处理的模型有 CNN、VGG、ResNet 等，这里不做进一步介绍。

模型集成：是指在现实建模过程中，通过建立多个模型并把多个模型综合在一起应用的方法。由于各种模型和算法的假设及优缺点各不相同，通过把多个模型融合在一起往往能够得到更加稳定且表现更好的模型，常用的模型集成方法有 Stacking 和 Blending 两种。Stacking 分为两步进行建模，第一步建立基础模型，如随机森林、逻辑回归、GBDT、支持向量机等模型，第二步则以第一步的模型预测结果作为输入训练新的模型，如 XGBoost 或 LightGBM，如图 3－4所示。这样的两层建模框架能够利用各模型的优点，更加深入进行模型融合，通常比单个模型的效果表现更好。Blending 与 Stacking 的不同在于，其第二步是把第一层模型预测的结果进行加权平均得到最终模型结果，如图 3－5 所示。关于最优权重的选择，可以通过设定目标函数，如 AUC，随机搜索或格子搜索权重使目标函数最大以找到最优权重。也可考虑其他最优值求解方法，如贝叶斯优化。需要注意由于模型个数较多，参数的选择会比较烦琐。另外，由于第二层模型利用第一层模型的预测作为输入，这个输入对于训练集必须是 5 折交叉验证集的预测。在实际工作中，往往偏向于第一层建立较为稳定的模型（通常通过选择参数实现）和将变量处理的较为稳定，有时候也可以考虑利用不同的 x 作为第一层模型的输入，使第一层模型既稳定相关性又不会太高，这样模型集成才有比较好的效果。

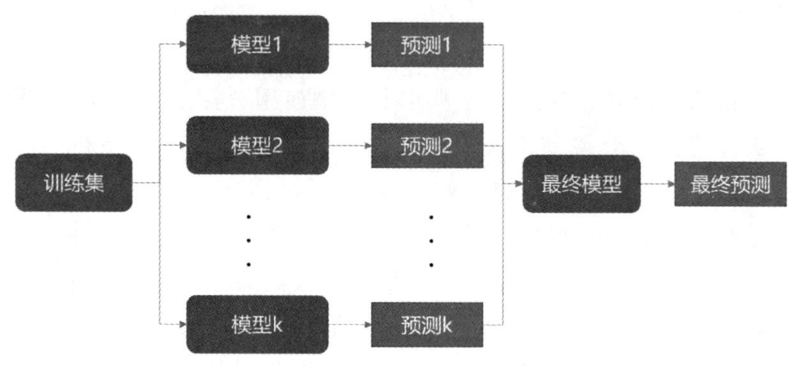

图 3-4 模型集成方法：Stacking

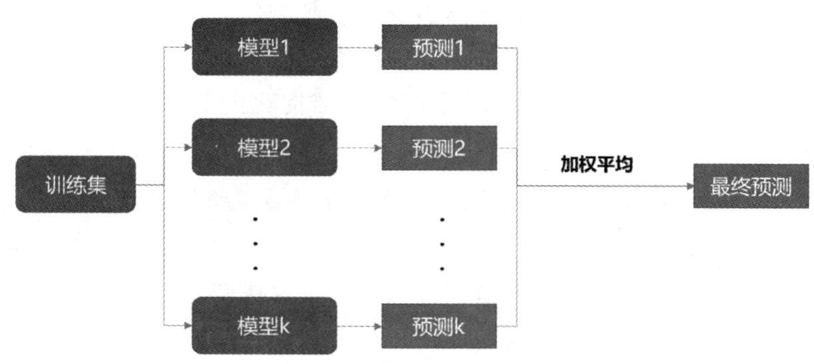

图 3-5 模型集成方法：Blending

三、信贷模型类型

算法和模型框架解决在给定训练数据时，怎样从数据中训练学习出相应的规律。在实际信贷建模中，我们面临着各种任务需要用信贷模型解决。依照信贷业务的生命周期，信贷模型可分为申请模型、表现模型、催收模型、营销模型、价值模型等。评分与信贷模型输出的概率是一种线性变换关系，信贷模型的输出结果对应为申请评分、表现评分、催收评分、营销评分、价值评分等，如图 3-6 所示。

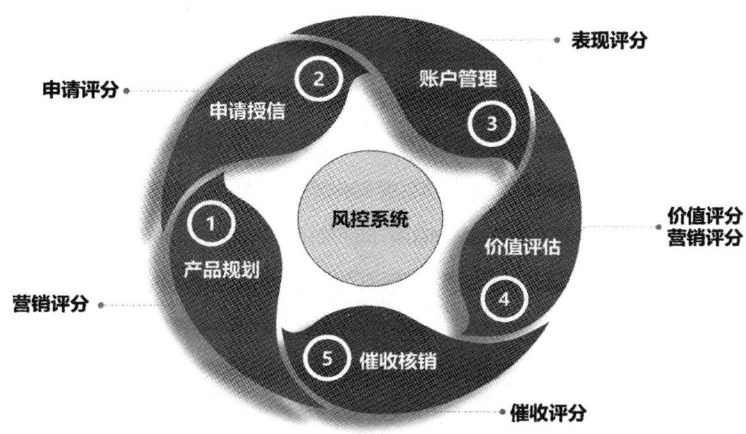

图 3-6　信贷生命周期及对应决策模型

申请评分：申请评分的目的是对信贷申请的客户进行评估，预测客户未来一段时间内成为“坏”客户的概率，并以此为依据对客户的信贷申请进行决策，这样能够明显地减少金融机构的损失、降低风险。通常可以定义一笔申请在未来 12 个月内出现 90 + 天逾期的客户为“坏”客户，反之为“好”客户。由于近年非传统信贷产品越来越多，产品的信贷周期各不相同，因此客户“好”“坏”的定义需要根据产品的性质与贷款周期进行调整。在实际应用中，需要关注不同口径的“坏”，如未来 3 个月出现 30 天 + 逾期、未来 60 天出现 60 天 + 逾期等，则需建立多个申请评分满足需求。关于建模样本的选择，需要在留足表现期的条件下选择离当前时间最近的样本，此外也需考虑建模样本量是否满足建模需求。

表现评分：表现评分是在客户审批通过之后的评分，评分的目的是预测客户是否能够持续正常还款，从而可以对不能持续正常还款的客户进行贷后管理和限制措施避免损失。表现评分一般是在当前未逾期的样本上建立，预测客户以后逾期的可能性及程度，“好”与“坏”的定义关注客户在未来较长时间内的状况，如传统表现评分定义为未来 12 个月是否出现 90 + 天逾期，以便应用在巴塞尔模型中。在近年来的新兴信贷产品上我们需做一些调整，如表现评分表现期定义更短、逾期程度定义更低等。同样地，样本的选择需要在留足表现期的情形下，选择离目前越近的样本越好。

催收评分：催收评分是在客户逾期之后进行的评分，评分的目的是预测客户是否还款或者逾期继续恶化的概率，从而指导催收团队针对不同人群采取不同的催收措施。催收评分是在当前逾期的样本上建立，预测客户以后继续逾期的可能性及程度，"好"与"坏"一般是根据催收的周期进行定义的，如当前M0（逾期1—29天）的客户在未来1个月内是否变成M1（逾期30—59天），在未来2个月内是否变成M2（60—89天）等，便于催收团队对逾期客户进行有针对性的催收管理。

营销评分：营销评分的目的在于预测客户对营销响应概率的高低，从而优化营销策略和营销成本，被营销的客户可以是存量信贷客户或信贷新客。其定义是看客户在未来一小段时间内是否响应，即是否申请贷款。为了建立更精准的营销评分，一般需要对客群进行初筛和分类。如，对于存量客户营销，需筛除当前逾期或过去一个月逾期的客户，再根据客户过去一段时间的信用情况等进行划分。尤其是对于有海量客户的机构，通过营销评分精准识别目标客户非常重要。

价值评分：是指对客户价值进行评分，是表现评分的一种。大多数风险模型的建模目的都是为了降低风险，关注点在风险，而价值评分更关注客户可以给金融机构带来多少利润。建模的目的在于区分高、中、低价值客户。一个信用卡使用频率低、使用之后立即还款的客户，按通常"好"与"坏"的定义是一个很"好"的客户，但是这样的客户对金融机构来说却是低价值客户。对不同表现期的客户，都需要建立模型预测客户的价值。在历史表现充足的样本上进行建模，y的定义为收入减成本，收入包含实收和应收，成本包含风险成本、资金成本、运营成本等。

四、应用策略

在不同类型的信贷模型建立之后，需要考虑如何使用模型的预测结果做决策，这就是信贷模型的应用策略。在客户信贷生命周期里，存在很多环节需要模型的决策策略支撑，对应的决策策略有接受拒绝策略、定价策略、客户贷后管理策略、额度管理策略、催收策略、营销策略等。

接受拒绝策略：是基于申请评分的应用策略，申请评分输出的是概率或者分数，在实际应用中需要选择合理的cut - off（阈值）来做出接受或拒绝，如预测概率大于0.5时拒绝，小于等于0.5时接受。这种cut - off的设定也需要经过数据分析来确定，原则是在通过率与坏账率之间平衡，既要保证坏账率足够低又要保证通过率可接受。在有多个模型或多种决策维度的情况下，接受拒绝的设定会变成一个多维矩阵，需要综合分矩阵块的情况给出最终的结果。另外，决策的质量高低与是否上线应用需要得到业务部门的验收和同意，接受拒绝策略一般是线上实时决策。

定价策略：在客户被接受之后，需要确定贷款的两个关键要素，即贷款金额和贷款利率，这就需要用到定价策略。定价策略是申请评分对接受人群进行细分，按照多个风险程度划分成多个组别。一般地，高风险的接受人群会赋予较高的利率，低风险的接受人群赋予较低的利率。贷款金额的确定需要引入客户收入、负债、资产等数据进行评估，对应不同风险组别赋予不同的风险放贷系数，最终贷款额度 = 收入 × 风险放贷系数。定价策略与接受拒绝策略相同（见表 3 -5），一般是线上实时计算进行决策。

表 3 -5 接受拒绝和利率定价策略示例

接受拒绝策略					
大数据信用评级	人行征信信用评级				
	A	B	C	D	E
A	接受	接受	接受	接受	拒绝
B	接受	接受	接受	人工	拒绝
C	接受	人工	人工	拒绝	拒绝
D	人工	人工	拒绝	拒绝	拒绝
E	拒绝	拒绝	拒绝	拒绝	拒绝

利率定价策略					
大数据信用评级	人行征信信用评级				
	A	B	C	D	E
A	9%	10%	12%	12%	拒绝
B	10%	12%	12%	15%	拒绝
C	12%	15%	15%	拒绝	拒绝
D	15%	15%	拒绝	拒绝	拒绝
E	拒绝	拒绝	拒绝	拒绝	拒绝

客户贷后管理策略：客户管理策略是基于表现评分的应用策略，按风险把人群划分为多个等级，并应用不同的策略，如对于高风险客户进行线下走访、中风险客户密切关注还款情况、低风险客户无操作、优质客户二次营销等。客户贷后管理一般采用离线“跑批”进行评估，可以根据不同的风险程度设定不同的“跑批”频率，较高风险的客群采用较高频率进行监控。

额度管理策略：额度管理一般是针对近几年新兴的循环授信产品，适用于申请接受的人群，是一种表现评分的应用。传统的贷款（除信用卡外）都是一次性发放，可按月还款，不存在对贷款额度的调整。循环授信产品的客户有个人总授信额度，何时放款会根据客户的需求进行，支持一次授权、多次使用。随着时间的推移，客户的资质可能出现变差的可能，所以金融机构需要对可使用的授信额度进行管理。基于表现评分识别客户风险、划分客户等级，对优秀的客户提升额度、较差的客户降低额度、对于极差与已逾期的客户进行停止支付。另外，额度管理策略也可以结合价值评分联合使用，使被提升额度的客户能够为金融机构带来价值。

催收策略：催收策略是基于催收评分的应用策略，分为多个决策，通常根据客户的迁移率判断。迁移率是催收常使用的绩效指标，是计算处于某一逾期阶段的客户转到其他逾期阶段的变化情况，是分析客户在不同逾期状态之间的转化率。如，对迁移率低的客户进行短信或语音催收、迁移率中等的客户进行适当频率人工催收、迁移率高的客户进行高频率人工催收或外包等。催收策略一般是按天“跑批”出结果，推送给相应的业务部门或系统，进行催收。

营销策略：营销策略是基于营销评分预测的响应率概率进行决策的策略。根据响应率划分等级，不同的响应率等级匹配不同的资源进行营销，对高响应率的客户进行短信营销、中响应率的客户分配中低营销技能的员工、较低响应率的客户分配高营销技能的员工、极低响应率的客户不进行营销或可根据人力紧张程度而定。需要注意的是，在营销得到反馈之后需要结合反馈结果设计进一步的策略，进行不断优化。另外，营销策略还可结合客户的价值高低进行设定，高响应率低价值的客户也可以考虑不进行营销。

第三节 系统架构

一、智能信贷系统概述

智能信贷系统是人工智能、数据科学、区块链等先进技术和传统信贷系统的结合，以实现信贷业务向自动高效、数据驱动、智能安全的方向发展。

与传统的信贷系统相比，智能信贷系统具有以下的特点：

更个性化贴近用户的服务。随着信息技术的发展，特别是互联网、智能手机和大数据等技术的发展，工业社会标准化的产品越来越不能适应用户挑剔的要求。用户越来越追求个性化、多样化的信贷产品，智能信贷系统通过大数据技术针对用户的行为，刻画用户画像，实现了“千人千面”的灵活定制，不仅可以针对不同风险用户提供不同利率、不同周期的产品，也可以针对用户的来源、不同消费习惯、不同的使用场景，为每个用户打造个性化的产品。

更自动化的流程。为了提高整体业务的效率，智能信贷系统往往更侧重于自动化的流程，对于用户触达、用户申请流程、信贷审批、放款和还款、查询统计提醒等功能都尽可能通过自动化的方式完成。相对于传统信贷产品烦琐的人工处理流程和较长的审批周期，先进的智能信贷系统往往可以以分钟甚至秒的级别完成整个流程。

更偏重于线上的运营方式。传统的信贷产品与用户交互的方式往往以柜面为主，包括用户的身份认证、资料提供、开户签约等。客户经理有大量的线下工作，包括线下的资料审核、用户访谈、风控尽职调查等。整个业务的完成存在大量的线下人与人之间的交互，往往需要花费大量的时间和成本。而智能信贷依托高度信息化的系统，依托 App 或者网站与用户交互、开展线上业务。通过 OCR、人脸识别、电子签章等技术完成必要的资料收集，同时也提升了用户体验。后台通过大数据技术，完成辅助增信、资料验证等工作，减少客户经理、风控人员的手工工作，整个业务流程基本以线上方式运行。

更重视数据驱动的决策模式。智能信贷系统的一大特点就是数据驱动，基于数据和模型代替人工实现更高效、更准确的决策。通过用户的行为数据和申请数据，对用户进行分层分类，发现针对特定用户最有效的触达方式，实现最高效的转化，也可以通过用户的贷后表现数据和用户特征训练风控模型，对用户风险做有针对性的管理。

更适应业务的快速变化。智能信贷系统侧重线上多样、快速发展的业务，业务的变化也相对于传统信贷系统更频繁。由于自动化和线上化的运营模式，对于系统的响应也有更高的要求，因此智能信贷系统一般都具有灵活定制、快速变更的特点，可以根据需求快速上线新的功能，以适应业务的快速发展。

更注重数据的安全。智能信贷系统大量采用了大数据系统辅助决策和业务运营，数据的安全也是系统建设的重中之重。一方面，系统需要保证稳定、安全地提供数据支撑业务；另一方面，系统中的数据需要安全保存、备份，防止数据的泄露和外部的攻击，保护用户的数据安全和隐私等。

二、系统的演进

传统的信贷系统主要是实现用户申请信贷产品，以及放贷机构（主要是银行）进行审批和放款的系统，一般包括前端资料录入和申请、后端审批和审核、账务管理、用户管理、客户服务、催收管理等。部分系统根据需要实现了与支付系统的对接。系统一般也会和通知系统集成，如常见的短消息、邮件等系统。传统的信贷系统一般部署在放贷方内部，只供内部人员访问。各子系统之间会通过集成实现业务的流转和数据的交换。

当今互联网技术发展日新月异，在方方面面改变着人们的生活，也对金融行业产生了巨大的影响。基于成本和效率的考量，传统的信贷产品只能专注于大客户的大额信贷，或有良好抵押物的客户。借助互联网等新技术，出现了面向小额分散用户的互联网信贷产品。针对大量小额分散用户的需求，互联网信贷系统相对于传统信贷系统增加了新功能和更为便捷的访问方式。系统一般会提供 App 或者集成第三方 App 的方式供用户直接访问，并提供用户申请、查询、还款等功能。此外，互联网信贷系统支持自动化的流程，更加依赖数据。系统根据需求集成内外部的数据，也会有专门的功能组件进行数据处理和数据决策，常见的互联网信贷系统架构如图 3－7 所示。

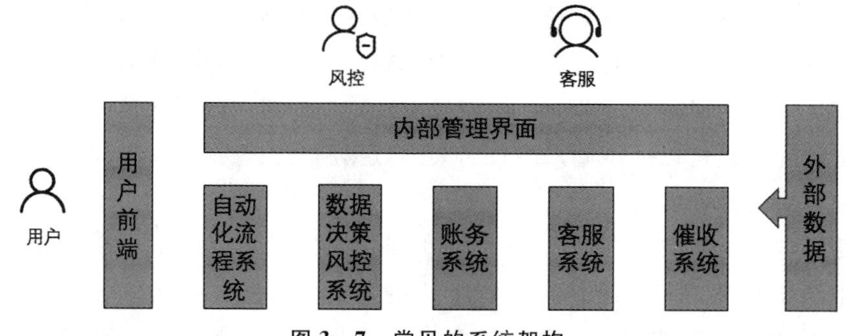

图 3－7 常见的系统架构

由于互联网信贷产品高频、大量、分散、业务迭代速度快，其用户群体对于个性化产品的需求也日趋强烈，使智能信贷系统需要非常灵活方便地进行变更，支持业务的不断演进。个性化的需求使系统不能通过千篇一律的功能服务所有用户，各种产品要素都是需要个性化配置的变量。互联网产品具有用户量不确定的特性，一些促销活动经常会引起短时间内的流量风暴，所以智能信贷系统往往需要提供更弹性的系统架构。系统不仅需要能够经受大量用户访问，也需要在少量用户访问时可以节省运营成本，因此灵活配置、可扩展成为系统架构设计的非常重要的考量指标。

灵活配置一般体现为申请流程、风控规则、产品参数等的可配置，而弹性的设计一般体现为多机备份、负载均衡、系统水平弹性拓展等。

对于智能信贷系统，人工智能技术有着非常大的应用空间。在用户申请环节，不同于传统信贷产品的柜员人工识别，智能信贷系统通过人脸识别、身份证 OCR、活体识别等技术读取用户信息，判断申请人是否人证合一，具有更高效、准确的优点。基于自然语言处理和人工智能技术的智能客服可以通过人机对话、智能对答的方式解答用户的疑问，节省了大量的人力。机器学习、深度学习和神经网络等技术也可以在模型分析、模型训练方面的效率大大提高，使智能风控系统更全面有效。区块链技术能有效解决了数据保密、无法共享、易篡改、无法溯源和高成本等问题，创建了人与数据之间的信任机制，在信贷领域有着广泛的应用前景。区块链技术提供的数据加密，无法篡改的特性可以应用于信贷资料的管理，使用户的资料安全保存，无法被人工篡改，始终保持真实有效。区块链分布式、去中心化的存储方式可以帮助安全存储信贷数据，即使有局部系统和数据损坏，也不会影响整个系统的运行。图 3－8 是一个典型的区块链技术应用于供应链金融的例子，供应商、核心企业、经销商和银行共建联盟链，并通过基于区块链的供应链金融平台进行交易、融资，解决了不同主体之间交易保密、主体互信的难题，可以解决中小供应商融资贵、融资难的问题。

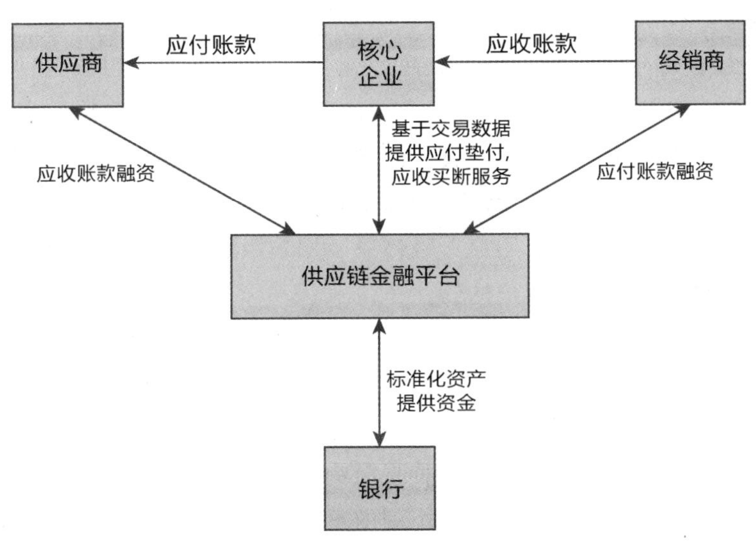

图 3－8　区块链技术在供应链金融中的应用

智能信贷系统常见的核心功能包括前端用户交互功能、用户申请信贷的审批功能、用于风控管理的风控审查功能、用户管理和用户运营的功能、催收和贷后管理的功能等。

智能信贷系统的前端一般以 App 为主，也有部分机构使用 Web 技术构建前端。App 方式更为常见，且更方便与摄像头和话筒等集成实现用户数据的采集。

前端系统肩负着与用户交互的主要职责，一般包含以下功能：

• 用户注册、登录功能：实现用户身份的创建和管理，包含密码管理、第三方登录等。

• 用户信息管理：用户联系方式、身份资料等信息上传和修改，如联系电话、联系地址等。

• 信贷产品展示：作为用户交互的界面，前端一般也是产品展示的主要界面。产品的展示方式、信息访问的便利性、界面的友好性等都极大地影响着用户的转化率。

• 信贷产品的申请：信贷产品申请的第一步一般会通过展示页面由用户提交申请资料开始，用户随时可以通过状态查询了解自己申请的进度。

• 签约放款：大部分的智能信贷系统都会提供线上签约放款的功能，使用户在申请审批通过后，可以直接通过前端系统签订借款合同，而系统也可以在签订合同后通过账务系统或者第三方支付系统对用户进行放款，实现全线上的业务流程。

• 还款：部分的智能信贷系统可以通过前端系统进行用户自助还款，包含系统转账、充值、银行卡代扣等。支持还款功能可以极大地提高用户友好度，也最大化体现前端用户唯一交互的地位，提高用户粘性。

• 活动促销：前端系统也是重要的用户营销、用户运营、用户管理的平台。通过合理的活动策划、用户等级体系、用户激励机制，可以提高用户使用信贷产品的积极性，提高用户的转化率。

信贷审批是智能信贷系统后端的一个重要功能部分，是支持放贷机构对于用户申请进行逐级审批的部分。信贷审批功能一般需要包括审批流程管理、审批岗位管理、审批权限管理、审批审计管理等。放贷机构出于效率的考量，一般都会要求通过一个集中审批系统进行所有信贷产品的审批。审批系统中会有不同产品、不同客户的申请，对应不同的审批流程和条件。智能信贷系统的审批模块可以灵活定制审批的流程、审批界面、审批要素等，以适应多样化的产品审批需求。

出于风险控制要求，避免人员操作风险，审批系统根据放贷机构内部组织机构设计，通过审批岗位的设定和相应的审批权限控制审批过程，做到“最小必要”的原则。实现在支持业务的同时，合理控制风险，逐级按权限、按流程进行审批。信贷审批由于其敏感性和重要性，会对系统有非常高的审计要求，要求系统完整记录整个审批流程，包括是谁、在哪里、做了什么。有的系统还会要求记录审批时的数据，便于事后追查和管理。

出于对信贷数据的安全性要求的考虑，防止数据泄露等安全问题，智能信贷系统会对审批界面的隐私数据进行脱敏处理，做到数据展示的安全。

在线上化、自动化的趋势下，智能信贷系统的审批系统的发展趋势也是自动化的，很多系统已经实现了全程无人工参与、全机器自动化根据风控结果进行审批的程度。自动化的审批流程在数据安全性、效率上更有优势，但是也对系统的数据安全、大数据的应用和事后审计提出了更高的要求。

风控审查系统是后台最核心的业务系统。大数据、人工智能技术在风控审查系统有着非常广泛的应用。与传统的信贷系统依靠人工对用户资料进行审查，由人工进行风险排查管控不同，智能信贷系统往往更依赖数据科学和人工智能实现类似功能。智能信贷系统会通过内外部的大量用户数据，根据以往验证过的行之有效的风控模型，自动进行用户风险判断并提供最合适的信贷产品。此外，系统通过对用户信息的审核，基于一定的准入规则和条件，结合内外部的“黑名单”和“白名单”对用户进行筛查，只有通过的用户才会进入下一步流程。

风控审查系统也提供各种用户定价功能，根据用户提供的资料和信息，通过经验证的模型进行计算，对用户进行评分或者评级，相应地给予用户不同的额度和利率，实现风险定价和“千人千面”的功能。

风控审查系统也会和反欺诈系统结合对高风险的疑似欺诈行为进行识别。基于智能信贷系统自动化和线上化的程度，风控审查和反欺诈系统的实时要求和效率也会有所区别。

客户管理和客户运营系统也是后端系统重要的一环。客户管理包括用户账号和用户信息的管理、用户信贷信息管理、用户关系管理等，是维系用户关系和提高用户满意度的重要功能。智能信贷系统将用户信息集中统一管理，从各个模块同步信息以提供给前端系统进行实时信息展示。用户信息也会提供给客服催收等系统，当用户联系客服办理业务时，客服可以根据用户信息进行服务。此外，客服也可以根据用户信息主动提供用户服务，如用户关怀等。

客户运营管理是提高用户满意度、增加用户粘性、提高业务量的主要手段。智能信贷系统包含用户忠诚度管理和用户等级体系，根据用户注册时间长短、申请产品的多少、活跃度、贡献度等不同的指标定义用户等级。对达到一定等级的用户进行奖励，以达到刺激用户使用、提高用户活跃度的目的。系统也会定期举行回馈用户的活动，通过抽奖、邀请、返现等不同的活动，“拉新促活”提高用户的活跃度和转化率。基于大数据等技术，智能信贷系统通过用户画像刻画和用户行为的分析，对特定的用户主动发送相关的产品或者促销信息，以到达精准营销的目的。

客户催收是贷后管理的重要部分，与传统信贷系统千篇一律的到期提醒、逾期催收不同，智能信贷系统大量运用了人工智能、大数据等技术，实现了成本和效率的高度平衡。

智能信贷系统积累了大量的用户数据，可以根据用户行为、用户关系进行分层分类，针对不同的客群制定不同的催收策略，实现更好的用户关系管理和更高的催收效率。

催收系统可以提供智能机器人替代部分人工工作，如短时逾期用户或者优质用户的自动催收，从简单的语音提醒到人机对话，只在必要的时候由客服进行介入，这样可以大大提高催收效率。基于用户行为以及内外部各类用户风险数据的分析，可以对逾期用户进行分类，针对不同的用户采用不同的催收话术、催收频度、催收方式，结合机器催收和人工催收，线上催收和线下催收，实现催收效率和催收成本的平衡。

智能催收系统会和互动式语音问答（IVR）、用户级交换机（PBX）等呼叫中心系统通过 CTI 等技术进行集成，也会和后端用户管理等模块集成，使呼叫系统和催收系统实现信息共享，实时获得用户信息。客服人员可以通过统一的用户服务界面实现用户信息的查询与更新、电话的接听与呼出、短消息与微信等通知机制的统一管理。

大数据在智能信贷系统中具有举足轻重的地位，从系统架构来讲，大致可以分为数据采集部分、数据处理部分、数据决策部分、数据应用部分，以及辅助的数据流向控制、数据存储和数据安全管理。整体智能信贷系统架构大致如图 3－9 所示。

数据采集部分是大数据的源头，从数据来源来可分为内部数据和外部数据。内部数据是指信贷系统中的数据，或者放贷机构内部其他系统中的数据，

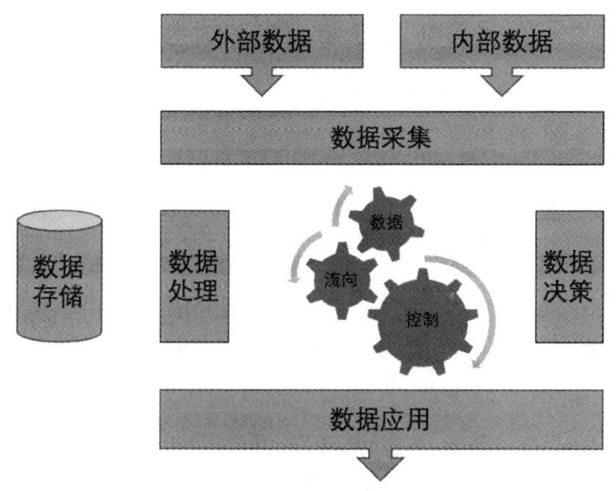

图 3-9 大数据在智能信贷系统中的应用

一般是用户的基本信息、用户以往在放贷机构的借贷、还款信息，或者用户关联的其他信息，外部数据又叫第三方数据，常见的有用户申请场景相关的数据，如消费信贷场景下的用户消费信息或者企业经营场景下的经营数据，也有信贷系统从第三方经过用户授权获取的辅助征信数据，如企业的税务、工商、司法等公开信息。这些数据都会被智能信贷系统用于用户身份的验证、用款真实性的甄别、还款能力的考量等。

智能信贷系统往往包括一个统一的数据采集层进行数据的收集。根据对接的内外部系统接口开发对应的适配接口，满足不同的系统对接要求。数据通过适配接口转换成相对统一、固定的数据格式，通过数据采集层向后方传输，进行数据的处理和存储。

数据处理层是一个对于数据进行计算和处理的模块，提供计算结果给数据决策或者其他应用模块。从计算方式来看，有实时计算和离线计算两种。实时计算是对数据采集层的数据或者数据存储中的数据进行处理，并尽可能在最短的时间内返回应用的方式，适用于对数据及时性要求很高的场景，如实时反欺诈、线上实时审批等需要在最短的时间内完成数据计算并返回结果的应用场景。比较常见的大数据实时计算框架有 Storm、Flink 等。离线计算主要用于对于计算结果实时性要求不高、数据变化频率不高，但数据体量较大并且具有较高计算复杂度的场景。在离线计算中，大部分数据来自数据存储，部分数据可能是 T+1 或者更长时间产生的。如，信贷模型的计算往往通过大量历史数据训练，数据样本量较大，但无须根据实时的数据进行更新。再如，用户画像的计算也是通过大量的历史数据进行建模，但每天新的数据并不会对计算结果产生很大的影响，一般只需要定期对数据进行更新即可。常见的离线大数据计算平台包括 MapReduce、Spark 等。数据决策层主要是根据数据的计算结果进行机器决策的部分，通用的决策方法有决策树、决策表等。数据决策也属于广义的数据应用的一种。

在智能信贷系统中，风控审批和审查是数据决策层应用较多的场景，常见的应用包括用户的准入模型或者用户的评分、评级。用户的准入通常是通过一系列的准入条件或者拒绝条件对用户进行筛选的，包含用户的收入资产信息、消费行为、是否在内部“黑名单”中。在实际操作中可能运用比较复杂的决策树或者决策表。

在传统的信贷系统中，类似的规则通常在系统中通过代码实现，缺乏灵活性。规则和参数指标等的调整都需要进行代码修改，周期较长。智能信贷系统引入决策引擎 1 类的工具，将规则的定义和运行环境分离。通过更友好的界面进行规则的编辑，调整后的规则经验证后自动部署到生产系统上。这种方式大大减少了系统的耦合性，提高了系统灵活性和扩展性。数据应用层由各种系统应用组成，是对数据或数据的计算结果的使用。数据应用层非常广泛，从大的应用模块如用户管理、催收管理、活动管理，到大数据系统内部的数据查询等都是数据的应用。

由于在智能信贷系统中大数据平台的核心地位，各功能模块都会或多或少的使用到数据，而各系统的需求又是千差万别的，为了更好地为应用层提供服务而降低数据平台的建设复杂性和成本，近年来出现并流行数据集市的概念。

数据集市，也称数据市场，是为满足特定的部门或者用户的需求，按照多维的方式进行存储，包括定义维度、需要计算的指标、维度的层次等，生成面向决策分析需求的数据立方体。用户的标签管理就是数据集市的一个典型应用。在精准营销中，为了对用户进行精细的分类管理，会引入用户标签。数据集市中用户标签的管理由业务部门负责，数据集市可以根据预定义的标签对数据存储中的数据进行处理，结果迎合专业用户群体的特殊需求，可以直接方便地被业务系统使用。在分析、内容、表现、形式等方面为用户定制，提高了应用定制的灵活性和方便快捷性，也在一定程度上缓解了访问数据仓库的瓶颈。

数据存储层狭义上讲就是数据仓库，是指智能信贷系统中数据的存储部分。数据存储层在物理上可能是一个或者多个数据库，包括关系型数据库和非关系型数据库，支持复杂的分析操作，侧重决策支持，并且提供直观易懂的查询结果。常用的数据仓库有 Hbase、Hive 等。从广义上讲，数据存储层包括数据仓库的存储、备份、导入、导出，以及提供这些功能的工具和流程。由于数据的核心地位，以及数据量通常比较大，智能信贷系统对于数据的存储有较高的要求，包括数据的可靠性、可用性、多点备份，保证数据的万无一失。

数据存储层另外的一项要求就是数据的安全性，由于智能信贷系统中数据的敏感性以及我国对于用户隐私的日益重视，数据安全日益成为不可忽视的重要需求。对于数据访问需要进行严格的安全控制，只有通过应用系统严格的授权认证机制才能进行访问。严格禁止对于生产系统数据进行直接访问或者对于大量数据进行批量操作，对于局部数据的访问需要进行严格审批并由多人互相监督进行操作。而对于生产系统数据的导出进行模型学习等任务时，需要进行脱敏操作，删除用户的特征信息。数据存储本身也建议采用加密保存的方式，尽量避免敏感信息明文存储。数据在数据采集层、数据处理层、数据决策层、数据应用层和存储层之间双向流动，数据流向取决于应用的需求。在传统的信贷系统设计中，数据流向完全根据业务需求定义，在系统中实现。但是，数据流向的控制不易调整，任何调整都需要通过修改代码实现，日积月累后，由于系统的复杂性，易变成复杂的蛛网结构，系统之间的耦合性很强，系统维护成本很高。

因此，一些信贷系统会引入数据总线方法，通过通用的数据总线进行所有数据的交互。各个应用包括处理、采集等模块都以插件的方式与数据总线交互，类似可以插拔的组件，减少系统间的耦合性，便于各个模块的独立升级和改造。也有一些系统会引入工作流引擎类的工具，通过工作流的定义规划数据流。工作流工具可以提供图形化的编辑工具进行开发维护，数据流的修改可以做到与代码的修改完全脱离，实现业务调整的快速部署、灵活定制，大大提高了业务的效率。通过类似的工具使用和系统设计，智能信贷系统可以提供非常灵活多样的产品，高效快捷的更新业务。

第四节　智能算法的应用

互联网金融主要依托互联网技术服务于小微企业贷款需求市场，其业务模式的特殊性使其发生系统性风险的概率比较大。提高风险识别能力，提升风险管控水平，既是对互联网金融平台的要求，也是现阶段中国互联网金融的核心工作。随着互联网技术的蓬勃发展和金融科技的兴起，智能风控的落地条件逐渐成熟。

信贷机构经营的是信用，管理的是风险，从事信贷业务的企业其核心竞争力本质上体现为管理风险的能力。智能算法能够为消费金融机构提供贷前、贷中、贷后全流程风控服务，改变现有金融机构片面的、滞后的、孤立的风控现状，向全方位的、动态的、高效率的目标跟踪与分析风控模式转变。

本节主要介绍在贷前、贷中、贷后以及资产证券化等四个方面的智能算法应用案例。

一、异常检测

异常检测（Outlier Detection）指的是通过数据挖掘手段识别数据中的异常点，主要包括三类：基于概率和统计的方法，假设数据满足某一先验概率分布，在此概率分布中的极值点便是异常点；基于线性分类的方法，假设正常数据均可平滑映射到低维子空间中，不能够映射到低维子空间的数据点被视为异常点，如主成分分析（PCA）算法等；基于相似度衡量的方法，将异常点定义为相似度稀疏的点，如孤立森林算法、聚类算法等。异常检测在数据预处理、智能运维检测、病毒木马检测、工业制造产品检测、网络流量检测等领域有着广泛应用，尤其是在金融反欺诈检测领域，异常检测技术起着关键性作用。

信贷机构为了衡量一个借款人的信用情况，会考察其多个维度的信息。除了客户的基本信息、历史信用数据信息（如信用卡账单和偿还情况等），还会充分考虑借款人其他方面的数据，如行为数据等。

借贷的人在申请借贷的时候会产生一系列行为，这些行为可以认为是有先后顺序的时间序列数据。欺诈用户在申请过程中产生的不符合预期行为的序列数据即为异常数据，研究异常点的起因和可能引起的后果，可以为用户（或系统）提供有效的决策支持。

本节将介绍一种应用在贷前审查阶段，对用户的欺诈行为进行识别的异常检测方法。用户在申请贷款过程中，通常会有很多操作行为，如进入登录页面、输入用户密码、填写申请单、搜索查看申请单状态等。该过程中产生大量的操作、设备信息、位置和页面等数据，需要根据不同类型分别进行处理，具体处理方式如表 3 - 6 所示。

表 3－6　　行为数据与处理方式

<table>
<tr><th>数据种类</th><th>数据项目</th><th>处理方式</th></tr>
<tr><td>操作</td><td>操作类型</td><td>独热编码</td></tr>
<tr><td rowspan="3">设备</td><td>浏览器</td><td>独热编码</td></tr>
<tr><td>操作系统</td><td>独热编码</td></tr>
<tr><td>设备类型</td><td>独热编码</td></tr>
<tr><td>位置</td><td>IP</td><td>独热编码</td></tr>
<tr><td rowspan="2">页面</td><td>URL</td><td>独热编码</td></tr>
<tr><td>页面停留时长</td><td>数值型</td></tr>
</table>

用户的行为发生在登陆获取 Session① 之后，每次操作都会产生一条行为序列，在申请贷款过程中，大约会进行不低于 200 次操作，产生不低于 5 000 个特征。用户行为序列数据具有维度高、分布稀疏等特点，传统的基于机器学习的异常检测算法在处理高维数据时的时间耗费较长且性能较差，因此常常选择基于深度学习的技术。

下面介绍一种基于自编码器（Auto Encoder）的异常检测算法，是一种非监督学习算法，利用自编码器的输入和输出的整体近似性，即重构误差和局部误差识别异常数据。

自编码器是一种数据压缩算法或者特征提取算法。自编码器包含两个部分，分别是编码（Encoder）和解码（Decoder），其结构如图 3－10 所示。

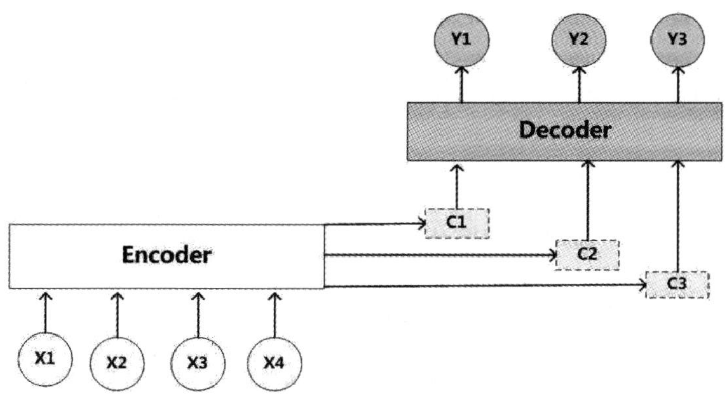

图 3－10　Encoder－Decoder 模型

① 在计算机中，尤其是在网络应用中，称为“会话控制”。Session 对象存储特定用户会话所需的属性及配置信息。

编码是将输入的时间序列 X 转化为较短的、固定长度的向量 C，解码就是将向量 C 转化成输出的时间序列 Y，该模型的目标是使 X 与 Y 越接近越好，即通过重构后的时间序列 Y 与原始时间序列 X 的整体误差和局部误差判断异常点。简单来说，只要输出的 Y 在局部的信息与原始的 X 不一致，就认为原始的时间序列 X 存在着异常，该不一致程度一般通过阈值界定。

基于自编码器的方法在异常检测场景中的广泛使用，同时该方法能够进一步优化和扩展，如使用长短期记忆网络（LSTM）能够提高自编码器的记忆能力，从而提高异常检测能力。

二、知识图谱

简单来说，知识图谱代表了一系列实体的集合，实体彼此间存在不同类型的关系。实体可以是现实世界中的物体、事件，甚至是一种概念。我们能够利用图谱中实体相互联系的特性，从关系的角度分析和解决问题。

随着互联网金融的兴起，欺诈风险日益成为行业内显著的问题，各种欺诈案件层出不穷，给业界同行带来了巨大的损失。近年来，欺诈团伙开始向智能化的方向发展，他们利用先进的机器学习、云计算等技术，开发出新的欺诈攻击手段，降低了单次欺诈行为的成本，显著提高了欺诈成功率。传统的专家规则或者普通的反欺诈模型，虽可过滤掉大部分的低级欺诈行为，但是在复杂的智能的欺诈行为面前却显得无能为力。

通常来说，互联网信贷公司能够利用的数据有两类，一类是外部数据，如人行征信报告、第三方信用报告和欺诈风险等；第二类是内部数据，如申请人的登录信息、经授权的设备信息等。第一类信息常用于信用风险的识别，也能够采用外部的“黑名单”过滤一部分业内已知的欺诈团伙，但是无法识别伪造资料类欺诈行为（通常这类欺诈占有较高比重），此外，这类数据也无法识别创新型的欺诈行为。因此，我们把知识图谱的方法重点应用在第二类的数据上，第二类数据本质上是申请者的自身行为特征。出于欺诈团伙自身的利益考虑，他们需要最大化欺诈的收益，所以无论他们如何隐藏，恶意欺诈的申请行为都会与正常的申请行为有较大的差异。

传统的“黑名单”拒绝策略，更像是一种消极防御策略，可以抵抗已知的欺诈攻击，但是不能抵抗未知的欺诈行为，也不能检测盗用身份类的欺诈风险。传统的专家规则策略，是根据历史的欺诈数据加上专家规则制定的策略，无法防范新型欺诈风险，而且也无法主动发现欺诈行为乃至欺诈团伙之间的联系。传统的反欺诈模型，其效果严重依赖于变量。如果欺诈用户采取不同的欺诈策略，则旧的变量会失效，从而导致模型失效。

总而言之，传统的反欺诈方法属于防御型的策略，不能有效预测新型的欺诈风险以及发现欺诈行为之间的联系，从而不能主动发现欺诈团伙。

为了有效识别欺诈团伙，首先需要对欺诈人群做一个简要的分析。欺诈人群主要分为两类，第一类是单独的恶意欺诈人，他们会在各种互联网借贷平台申请贷款，申请贷款成功后恶意拖欠；第二类是群体欺诈，包括恶意实施欺诈行为的团伙，以及帮助包装资料、指导申请并从中分成的恶意中介团伙。

反欺诈策略通常会加入限制设备和账号申请频率的机制。欺诈人员为了增加欺诈成功率，通常会尝试进行多次贷款申请或使用多个设备、账号来进行贷款申请。对于更为专业的欺诈团伙来说，出于降低欺诈成本的考虑，他们会使用相同的工具对设备进行贷款申请的操控，或使用相同的包装方法来对欺诈申请单进行包装。因此，不同的欺诈申请单之间，会存在空间和时间上的联系。这样的联系具体反映到消费金融企业能够获得到的数据中，就是用户使用相同IP、GPS（全球定位系统）等信息进行申请，或者是某个用户在短时间内有大量的申请行为。这些用户有可能是潜在的欺诈人群，存在强关联性，在知识图谱中能够汇聚成连通的社区。

三、文本挖掘

逾期是一种违约行为，是指借款人未按原定的贷款合同按时偿还贷款本息，借款人应当承担相应的违约责任。很多公司对逾期管理都非常重视，针对控制逾期也采取了很多有效的措施。当借款逾期发生后，常用的催收方式是电话催收，工作人员会将电话内容以文本的方式进行记录，有些借款人为了拒绝还款会找各种理由或编造谎言延期还款，对于这些记录电话内容的文本，识别其中的还款意愿是企业风控的重要预防措施之一。

针对自然语言处理中的意图识别，从采用的技术角度来看，包括基于规则模板、统计、语法、机器学习、深度学习等方法。

通过专家手工编写规则模板识别意图。如：买 * 《地名》 * 《地名》 * 机票 =》，买机票模板构成包括字符串、词性和正则表达式，通过匹配上述模板，即可识别出对应的意图。但规则模板法的人工编写工作量较大，易冲突，且规则模板覆盖面较小，使用通配符可以解决一部分问题，但会带来匹配优先级的问题。此外，规则模板法较适用于垂直领域，在通用领域较难推广。

基于统计的角度可以使用意图词典做词频统计，词频最大的则为对应的意图。但是，这种方法的缺点是虽然覆盖面比规则模板广，却容易产生错误识别。

从语法出发，可以先对句子做语法分析，找到中心动词及名词，再根据意图词典即可识别出句子中的意图。这种方法的缺点是虽然使用语法分析使准确度更高了，但增加了语法识别的难点，日常口语的语法识别准确率较低，如“我要买个去从深圳到上海的机票”，从语法模板中识别出来就会出错。尤其是在通话记录的文本中应用语法分析，是非常不适合的，因为文本通常都是口语化的。

基于传统机器学习的模型进行文本分类（如逻辑回归、朴素贝叶斯等），需提前打上意图类的标签后进行学习预测。包含以下步骤：数据标注、数据预处理、训练集拆分、特征提取、特征向量化、模型训练以及验证。

把意图识别看成是文本分类任务，第一步进行语料标注，第二步分词，第三步搭建模型，可使用 word2vec + TextCNN、Bert + ABSA、XLNet + TextCNN 等方法搭建网络，然后采用 Bi - LSTM + Attention 机制进行识别。

基于 Bi - LSTM 和 Attention 模型应用于还款意愿识别的文本分类领域，该模型在 Bi - LSTM 模型的模型上加入 Attention 层，在 Bi - LSTM 模型中用最后一个时序的输出向量作为特征向量，然后进行 Softmax 分类。即，通过 Attention 机制先计算每个时序的权重，然后将所有时序的向量的加权和作为特征向量，然后进行 Softmax 分类。

该模型一共包括 5 层结构：

- Input 层：即输入层，将句子输入模型中。
- Embedding 层：将每个词映射到低维空间，获得词向量。
- LSTM 层：使用双向 LSTM 从 Embedding 层获取高级特征。
- Attention 层：生成一个权重向量，通过与这个权重向量相乘，使每一次迭代中的词汇级的特征合并为句子级的特征。
- Output 层：即输出层，将句子级的特征向量用于关系分类。

模型结构如图 3 - 11 所示。

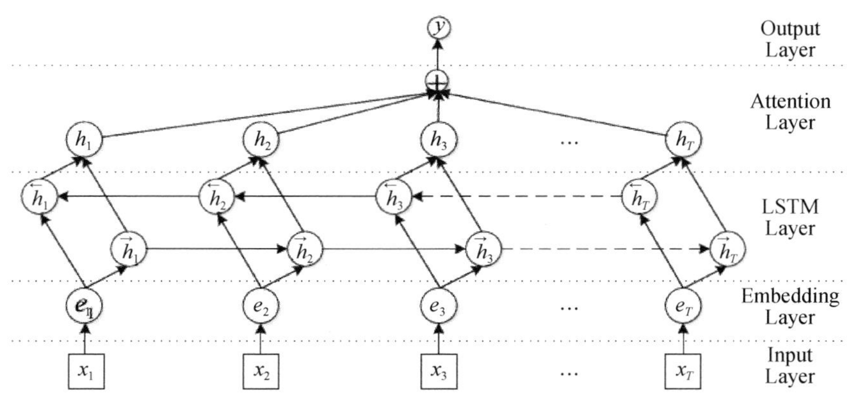

图 3－11　Bi－LstmLSTM＋Attention 模型结构

利用双向循环神经网络在对话文本中能够记录下每句话的顺序的信息，加上 Attention 机制能够最大限度保留这种顺序信息，因此意图识别准确率会有显著提高。

四、边缘计算

云计算和边缘计算正在塑造物联网（IoT）的未来，这种组合为物联网网络中连接的设备带来了稳定性，并通过处理更接近源的数据解决延迟问题。云计算明显改变了数据处理的形式，特别是对于大数据。利用云的计算能力，物联网实现了跨越式发展，使存储和处理数据无须计算资源的配置和管理。

物联网每年安装数十亿台智能设备，据估计，2020 年已安装超过 200 亿台智能设备。由于安装了大量设备并连接到物联网，处理的数据量一直在增加。为快速、实时处理和分析这些数据带来了挑战。仅依靠云计算技术无法帮助处理如此庞大的数据集并实时提供响应，采用边缘计算的方法更适合处理和分析靠近数据源的数据。

据国际数据公司（IDC）称，边缘计算是一个微型数据中心的网状网络，可在本地处理或存储关键数据，并将接收的所有数据推送到中央数据中心或云存储库。

如图 3－12 所示，在边缘计算环境中安装和连接的智能设备能够处理关键任务数据并实时响应，而不是通过网络将所有数据发送到云并等待云响应。设备本身就像一个“迷你”数据中心，由于基本分析正在设备上进行，因此延迟几乎为零。利用这种新增功能，数据处理变得分散，网络流量大大减少。云可以在以后收集这些数据进行第二轮评估、处理和深入分析。

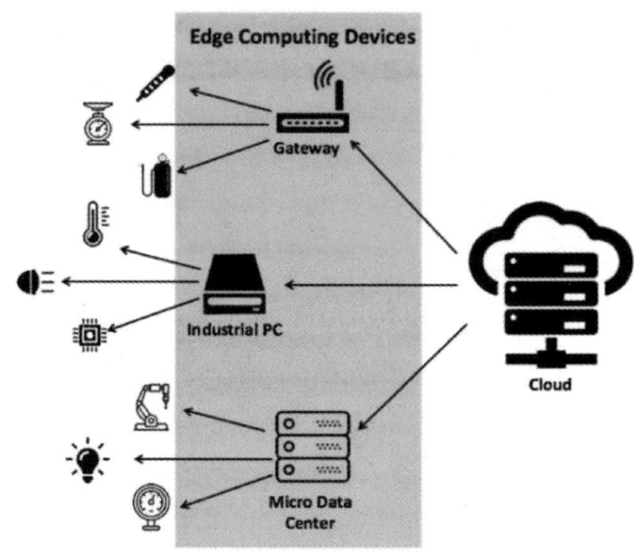

图 3-12 边缘计算示意图

边缘计算为物联网设备带来了以下好处：接近零延迟、较小的网络负载、增加弹性、减少数据暴露以及较低的数据管理成本。接近零延迟是边缘计算的最大优势。数据收集、处理和采取行动之间的时间间隔极短，几乎是实时的，这是在关键任务情况下物联网设备的重要要求。

美国谷歌公司预估其自动驾驶汽车每秒产生大约1GB的数据。需要快速处理大量的实时数据，保证汽车能够保持正确的路线并避免碰撞。想象一下，如果这些数据被收集之后传输到云端，等待云对其进行处理，再将结果发送回汽车，尽管这个过程在几秒钟内便可以完成，但事实证明为时已晚，汽车可能已经发生了碰撞。最佳解决方案是使用边缘计算分析传感器本身的数据，再将数据发送到云端以进行后续分析。据思科公司估计，截至2020年全球物联网设备处理的数据量将达到近7.5 ZB（1ZB = 1 000 000 000 000 GB）。互联网“高速公路”上的大量数据可能导致网络拥堵增加，尤其是在连接较弱的地区时。

使用边缘计算，大部分流量负载将通过在源处理数据而不是通过网络发送所有数据，可以明显改善网络拥堵情况，减少网络的负载。借助边缘计算提供的分散式架构，网络中的其他连接设备变得更具弹性。云上的单个虚拟机若出现故障，将影响连接到网络的数千甚至数百万个物联网设备，但对于边缘计算的分散式架构系统而言，即使其中一个设备发生故障，也不会影响其他设备。边缘计算减少了通过网络传输的数据量，有助于降低传输中的数据泄露的风险。在某些情况下，智能设备收集的敏感和关键数据［如支付卡行业（PCI）和个人身份信息（PII）］并不需要传输，更靠近数据来源处理数据有助于避免隐私、法律和安全等相关问题。通过进一步加密数据和控制访问，我们可以使其更安全地抵御已知威胁。

边缘计算可以显著降低云上的存储成本，其只将需要更深入分析的汇总数据发送到云端，随后会对数据进行分析和推断，减少云端的数据存储量。边缘计算依赖于后端的智能算法库，含先进且轻量的机器学习以及深度学习的算法，能够对结构化数据和非结构化数据进行快速处理。基于此算法库，企业开发出一个终端特征提取框架，可以直接在终端对数据进行清洗、预处理、聚合、筛选，极大地释放了服务器云端计算压力，节省了用户带宽，是终端技术在风控领域的重大创新和应用。

更重要的是，在数据安全日益受到重视的当下，终端提取数据无须再传输到云端加工，降低了终端敏感数据隐私泄露的风险，实现了数据的“阅后即焚”，极大地保护了用户隐私数据。

五、数据加密

随着数据挖掘、分析、可视化等技术在金融行业的应用与发展，使多维异构数据间的关联关系得以展现，也使数据中蕴藏的巨大价值不断被开发和利用。然而，大数据与人工智能技术促进金融行业快速发展的同时，也对其数据安全问题提出了更高的要求。

金融企业的数据涵盖个人隐私、公众权益、国家利益，事关国家安全、社会安定等重要领域，如何有效地利用数据安全技术为金融企业提供安全屏障，保护数据不被非法、违规操作使用，防御信息应用内容和服务可能受到的安全威胁变得日益重要。

数据加密技术是指将一个信息（或称明文）经过加密钥匙及加密函数转换，变成无意义的密文，而接收方则将此密文经过解密函数、解密钥匙还原成明文的数据安全技术。数据加密包含对称加密和非对称加密两种方式。

对称加密，是一种比较传统的加密方式，其加密运算、解密运算使用的是同样的密钥，信息的发送者和信息的接收者在进行信息的传输与处理时，必须共同持有该密码（称为对称密码）。常见的对称加密算法有数据加密算法（DES）、高级加密算法（AES）等。

与对称加密算法不同，非对称加密算法需要有两个不同的密钥，即公开密钥（Public Key）和私有密钥（Private Key）。公开密钥与私有密钥是一对，如果用公开密钥对数据进行加密，只有用对应的私有密钥才能解密；如果用私有密钥对数据进行加密，只有用对应的公开密钥才能解密。常见的非对称加密算法有 RSA 加密算法。

在大数据应用分析过程中，经常出现数据流失、模型被窃取、隐私保护等数据安全问题。针对这些“痛点”需求，安全多方计算（SMC）、同态加密、零知识证明等基于密码学的算法为真正彻底解决隐私安全问题提供了可行的思路。

安全多方计算解决了一组互不信任的参与方之间保护隐私的协同计算问题。在整个计算协议执行过程中，用户对个人数据始终拥有控制权，只有计算逻辑是公开的。计算参与方只需参与计算协议，无须依赖第三方就能完成数据计算，且参与各方即使拿到计算结果后也无法推断出原始数据。

基于此机制，提出的人工智能技术——联邦学习系统框架解决了数据“孤岛”问题，实现数据流动，最大化了数据价值。整个训练过程中，参与各方的数据均保留在本地，在保持独立性的情况下，进行信息与模型参数的加密交换不会导致数据隐私泄露，且可以同时获得优化的模型效果。

同态加密算法提供了一种对加密数据进行处理的功能。也就是说，其他人可以对加密数据进行处理，但是处理过程不会泄露任何原始内容。同时，拥有密钥的用户对处理过的数据进行解密后，得到的正好是处理后的结果。

零知识证明指证明者只需向验证者证明事件的合法性，无须透露该事件的额外信息。借助零知识证明，可以做到使验证方既不知道数据具体内容，又能确认该内容是否有效或合法，零知识证明在交易有效性证明等业务环节中具有很大应用价值。

对于金融企业而言，交易双方和交易中介都是互相不信任的，这显然不利于数据的流通和共享，区块链技术通过多种加密技术，实现了数据不可篡改、可追溯等特性，很好地解决了信用与数据安全的问题。

六、特征工程

在建模领域，数据和特征决定机器学习的上限，而模型和算法只是不断地逼近这个上限，因此特征工程在建模中起到了决定性的作用。在金融实践领域，特征工程得到了越来越多的重视。本书主要探讨特征工程的构建理论与方法，其中主要包括，特征工程的定义、意义、方法理论等内容。特征工程是通过业务逻辑理解、数据变换、特征交叉与组合等方式，量化成模型训练和预测可直接使用的特征的过程。其中，主要包括数据认知、数据清洗、特征提取和特征选择四个部分。数据认知和数据清洗需要基于具体的业务场景和数据具体分析，这里主要针对特征提取和特征选择的常用方法做详细说明。

- 数据认知：基于实际业务场景理解数据内容，发现数据与研究问题的关系。
- 数据清洗：对数据进行规整，移除重复变量、处理缺失、异常数据等。
- 特征提取：通过业务理解和技术实施，构造出描述研究问题的特征。
- 特征选择：在构造的特征中筛选出最能刻画研究问题的特征。

风险控制作为金融的核心，一直备受关注。在传统金融机构中，通过业务中的金融逻辑反映借款人的风险是常用方法，如通过收入水平评估偿还能力，能力越大风险越小，或者通过历史还款记录评估还款意愿，记录越好风险越小，也可以通过抵押物估值评估风险，估值越高风险越小。

这些基于业务的因果关系的应用能够有效地对借贷过程中的风险进行控制，但这些信息的获取并不容易。互联网金融蓬勃发展带来的数据井喷为风控策略提供了新的方向，机器学习的发展也使挖掘这些数据更深层的价值成为可能。特征工程是风控建模中处理和分析数据的重要部分，基于业务和技术，利用数据与信用的关联度，创造大量刻画用户风险的特征，从而提升风控模型的预测能力，使其能更有效地应用于金融信贷场景。

根据构建特征的数据属性和构建方法的不同，可将特征大致分为两类：一类是基于业务逻辑的业务特征；另一类是基于数学变换、算法衍生、特征交叉与组合等无实际业务逻辑支撑的非业务特征。

业务特征来源于实际业务场景中的数据，通过这些数据往往可以构造出大量的反映业务特点的特征。此处研究涉及的特征包括用户基本属性特征、贷款表现特征、接触机构特征和应用特征四大类，如图 3 – 13 所示。

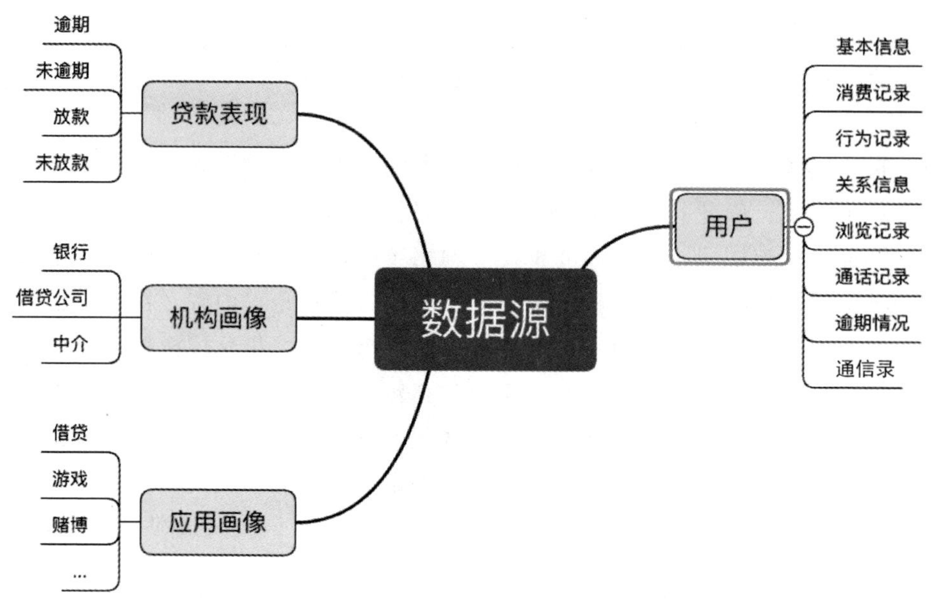

图 3－13 业务特征

基于构造的业务特征进行数学变换、算法衍生、特征交叉与组合，衍生出具有新的含义、更利于模型计算的特征，从而提升模型的预测能力。根据衍生前后特征数量的变化将衍生方法分为 1－to－1 特征衍生、1－to－N 特征衍生和 N－to－N 特征衍生三类。

1－to－1 衍生方法指对单个特征进行处理输出单个新特征，主要方法有单变量函数变换、顺序特征、缺失特征、分箱特征和 WOE 转换特征。

单变量函数变换是一种数学变换，常用的变换函数有绝对值变换、平方变换、立方变换、对数变换、指数变换、倒数变换等。需要注意的是，单变量函数变换不适用于决策树模型，决策树模型在处理 x、|x| 和 log（x）之间没有差异。

顺序特征主要应用于对连续型变量的处理，按照一定顺序对变量值进行排序，将其排序位置作为构造变量的取值。其优势在于处理后的特征具有鲁棒性，不受极端值影响，如一组收入数据为（2 000，2 500，3 000，4 000，5 000），对应的顺序特征为（1，2，3，4，5）。

缺失特征主要是对单个样本数据在所有特征上的缺失值的统计，可理解为对用户信息完备度的统计，需注意的是若该值过大或大部分重要特征的值缺失则需要进行特殊处理，由于缺失值过多导致样本信息的大量缺失，通常会考虑删掉该条记录。

分箱特征主要应用于对连续变量的离散化和多分类值离散变量的合并。离散化后的特征对异常数据有较强的鲁棒性，不易受极端值的影响，且能避免特征中无意义的波动对模型造成的影响，模型会更稳定。分箱方法可分为无监督和有监督两大类，主要的无监督分箱法为等距划分和等频划分，有监督分箱法为卡方分箱。等距划分是将变量的取值范围分为 k 等份，每一份为一箱。等频划分是将变量的观测值个数分为 k 份，使每份包含大致相同的实例数量。这两种做法都忽略了实例所属的类型，实例落在正确区间里的偶然性很大。卡方分箱是以卡方检验为核心思想，将需要离散化的特征实例进行排序，每一个实例属于一个区间，通过计算每一对相邻区间的卡方值并将其与设定的阈值进行比较，若所得卡方值小于阈值则说明这两个区间具有非常相似的类分布，可以进行合并；反之，则不能合并。

WOE 转换是一种有监督的编码方式，将预测类别的集中度的属性作为编码的数值。通俗来讲就是特征取某个值的时候对违约比例的一种影响。WOE 反映的是特征每个分组下违约用户占正常用户的比重和总体中违约用户占正常用户的比重之间的差异，从而可以直观认为 WOE 蕴含了特征取值对于目标变量（违约概率）的影响。WOE 转换的优势在于将特征的取值规范到相近的尺度上，且其值具有业务含义。

1 - to - N 衍生方法指对单个特征进行处理输出多个新特征，主要方法有独热（One - Hot）编码和均值编码两种，它们都用于对分类变量进行处理。

One - Hot 编码主要应用于无序的分类变量，由于分类器往往会将此类数据默认为连续的有序变量进行处理，因此此类数据不能直接使用。如表 3 - 7 所示，在进行模型训练前对职业进行数值编码，但职业为类别变量无大小之分，数值编码后相当于对不同类别加了权重，会对模型结果造成影响。表中的职业特征在经过 One - Hot 编码后变成 3 个二元特征，且这些特征互斥，每次只有一个激活，这样做不仅解决了分类器对于无序分类变量的处理，还在一定程度上起到了扩充特征的作用。

均值编码是针对高基数的类别特征进行处理，当类别特征的实例值过多使用 One - Hot 编码会引起维度灾难，使模型效果降低。均值编码在贝叶斯的架构下，利用要预测的目标变量，有监督地确定最适合这个定性特征的编码方式。它最大的特点是基于经验贝叶斯方法利用已知数据估算先验概率和后验概率，通过对先验概率和后验概率做加权平均，计算最终的特征编码值。

表 3－7　　职业的 One－Hot 编码

职业类型	数值编码	职业类型：技能型	职业类型：研究型	职业类型：事务型
技能型	1	1	0	0
研究型	2	0	1	0
事务型	3	0	0	1
研究型	2	0	1	0

N－to－N 衍生方法指对多个特征进行处理输出多个新特征，主要方法有多项式变换和决策树算法衍生特征。

基于多项式的变换，主要是对现有特征进行多项式特征组合形成新的特征矩阵，如，对 X＝（x1，x2）进行 2 阶变换，输出结果为：（1，x1，x2，$x1^2$，x1×x2，$x2^2$），常用于线性模型中达到非线性的效果。如图 3－14 所示，在拟合中加入非线性项的拟合效果更好，但要注意多项式的阶数，以防出现过拟合。

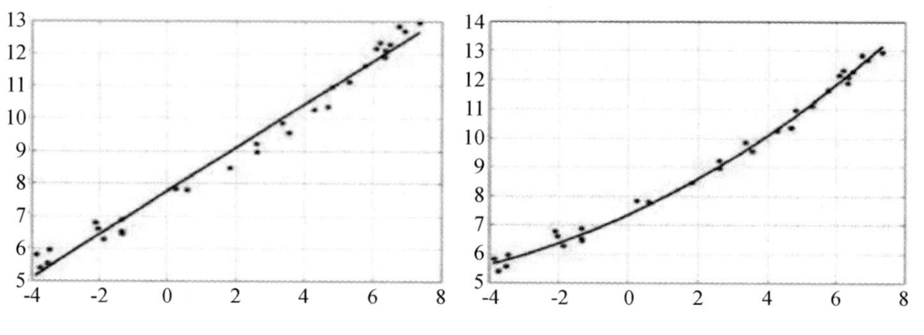

图 3－14　多项式变换前后的拟合结果

决策树算法衍生特征，在决策树的系列算法中，每个样本都会落入一个叶子结点上，将叶子结点作为新的特征用于训练模型，该方法源于 Facebook 于 2014 年提出的应用于广告推荐算法的 GBDT＋LR 模型。树模型本身并不能产生特征，但可以利用其算法的特性产生特征组合。决策树算法在一定程度上弥补了人工组合特征费时费力的缺陷。

正如吴军在《数学之美》中提到的“一个正确的数学模型应当在形式上是简单的”，构造特征的方法有很多，筛选出对于目标变量有更好解释的特征很重要。通常选择特征有三个目标：①提高预测的准确性；②构造更快、消耗更低的预测模型；③模型可以被更好地理解和解释。

选择特征常用的三种方法分别是过滤法、包装法和嵌入法。过滤法是按照发散性或者相关性对各个特征进行评分，设定阈值，选择特征。包装法是根据目标函数（通常是预测效果评分）每次选择若干特征，或者排除若干特征。嵌入法是先使用某些机器学习的算法和模型进行训练，得到各个特征的权值系数，根据系数从大到小选择特征。

在过滤法中，采用 IV 值某一个变量的信息量。IV 值是衡量一个二元变量 y 和一个名义变量 x 之间的关联性指标。一个变量的 IV 值等于该变量分箱下的各个信息值的累加。

$$IV = \sum_{i} (Bad\_Distr_i - Good\_Distr_i) \ln\left(\frac{Bad\_Distr_i}{Good\_Distr_i}\right)$$

IV 值的大小对应不同的预测能力，其取值范围对应的预测能力如表 3－8 所示。在实际应用中，对于 IV 值很小如 IV＜0.02，可以删除；对于强变量如 IV＞0.3 或者 0.5，需要以一种怀疑的态度对待和处理。

表 3－8　　IV 值的数值的取值范围对应的预测能力

IV 值取值范围	预测能力
＜0.02	没有预测性，不可用
(0.02，0.1]	弱预测性
(0.1，0.2]	有一定的预测性
＞0.2	高预测性

包装法是根据目标函数（如预测效果的评分），每次选择或排除若干特征。如逐步回归算法，将变量一个一个引入，每引入一个变量时，要对已选入的变量进行逐个检验。当原引入的变量由于后面变量的引入而变得不再显著时，将其剔除。这个过程反复进行，直到既无显著的变量选入方程，也无不显著自变量从回归方程中剔除为止。逐步回归选择特征在传统风控建模中使用广泛，但在数据维度很大的时候使用较为复杂，时间成本高。

嵌入法是特征选择嵌入模型训练过程中，如在模型中添加正则项选择特征。L1 正则方法具有稀疏解的特性，因此其天然具备特征选择的特性，但是要注意，L1 正则方法没有选到的特征不代表不重要，原因是两个具有高相关性的特征可能只保留了一个，如果需要确定哪个特征重要，应再通过 L2 正则方法交叉检验，若一个特征在 L1 正则方法中的权值为 1，则选择与在 L2 正则方法中权值差别不大且在 L1 正则方法中权值为 0 的特征构成同类集合。树模型的学习算法采用启发式方法，以信息增益、信息增益比、基尼指数等指标作为选择特征的准则，递归地选择最优特征。RF、GBDT 和 XGBoost 等算法均可输出特征重要性得分，在实际应用中，通常边调整模型边选择特征，不断缩小特征集合提升模型训练效果。

在实践中，我们总是尝试通过更多的特征数据提高模型的准确率，通过人工神经网络（ANN）方式尝试增加 GBDT 模型特征，以取得更好的决策效果，具体实现方案如图 3－15 所示。

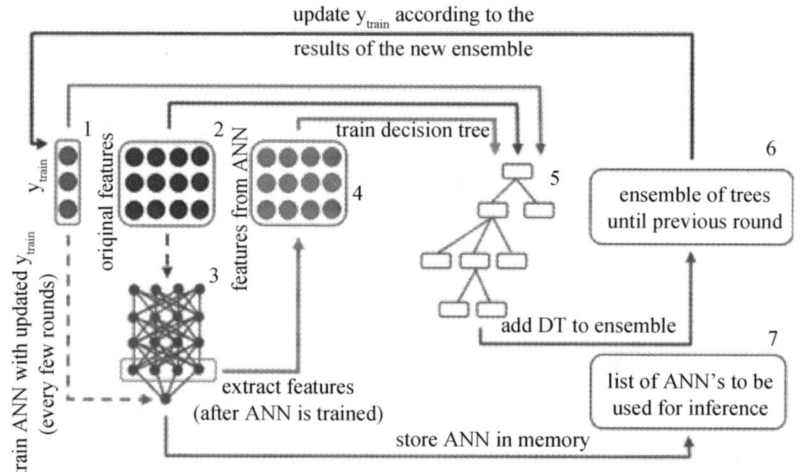

图 3－15 特征增广的实现方案

特征增广的实现步骤如下：

- 将原始特征作为神经网络特征输入。
- 选择一个隐藏层以从中提取要素（通常是最后一个隐藏层之一）。
- 从训练完成的 ANN 分割出“部分”神经网络，在该神经网络中，将隐藏层之后的输出进行保存。
- 从上一步中保存的输出中提取新样本的特征，利用 ANN 的预测方法，确定特征有效性。

按上一述步骤，如果完整的 ANN 实现了良好的预测性能，则表明给定任务的相关信息至少在某种程度上对模型起到了预测作用。这意味着，与使用原始特征表示的训练相比，使用嵌入特征作为输入的模型的训练能够促进后续模型的训练。

第四章　智能金融服务

第一节　智能风控

一、智能风控简介

风险管理是金融业尤其是银行业可持续发展的根本。银行风险管理的目的是保持资产质量稳定，将风险始终控制在合理水平。传统的风控模型和风控体系需要非常有经验的金融从业人士进行把控。银行风控模型的出发点主要是衡量借款方的还款能力，一方面，需要调查量化的数据如公司的年度审计财务报告、银行流水、缴税金额等，这些数据放在已设定好的模型里就能计算出分数或等级，相对比较客观；另一方面，公司所在行业的地位、公司的管理人员在行业中的经验，这些相对主观的因素也会影响公司的风险，这些主观因素都需要人工进行调查，人在传统风控体系中起到了很大的作用。

人的计算能力有限，而且对复杂的征信环境缺乏整体的把控能力。在人工审核过程中，很容易出现样本偏差的问题。人的决策也容易受到主观经历和个人认知水平的限制，可能会存在一些不足之处，也很难标准化。传统金融机构能掌握的客户信息有限，主要来自客户填报的资料和借贷历史，对用户的兴趣爱好、消费倾向和行为等均一无所知，无法与业务数据形成联动。随着互联网的兴起，传统的线下、物理网点的经营模式逐渐被线上的手机银行、网络银行取代。在大数据、云计算、人工智能等新科技的推动以及互联网金融的冲击下，传统金融业风控转型已成为不可逆转的趋势。

早在 20 世纪 90 年代，美国第一资本、发现金融等金融科技企业就开始介入银行风险管理领域，其很大程度上依赖于先进的征信与信息系统。相比传统风控模式下的人工审核，这些企业开始基于信息化系统进行一定程度的自动化评估，可以认为是智能风控的早期雏形。由于金融信息化系统的成熟，很多统计模型和机器学习方法在金融领域都率先用于风控，尤其是银行业，在信贷风险管理、交易反欺诈、风险定价和关联关系监控的应用中都会大量使用分析模型进行风控。随着技术手段的丰富、数据获取的逐渐便利，商业银行可以通过外部数据合作的方式获取、存储、加工不同维度的数据。虽然当时“智能风控”这个词还没流行，但这些工作和现在的“智能风控”其实没有本质的不同。

让“智能风控”这个词热门起来的原因在于互联网金融的兴起，很多企业基于线上开展业务，包括营销获客、客户识别、欺诈排查、授信评估、贷后管理等业务过程都可以在线上实现，而金融产品的形态与客户的层级都因这个新的交互体系发生了变化。传统的风控手段无法应对全新的互联网业务形态，于是金融科技公司开始基于人工智能、大数据、云计算建立智能风控体系。在互联网金融的不断推进过程中，智能风控的相关科技得到了初步的积累和验证。电子商务和互联网金融的不断发展，带动了金融业与互联网的结合。相比于新金融平台，传统线下经营模式的成本不断升高，客户体验落后，促使传统金融机构采取新兴的金融科技手段提高竞争力和经营效率，加速了金融业的转型。

在互联网金融的快速发展下，P2P、消费金融等互联网金融应用覆盖了以前银行难以服务的群体。尤其是个人金融信贷业务范围逐步扩展至新场景、新客群，而新场景和新客群缺乏足够的信用证明和风险识别模式。在互联网金融发展过程中，其风控也面临很多“痛点”。第一，群体欺诈较多，存在很多有组织、有预谋、大规模的攻击；第二，数据掌控难，有效征信数据较少，非结构化数据多；第三，风险较高，客群下沉，欺诈成本低；第四，业务量巨大，人工无法大规模审批，造成成本居高不下。因此，面对互联网金融发展过程中的“痛点”，利用大数据、人工智能技术对用户各类数据进行分析和风险防控成为互联网金融新的方向。

近年来，中国金融科技企业通过算法的改进升级和大数据的积累应用，利用技术手段推动了中国传统金融行业实现了跨越式发展，进入智能化时代。在智能风控的应用中，工作内容主要是利用大数据、云计算、人工智能等技术构建线上的金融风控体系，通过海量运算与交叉验证提升模型精度，最终应用到反欺诈、客户识别、贷前审批、授信定价及 贷后监控等金融业务流程，从而提高银行业的风控能力。智能风控为银行业金融风控提供了一种基于线上业务的新型风控模式，即贯穿反欺诈与客户识别认证、授信审批与定价分析、贷后管理与逾期催收等业务全流程的风控模式。

随着大数据技术的应用普及和互联网的发展，现在可以搜集到的数据维度越来越多。此外，还可以利用一些第三方的行业数据，如用户的互联网浏览数据、网络舆情数据、司法执行数据、第三方信用数据、出行数据、电商平台交易数据、电话通信数据和社交数据等。有了多维度的大数据，人工智能和机器学习就有了用武之地。面对高维特征问题，基于深度学习的特征生成框架也已经成功运用于大型风控场景，对时序、文本、影像等互联网行为、运营商非结构化数据实现了深层特征加工、提取。在互联网领域发展出来的网络广告、搜索、推荐等机器学习技术也可以根据金融场景的需要进行移植。

目前，我国人工智能和机器学习在金融风控领域的应用已经非常成熟，互联网经济的极度活跃和移动互联网的大规模应用使很多渠道都积累了大量的用户行为数据，这就带来了一个新问题，即在数据收集和使用的过程中可能会面临着合法使用的问题。如何高效、适度地开发和使用大数据，不仅仅是一个技术问题，也是一个社会问题，这些泄露的数据大量流入数据“黑市”，造成了用户安全、企业安全甚至国家安全方面的连锁反应。数据的收集和使用在很多时候都没有征得数据生产主体的同意，这导致了数据的滥用和隐私的泄露。近年来，个人数据泄露事件频频发生，因个人数据泄露而造成损失的新闻屡见报端，这是阻碍智能风控持续发展的关键问题。

数据泄露的问题不仅存在于中国，也是一个全球性问题，欧盟出台的《通用数据保护条例》（GDPR）强调了对个人隐私的保护，同时也提出要促进数据的流通。2019 年，我国密集出台了《数据安全管理办法（征求意见稿）》《App 违法违规收集使用个人信息行为认定方法（征求意见稿）》《个人信息安全规范（征求意见稿）》《信息安全技术、移动互联网应用（App）收集个人信息基本规范（草案）》等监管方案。用户隐私泄露的问题，不仅发生在智能风控大数据领域，甚至还会蔓延到整个互联网行业。同年，中国人民银行发布的《金融科技（FinTech）发展规划（2019—2021 年）》（银发〔2019〕209 号）明确提出，在切实保障个人隐私、商业秘密与敏感数据的前提下，强化金融与司法、社保、工商、税务、海关、电力、电信等行业的数据资源融合应用，实现数据资源有机整合与深度利用。在兼顾隐私保护和更大化利用大数据的方针指导下，智能风控的未来更值得期待。

二、智能风控的大数据技术

信用风险是目前互联网金融行业面临的最主要的风险，也是智能风控的核心技术重点关注的领域。在如何应对信用风险方面，以商业银行为代表的传统金融行业，大多首选采用信用评分卡模型。评分卡模型是指利用大量的历史数据，刻画出消费者的信用、收入水平和支付能力等指标，再把各个指标分成若干个档次，标注各个档次相应的得分，然后计算每个指标的权重，最后算出贷款申请者的信用评分。目前，工业界与学术界对信用评分模型的研究已经有多年的历史，积累了大量的研究成果。

最早的信用评分模型可以追溯到1956年Fari Isaac公司的商业化信用评分系统——FICO评分系统。1963年，梅耶斯在论文中采用判别分析和回归分析的方法，利用消费者零售信用申请表中的数据对信用风险进行了预测。此后，关于信用评分模型的一般方法体系建立起来了，将借款人的违约情况用0和1表示，再利用已有数据建立模型对借款人违约概率进行预测，这就是Logistic回归模型。由于自变量之间的关系是线性的，因此可以很容易地转化成各指标的权重，从而把违约概率用影响因素的加权得分表示出来，这就构成了评分卡模型。

从科学的角度来看，基于Logistic回归等方法构建信用风险模型和今天的大数据分析的思路是一致的，都是通过大量的历史记录将违约的情况标记出来，然后寻找相关因素后建立模型。如果基于完全数据化驱动的方式建立Logistic回归模型，那么随着历史记录的更新需要实时地更新模型，每个模型的参数就有可能发生变化。虽然理论上更贴合数据的现实，但在早期技术工具不发达的时期操作起来比较麻烦，另外也不容易标准化。因此，主流的信用评分模型融合了数据驱动和专家规则的思路，通常会基于一个Logistic回归模型得到一套初始的指标体系，然后基于专家经验对指标进行增删和权重调整，确保权重符合常识的同时兼顾可解释性，一旦指标体系确定下来，就可以形成标准，不会频繁变更。

久而久之，信用评分的指标体系确定后形成了信用评分卡，这个评分卡可以视为一种规则模型，每次使用的时候基于这套评分卡进行打分即可，使用者不再关心是否需要更新或者修改这套规则。在传统的风控管理中，基于规则的方式占据主流。智能风控时代可以获取的数据维度激增，用户的个性化特征也成了需要特别关注的问题。基于传统的“千人一面”的规则评分表开始显示出局限性，因此很多机器学习方法开始应用到风险预测中。下面我们介绍几种常用的预测模型，在机器学习中都可以算作是分类模型，需要基于历史数据以及是否违约的标签进行训练，使用灵敏度、特异性等指标衡量模型的准确率。

决策树是一种常用的分类模型，假设想评估一些汽车的风险程度，分别为“Much better”“Better”“Average”“Worse”和“Much worse”5 个等级，在数据中需要关注车型（Type）、里程（Mileage）、购买价格（Price）等 3 个因素。我们可以让汽车估损师对所有的汽车样本进行评估，得到每辆车的不同风险等级，然后把车型、里程、购买价格当作自变量，建立决策树模型，结果如图 4 - 1 所示。

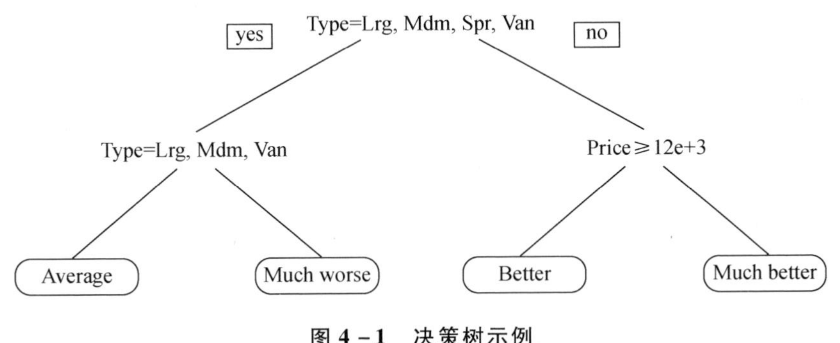

图 4 - 1 决策树示例

根据结果我们可以得到一棵决策树，这棵树存在很多分支的节点，每个节点都是一个逻辑判断，如果为真（Yes）则朝左走，为假（No）则朝右走。如，一辆运动型轿车（Spr）售价为 8 万美元（大于节点中的 12 000 美元），那么其风险等级为“Better”。构建决策树的算法中最关键的步骤是选择最优的划分属性，常用的方法有信息增益、增益率、基尼指数等。CART 是最常用的决策树模型之一，其使用基尼指数选择划分属性。基于信息增益准则的 ID3 算法，也是非常常用的。

如果不依赖任何数据，我们也有办法构建一棵类似的规则树，如完全根据已有的经验或者固有的知识制定规则和逻辑上的分支，这样的树也能用来分类，但这样得到的树并不是决策树。事实上，在早期的人工智能领域，有一类专家系统就是这个思路，由人类专家制定规则并通过算法构造复杂的树，帮助人们进行决策，这个思路本质上和直接使用评分卡模型是一样的，都是直接使用规则，与 Logistic 回归、决策树等数据驱动模型是不同的。决策树建立的关键是基于训练集的数据，学习历史数据中的标签使用某种划分属性的方法，递归地建立树模型，树的建立完全依赖于数据，这也是机器学习的特点所在。

决策树的算法性能好且非常简单，在业界有着非常广泛的应用，但是也存在一些缺点，如学习过程不稳定、容易受随机误差影响、训练数据的一点点误差都有可能构造出完全不同的决策树。如果需要对一个问题进行决策时，想要结果更稳定，一种有效的方法是投票，采用少数服从多数的原则进行判断。机器学习方法也借鉴了这个思路，把多个模型整合起来构成一个混合模型，这种方法称为集成学习，随机森林就是集成学习的典型代表。随机森林是一个包含多个决策树的分类器，其输出的类别由个别树输出的类别的众数而定。在实际的操作中，对 N 个样本有放回地随机抽取 n 个、对 M 个特征因素随机采样 m 个特征子集，对每一种情况都建立一个决策树模型，最后分类时综合多个决策树进行投票，以票数多的结果为准，这就形成了随机森林模型。

此外，还有很多流行的机器学习方法也是采用集成学习的思路，在金融风控的实践领域中使用非常广。如，通过有放回抽样构造很多新的数据集，然后研究所有统计量的规律，这就是 Bootstrapping 方法。如果从 N 个样本中简单随机抽取 n 个样本，采用全部特征建模，然后投票预测，就是 Bagging 模型。如果在每轮投票之前，都根据上一轮的结果进行调整，就是 Boosting 模型。在 Boosting 模型中，如果初始状态下对于所有样例赋予相同权重，然后对每一轮预测失败的样例赋予更大的权重，就是 AdaBoost 模型。如果每一次建立模型是在之前建立模型损失函数的梯度下降方向，则有一个非常常用的模型就是 XGDoost。这些模型都是非常经典的金融风控模型。

在信用风险预测中，最简单的评估方式是准确率，如对于 100 个样本，我们预测对了 90 个，那么准确率就是 90% 。但这种简单的方式应用在信用风险领域将存在问题，如一个信用卡审核模型，如果把“好人”预测成“坏人”或者把“坏人”预测成“好人”都视为预测错误，但两种错误的代价是不同的。把“好人”预测成“坏人”，拒绝了该用户的申请，损失的可能只是年费，但是把“坏人”预测成“好人”之后，结果可能是违约。因此实际的工作中会综合使用灵敏度和特异性衡量，灵敏度是重点关注的样本（如“坏人”）被正确分类的比例，特异性是非重点关注样本被正确分类的比例。二者的权衡是业务问题而非模型问题，这是整个智能风控领域都值得关注的方面，即使再好的模型和算法，也要与实际的业务相匹配。

三、智能风控的应用案例

（一）中国银行艾达大数据风控平台

随着互联网的兴起，越来越多的资金从实体经济转向虚拟经济，风险蔓延速度迅猛，并呈现跨渠道、跨地域、跨产品传播，而银行对资金流向的监控手段却非常有限。在新的经济环境下，被动的风险防控方式已经难以满足客户高效性和多样性的需求。针对这样的局面，中国银行推出了艾达大数据智能风控平台，面向中国银行全行前、中、后台业务人员，包括客户经理、风险经理、审计经理和管理层。通过对结构化和非结构化数据的整合，运用大数据、人工智能等新技术重塑业务流程与风险管理模式，不断挖掘数据价值，将大数据应用作为提升风险管理能力的关键工具和重要途径，这也是中国银行首次尝试用大数据建模进行风控管理。

艾达大数据智能风控平台通过对接不同的数据渠道，全面采集了企业工商信息、涉诉信息、判决信息、欠税信息、失信被执行信息、对外投资信息、行政处罚信息、知识产权信息和互联网舆情等海量外部信息。运用人工智能语义分析技术、数据挖掘技术、云计算技术、数据可视化技术，充分挖掘数据的内在价值，为各条业务线提供信息服务支撑。平台采集互联网海量非结构化数据后进行深度挖掘，并对企业客户进行画像，绘制出企业股权结构、投资关系、担保关系、管理结构等图谱，挖掘关联风险。此外，平台可以对流式数据进行实时处理，及时快速地提供客户的经营信息和风险状况信息，其是对现有信贷模式的加强和补充。

艾达大数据智能风控平台解决了空间和信息不对称的限制，形成了主动、动态风险监控模式。通过自动的舆情分析实现了全流程、全维度、全渠道智能监控预警，提高了监控效率和质量，有效地释放了人员产能。平台打通了数据孤岛，挖掘并提升了银行内存量数据的价值，提升了企业运营效率。特别是对于突发事件、隐藏风险知晓的及时性，可以有效地规避损失。企业实时预警监控，可以降低授信风险、挽回资金损失。从艾达系统上线以来，触发风险预警标签高达数百万个，由之前的成本中心开始向利润中心转变，对于提升全行大数据应用能力、打造数据生态圈做出了重要的贡献。

（二）银联商务银杏大数据服务平台

对于大多数中小微企业来说，其在中国人民银行征信中心没有征信记录，使金融机构缺乏真实可靠的数据对其进行评估并授信放款。为了能够帮助这部分中小微企业享受到普惠金融服务，需要依托外部数据源建立模型进行授信评估，同时通过系统对接的方式实现在线评估和放款，帮助金融机构降低成本和控制风险。银联商务针对这个需求推出了银杏大数据服务平台，其自有数据包括了银联商务自有业务合法采集和积累的700多万商户和百亿级的消费数据，以及各类融资理财数据。外部数据包括工商、法院、失信被执行、税务、互联网媒体等合法公开或用户主动授权的信息。在这些大数据的基础上，为中小微企业提供无抵押、无担保的普惠金融服务。

银杏大数据服务平台在公司统一规则的架构框架下，结合实际业务需求，同时充分考虑到数据隐私安全的保障，搭建了专门面向普惠金融业务的大数据服务平台。该平台包含数据采集、治理、整合、建模和对外输出等主要功能；实现了内外部数据采集和整合，通过合适的清洗手段保障数据的真实、准确和可用；实现了基于各类大数据算法的数据建模；结合实际业务场景进一步升级为信用建模，实现了标准化的产品输出服务，包括页面端查询服务和接口输出服务。该平台建立了一套“银杏分”的评分体系，通过大数据建模直接反映企业综合状况的评分可以作为金融机构产品贷前授信、贷中评估和贷后监控的参考依据。平台会将企业的综合情况以多维度指标的形式通过报告进行展示，针对缺少专业建模团队和技术对接能力的合作机构，银杏数据报告可以通过网站查询的模式直接输出给业务人员，并作为业务人员在实际业务流程中进行审核的重要参考依据。

银杏系列产品已面向银联商务体系内互联网金融平台、商业保理公司、银行、消费金融、小额贷款公司等上百家机构输出服务。该产品可以激发金融机构的产品创新能力，拓宽普惠金融覆盖面。基于大数据的无抵押担保，大幅延展了金融产品研发的想象空间，并且使以往享受不到或者享受不起的中小微企业能够切实地享受大数据普惠金融服务。

（三）百度磐石系统

百度金融致力于成为一家金融科技公司，利用人工智能、大数据风控等技术优势，夯实金融服务业务、搭建金融服务平台、输出金融科技、驱动金融科技进入智能时代。在这样的目标下，百度金融以人工智能、大数据、云计算为代表的科技能力为基础搭建了金融科技产品——磐石系统，旨在为银行、互联网金融机构等提供身份识别、反欺诈、信息核验、信用分等系列能力及一体化解决方案。磐石系统依托百度实时、海量、高维的数据，以及日搜索量过百亿次的搜索行为，再加上百度贴吧、文库、知道等平台的大量数据，通过深度学习技术，在分布式集群上进行同步的实时并行集成运算，可实时或准实时地产出所有相关核心产品。

磐石系统的合作机构主要是银行、持牌消费金融机构、持牌小贷公司、保险公司以及互联网金融公司，解决客户面临的身份伪冒、欺诈风险、虚假材料、信用风险、团伙作案等行业“痛点”问题。关于身份伪冒，磐石系统基于活体识别和 OCR 技术，秒级确认用户身份是否真实有效，显著提升了机构识别效率。关于欺诈风险，磐石系统通过大数据风控模型产品风险名单、多头防控分、关联黑产分的排查及洞察高危行为，为机构降低欺诈风险。关于虚假资料，磐石系统依托信息核验产品（如地理位置信息核验等），可以识别申请用户资料造假。关于信用风险，磐石系统打造了磐石信用分体系，可以解决国内信贷申请用户征信数据维度不足、信用“白户”等问题，具有用户覆盖率高、模型区分度强等特点。关于团伙作案，磐石系统依托图关联技术，结合百度各场景海量数据，构建了福尔摩斯图关联系统网络，可以帮助金融机构有效识别隐藏在网络中的黑产信息。

磐石系统整合了百度实时、多维、海量的沉淀数据，使用图关联算法，形成了具备 170 亿顶点、680 多亿边的实体关联大网，提供实时、交互式和离线多种方式的应用，并基于关联网络构建反欺诈能力，服务于信贷风控、案件反查、催收、资保等多种场景，有效地提高了机构的运营能力及风控能力。

第二节　智能客服

一、智能客服简介

智能客服也称智能客服机器人，基于人机对话技术提供客户服务，近年来在很多领域开始取代传统的人工客服，并呈现出快速增长的势头。传统的客户服务中心以电话呼叫中心为主，随着技术的变革，很多大型服务企业不断寻求更为经济高效的电子渠道，如网上在线客服、短信、即时通信工具、智能手机应用等。在大数据时代，基于知识库建设并通过文本或语音等方式交互的智能客服机器人逐渐发展成熟，可以有效地和多渠道的客户服务中心整合，在大幅缩减客服成本的同时能够有效减少人工成本、增强用户体验，从而提升服务的质量和企业创新的品牌形象，因此越来越受到广泛欢迎。

客户服务的概念最早可以追溯到1956年，美国泛美航空公司推出客服中心，帮助客户预订机票。此后AT&T公司推出首个用于电话营销的外呼中心，通过电话进行客服、营销以及其他商业活动。20世纪90年代末，以呼叫中心为主的客服系统进入中国，当时互联网还未普及，客服主要以电话沟通为主。21世纪初，随着计算机技术、计算机电话集成术、网络技术、多媒体机技术以及企业信息化应用发展，客服系统摆脱了单一的电话沟通形式，出现了网页在线客服等多种客服渠道。

当在线客服成为主流之后，智能客服机器人的概念很快就兴起了，虽然早期的客服机器人的智能化程度并不高，在应用中更多的是对人工客服进行辅助，但还是出现了快速增长的势头，并逐步开始在电信运营商、金融服务等行业形成产业规模。中国移动、中国电信等公司2010年开始陆续出台了关于在线客服智能机器人的相关技术和业务规范。2012年是智能客服机器人的理念开始普及和商业应用迅速发展的一年，从用户规模上看，智能客服机器人服务覆盖的国内用户总数已经超过2亿；从应用领域看，智能机器人已经在电信运营商、金融服务、电子政务、电子商务、各类智能终端及个人互联网信息服务等诸多领域提供了自动客服、智能营销、内容导航、智能语音控制、娱乐聊天等多种类型的服务。

2013年之后，微信平台上的智能客服机器人发展突飞猛进，随着移动互联网、云计算、大数据、人工智能等技术相结合演化出更多的形态。其中，最典型的变化是云计算服务模式的变化。传统的智能客服类似于企业信息系统，通过本地软件的方式安装部署，因此一些早期的智能客服提供商本身也是传统的呼叫中心、客服软件厂商。云计算服务的大规模应用又将传统呼叫中心和客服软件带入了SaaS和智能化时代，一方面全新的SaaS模式使企业搭建客服中心的成本大大降低，产品功能更加丰富，应用场景也从客服延伸到了销售、营销等多个环节；另一方面客服机器人通过辅助人工，以及回答简单重复性问题，大大提高了人工客服的工作效率。同时，人工智能也在各环节上变革着企业客服的交互方式，加速线上线下客服的智能化升级。

在互联网和移动互联网的发展过程中，金融机构的客户越来越倾向于通过移动端获取金融服务，这对传统的金融客服系统也提出了挑战。同时，金融产品越来越复杂，用户的需求也越来越强调多样化、个性化和实时性，这些都需要对传统的客服模式进行改变。目前，金融行业售前服务仍以电话销售为主，对呼叫中心产品的效率提升、服务质量把控以及数据安全要求较高。售后则主要以用户咨询、回访为主，对客服机器人的准确性以及外呼产品的易用性等要求较高。一些互联网金融企业主要是采用 SaaS 模式，成本低而且部署容易。银行、证券、保险行业的大企业对安全性的要求比较高，因此在客服系统和智能客服机器人方面倾向于本地部署，可能采用供应商定制化开发的模式，或直接购买传统金融 IT 服务企业提供的智能客服服务。

智能客服技术在金融领域的应用已经很成熟了，其并不是简单地代替传统的人工客服，而是对传统金融机构内部接收信息、传递信息、分析信息、反馈信息整个链条的彻底颠覆。智能客服的背后是以自然语言处理、语音识别、数据挖掘、知识图谱等新技术为支撑的全面的金融业务体系。一般情况下，智能客服可以为金融机构客户提供基本的咨询服务，通过智能客服背后的知识库搜索客户提问的关键词，并找出相对应的答案。此外，还可以为客户提供业务办理服务，这就需要智能客服能够和金融机构相关业务形成紧密的配合。除了实时的交互以外，智能客服系统还可以采集并记录信息，基于大数据技术进行深入的分析和挖掘，帮助金融机构积累客户反馈信息，为金融机构优化服务、创新金融产品提供决策依据。

智能客服系统的技术构成包含多个方面，首先需要一个人工客服日常积累的问题库，建立一个高质量、高扩展性的语料库，然后在此基础上通过各种渠道获取尽可能多的金融机构业务知识。语料库是智能客服机器人寻找答案的来源，其覆盖面越广意味着智能客服系统可以覆盖的知识领域越多。由于用户所提的问题都是在开放的对话环境中进行，通常都是非标准化的，同样一个问题可能每个用户的描述方式不同，因此须将各种形式的问题标准化，才能与知识库中的标准问题和答案进行精准匹配，目前主要利用机器学习中的分类模型对开放性问题进行标签化，从而实现标准化。此外，在大型语料库中快速而高效地匹配正确的答案也是对计算性能的巨大考验，这需要在云平台以及大数据分析上具有深厚的积累。

早期的客服机器人主要靠检索技术，通过关键词匹配到问题，然后检索出候选答案，并可以直接提供给用户，也可以提供给人工客服作为辅助。在检索的基础上使用模板技术，可以实现多次匹配和模糊查询。随着搜索技术的进一步使用，基于搜索算法对答案和问题的相关性进行评估并排序，可以体现其智能化。不过从查询到搜索，本质上还是规则匹配，还没有涉及对语义的理解。在大数据和人工智能时代里，智能客服机器人结合自然语言处理的和深度学习技术，可以实现真正的智能化。尤其是深度学习等人工智能技术在语音识别领域取得了突破性进展之后，智能客服摆脱了过去文字问答的束缚，可以直接进化到语音机器人的阶段，通过实时而精准的语音识别技术将客户的问题转化成文字，从而迅速得到答案，并将答案通过语音合成技术反馈给用户，从而真正地实现了类似于人工客服的体验。

目前看来，智能机器人的商用领域主要集中在大中型服务性企业，小型企业使用相对较少。主要原因在于小型企业的信息系统发展相对滞后，人力成本也比较低廉，企业采用智能客服机器人系统的原始动力不足。但经过国内一些智能客服机器人厂商在商业上的不断拓展以及智能机器人市场自身的成长，已经有越来越多的中小企业开始选择智能客服了。尤其是金融领域企业，资金相对充裕，也愿意尝试新技术。随着相关技术的发展和智能交互服务理念的全面提升，智能客服机器人相关产品及服务平台的标准化程度越来越高，为数众多的中小企业或也将越来越多地通过智能客服机器人提升自身的服务品质和质量。

二、智能客服的大数据技术

智能客服的基础技术来自自然语言处理，与之相关的概念是“文本挖掘”。一般来说，自然语言处理是以计算机为工具对人类特有的书面形式和口头形式的自然语言的信息进行各种类型处理和加工的技术，是人工智能和语言学领域的交叉学科，即要让电脑懂人类的语言。文本挖掘是从文本中获取高质量信息的过程，通常指的是一整套分析和挖掘的流程，其中主要使用自然语言处理的方法进行分析。

自然语言处理的历史可以追溯到 1913 年，马尔可夫统计了普希金的长诗《欧根·奥涅金》中元音辅音出现的频率，提出了马尔可夫随机过程理论。1948 年，香农把离散马尔可夫过程的概率模型应用于描述语言的自动机。1956 年，乔姆斯基建立了自然语言的有限状态模型，用公理化方法研究自然语言，创立了“形式语言理论”，并自称为“笛卡尔语言学”，试图用有限规则描述无限的语言现象。20 世纪 60 到 80 年代，这种基于规则、演绎法的理性主义方法流行起来。20 世纪 60 年代统计学方法在语音识别中取得了成功，基于归纳和数据驱动的方法逐渐成为主流。到如今的大数据时代，各种统计和机器学习方法层出不穷，这些方法也称为统计自然语言处理。

常见的自然语言处理方法为：句法结构分析，又称为成分结构分析或者短语结构分析，通过判断输入句子的构成是否合乎给定的语法，分析出合乎语法的句子的句法结构；文本分类，根据一个已经被标注的训练文本集合，找到文本特征和文本类别之间的关系模型，然后利用这种学习得到的关系模型对新的文本类别进行判断；文本聚类，将文本对象的集合分组为由类似文本组成的多个类的过程；信息检索，从海量的信息资源中找出满足用户信息需求的信息子集；信息抽取，从一段文本中抽取指定的事件、事实等信息，形成结构化的数据。

在自然语言处理的基础上，可以将非结构化的文本数据转化成结构化的知识库，一种常用的技术是知识图谱。知识图谱又称为科学知识图谱，在图书情报界称为知识域可视化或知识领域映射地图，是显示知识发展进程与结构关系的一系列各种不同的图形，用可视化技术描述知识资源及其载体，挖掘、分析、构建、绘制和显示知识及它们之间的相互联系。知识图谱将图形学、应用数学、信息可视化技术、信息科学等学科的理论和方法与计量学引文分析、共现分析等方法结合，并利用可视化的图谱形象地展示学科的核心结构、发展历史、前沿领域以及整体知识架构达到多学科融合目的的现代理论。业界里知识图谱的大规模应用始于谷歌公司 2012 年 5 月提出的应用知识图谱增强搜索结果的概念，其初衷是研究文本中各种实体之间的关系，从而得到一个高效的数据结构，更好地支持关系的检索。

在这些基础方法之上，可以搭建一套人机对话系统，这是智能客服的核心技术框架。人机对话系统主要包括语音识别模块、语言解析器、问题求解模块、语言生成器、对话管理模块、语音合成器，图 4－2 展示了人机对话系统的基本架构。

语音识别模块实现用户输入语音到文字的识别转换，识别结果一般以得分最高的前几个句子形式输出。语言解析模块对语音识别结果进行分析，获得给定输入的内部表示。语言生成模块根据解析模块得到的内部表示，在对话管理机制的作用下生成自然语言句子。语音合成模块将生成模块生成的句子转换成语音输出。问题求解模块依据语言解析器的分析结果进行问题的推理或查询，求解用户问题的答案。对话管理模块是系统的核心，一个理想的对话管理器应该能够基于对话历史调度人机交互机制，辅助语言解析器对语音识别结果进行正确的理解，为问题求解提供帮助，并指导语言的生成过程。

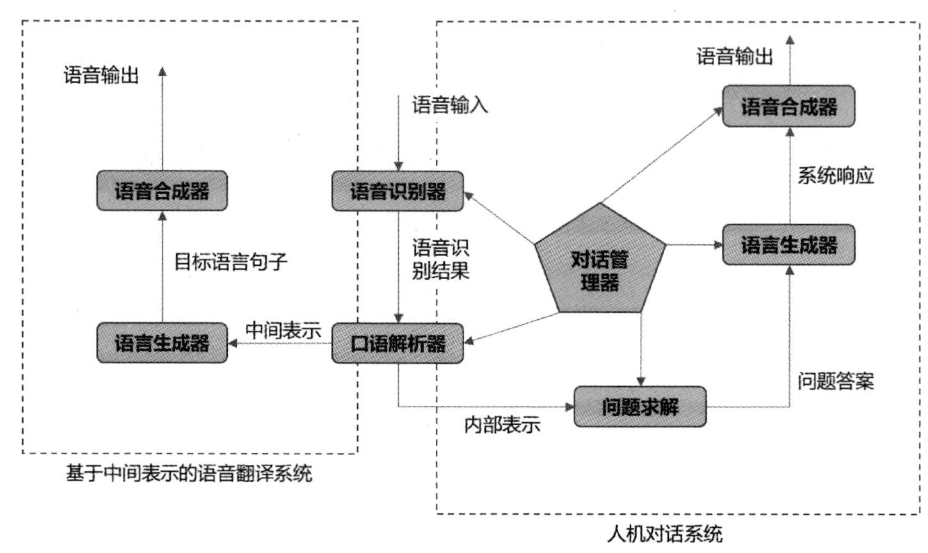

图 4-2　人机对话系统

对话管理的核心在于问答算法，其中涉及信息检索、问答算法等关键技术。对一个问答系统来说，需先对输入问题进行预处理，一般包括中文分词、过滤停止词以及同义词扩展等操作，好的预处理方法会使问题过滤掉冗余、无用的信息的同时不失去其他有用的部分。预处理的过程可以把用自然语言表达的问题转化为问答系统可以理解的输入，接着使用信息检索相关算法从构建好的知识库中检索出与问题相关的答案或文档集合。最后在返回的结果集合中进一步抽取出最直接与问题相关的答案，常见的方法是对相关答案与问题进行相关度计算并排序，最终返回排名靠前的答案。

问答系统的输入一般为一个问题或查询，输出的答案则常为语句或文档。无论答案有多长，或者问题有多短，它们都属于文本的范畴。因此，由判断答案与问题是否相关最终转化为判断两段文本是否相关，文本相关度计算占据了答案排序技术的主要方面。传统的文本相关度的计算使用规则匹配的方法，如今基于自然语言处理的文档相关匹配模型是主流的方法。文档相关匹配模型是指系统按用户要求与查询文档之间的相关度返回查询结果，接着将查询字段和候选文档都表示成向量的形式，然后计算相似度，此模型称为向量空间模型。常用的相似度计量方法包括点积法、余弦法、Dice方法、Jaccard方法等。

如果存在历史的人工问答记录（也可以基于录音资料进行语音转文本的操作），其还可以用来训练机器学习模型，可以将答案进行人工分类，每一类代表一个标签，把历史的问答记录转化成分类问题，从而使用机器学习中的分类训练模型，如之前介绍的决策树、随机森林等。当新的问题出现时，通过文本数据的预处理，可以将其转化成结构化的矩阵数据，然后调用分类模型可以得到各个答案类别的概率。此时，关键的问题就转化为如何对答案进行排序。如果仅靠各类别的概率排序，考虑的因素过于单一，往往会造成排序效果不佳，使客服机器人整体性能下降。通常可以使用基于排序学习的答案排序方法进行针对性处理，确保能筛选出最合适的答案，从而实现一个完整的问答过程。

三、智能客服的应用案例

（一）工商银行“工小智”

2016年开始，工商银行推出智能客服“工小智”，成为工商银行提供对外服务、加强客户联系的又一重要渠道。无论客户想查询网点信息还是咨询银行业务，只要通过微信公众号“中国工商银行电子银行”、融e联、融e行等工商银行App找到“工小智”，按照个人习惯提问，即可秒速获取答案。

“工小智”上线以来，累计服务量超过4亿笔，识别率达到98%，有95%的文字渠道（微信、微博、短信等）的咨询服务由“工小智”完成。工商银行根据对客户偏好进行的深入研究，为“工小智”制定了“智、融、趣”的服务策略。智，即运用领先的自然语义识别技术，准确分辨客户问题，给出最优解决方案，并针对客户需求推荐个性化的产品和服务；融，即服务内容融合在线咨询、信息查询、业务办理及优惠分享，服务形式采用文字、图片、音频、视频多位一体；趣，即用通俗化的语言表达复杂的金融业务，提供休闲娱乐等闲聊服务，让客户在交流中感受到乐趣。

“工小智”上线以来，工商银行充分发挥人工智能和机器学习技术的优势，不断提升“工小智”的智能服务本领。实现了对个人金融、电子银行、投资理财、信用卡等业务知识的全覆盖，智能问答知识总量超1万条。此外，每天通过系统加人工的手段对数十万条客户交互日志展开分析，通过电话外呼、尾随调研等方式征集客户意见，及时优化交互设计，并通过制作生动的图文知识，帮助客户更好地解决问题。除了智能客服以外，该产品还在探索增值服务，结合不同用户使用场景推介产品，提供账户查询、充值缴费等“一站式”服务支持，成立小智粉丝群“芝士”，开展粉丝互动和专属优惠活动。

（二）环信客服机器人

环信是国内较早覆盖云通讯、云客服、智能机器人的一体化产品技术储备企业服务公司。其客服机器人主要应用于单轮会话自动应答、多轮会话、智能IVR/ITR、人机协作、知识库自学习等。基于自然语言处理、知识图谱、深度神经网络、机器学习等人工智能领域技术和自有核心算法，环信结合包括保险、证券、金融、电商、教育、政企等优势行业知识数据的积累，提供基于垂直行业定制的智能客服机器人解决方案。该方案可较大降低人工客服工作量，为企业开源节流、降本增效，致力于改善整个客服行业的劳动力结构和工作方式。

其核心功能包含四个模块：智能单轮问答，主要用于访客咨询业务，针对服务的一问一答场景，是其服务的主要能力和手段，而针对访客问题意思表达不清晰时，会给出多个相似问题引导访客选择与问题相关的回答；多轮对话，主要针对业务办理类场景，这类场景有明确的流程和办理逻辑，在办理时需要采集用户或业务相关数据，并最终将信息提交至业务系统完成办理；猜你想问，当访客进入机器人会话服务界面后，系统根据用户的访问轨迹、业务状态等信息，在提问前主动推荐用户可能想问的问题；人机协作，针对“人工客服为客户服务”的场景，通过人机协作方案，可以根据用户提问提示客服人员可能的回答。

针对金融领域，环信推出了大金融行业解决方案，覆盖银行、保险、证券、互联网金融四大行业30余个核心场景。从基础的电话渠道到全渠道为客户提供电话、传真、邮件、联网社交媒体、视频等全方位的渠道接触，保证客户在不同的接触渠道能够获得一致的体验。可以根据不同客户群的偏好和不同的需求为客户提供主动的营销和服务，使客户服务和营销活动更有针对性，提高客户服务的满意度。

（三）恒生电子晓鲸智能问答平台

恒生电子作为老牌的金融行业IT服务巨头，解决方案中一直包含呼叫中心、客服系统等模块，伴随人工智能技术的演进，恒生电子也在不断探索人工智能领域的应用。2018 年，恒生电子发布了晓鲸智能问答平台，该平台通过对机器学习尤其是深度学习和 RNN 算法的改进在自然语言处理中进行应用，同时整合恒生聚源资讯数据和外部公开数据，建立了大规模的金融知识库和实体库。通过自然语言处理和金融知识图谱提升金融领域中词、句、篇、章等各级别的精准语义分析能力，能根据上下文场景及机器学习能力，准确判断用户意图，帮助晓鲸智能问答平台“听”懂用户的话。

面向金融机构，平台可自选功能模块，实现 App、机器人、微信公众号等的接入，定制个性化机器人“大脑”。该平台还集成了语音识别、情绪分析、智能语义、数据挖掘等核心技术，能对客户进行情绪分析，识别开心、愤怒、疑问等超过 20 种情绪，并定制拟人化的对话策略。该产品的语音识别率达到 95% 以上，针对金融业务的语音识别率高达 98% 以上，能够准确识别用户意图、进行用户意图筛选。通过机器学习和深度学习算法，精确匹配行业知识，提高语义解析的准确性，媲美金融领域人工客服的专业服务。此外，平台可以采集用户轨迹信息和客服接待行为数据，构建数据模型，并提供可视化的大屏监控和统计报表，帮助企业快速决策。平台的很多功能已经超出了传统的智能客服的范围，能实现更深入的人工智能应用，这也是未来智能客服的发展方向。

第三节 智能投顾

一、智能投顾简介

智能投顾，又称机器人投顾（Robo - Advisor），是人工智能依托大数据的计算系统，通过现代投资组合理论等投资分析方法和机器学习，自动计算并提供组合配置建议。[①] 根据维基百科的定义，智能投顾是提供在线投资组合管理服务的一类理财顾问，由计算机通过现代投资组合理论等投资分析方法，自动

① 姜海燕、吴长凤：“智能投顾的发展现状及监管建议”，《证券市场导报》，2016 年第 12 期，第 4—10 页。

计算并提供组合配置建议，把人为干涉因素降到最低。根据金融辞典 Investopedia 的定义，智能投顾是指在线自动提供以算法为基础的投资组合管理咨询的财富管理服务，而不以人作为财务规划师。几种不同的定义方式都强调了“机器人”的特性，这是和传统的投资顾问服务最大的不同。

智能投顾最早出现在美国，2008 年开始，以美国为中心，一些提供在线资产管理服务并收取相关手续费的金融公司相继成立，在线专业投资咨询服务迅速兴起，随着移动互联网的高速发展，其增长势头也日趋明显。比较有代表性的公司是美国的 Betterment 和 Wealthfront，Betterment 成立于 2008 年，2009 年获批开展在线投资顾问业务，2010 年 5 月产品上线；Wealthfront 前身是一家成立于 2008 年的投资咨询公司，2011 年更名为 Wealthfront 后，正式注册为美国证券交易委员会的投资咨询从业者，提供自动化的投资组合理财咨询服务，主要以个人投资者为主要客户，兼顾部分企业客户。

此后，越来越多的初创企业和传统的投资顾问公司迅速加入智能投顾的浪潮中。2011 年 4 月成立的英国公司 Nutmeg，代客户管理资产组合，根据客户的投资倾向，包括投资期限、投资金额和风险偏好将用户的资金分散投资至政府债券、公司债券、股票、市场等风险程度与收益效果不同的资产，通过算法实现透明化、人性化的智能投顾。2013 年成立的美国公司 Kensho 通过大数据分析和机器学习，自动探知最新新闻，把金融分析师平均需要耗时 40 小时完成的报告在几分钟内自动完成，为客户提供综合性解决方案。此外，老牌的金融服务公司嘉信理财也于 2015 年 3 月推出智能投顾产品——Schwab Intelligent Portfolios。

从 2015 年开始，我国的一些初创企业、金融机构、科技公司也看到了智能投顾的广阔前景，不断参与其中，推出了一些智能投顾产品。如投米 RA、蓝海智投等公司，参考美国主流智能投顾平台 Wealthfront、Betterment 等公司的业务模式，对接海外证券公司后直接投资美国市场交易所交易基金（ETF）。平安壹账通、招商银行摩羯智投等平台比较类似于金融超市，主要为投资者提供配置建议和一键购买的功能，不参与后续账户操作，投资标的涉及国内公募基金、QDII 基金、保险、P2P 等。更多的平台仅担任基金销售角色，不对账户进行后续操作，风险较小，这也是国内智能投顾采用的主流模式。此外，国内互联网公司也在积极拓展金融服务市场，出现了如百度金融、蚂蚁金服、京东金融等平台，推出了多款智能投顾产品和业务。

招商证券的报告中指出，智能投顾主要通过用户评估画像和人工智能算法实现个性化投资建议。典型的智能投顾服务过程主要包含以下六个步骤。第一，客户画像，系统通过问卷调查评价客户的风险承受能力和投资目标；第二，投资组合配置，系统根据用户风险偏好从备选资产池中推荐个性化的投资组合；第三，客户入金托管，客户资金被转入证券经纪公司进行第三方托管；第四，交易执行，系统代理客户发出交易指令，买卖资产；第五，投资组合再平衡，用户定期检测资产组合，平台根据市场情况和用户需求变化实时监测及调仓；第六，平台收取相应管理费。

从用户的视角来看，在签约智能投顾之前，首先需要填写投资者信息（如年龄、收入、目标等），并完成风险容忍度测试。根据用户提交的信息模型将自动计算出风险评分，这个分数决定了智能投顾机器人会推荐什么类型的投资组合。根据风险评分等级，投资组合通常可以归入三种类型：保守型、稳健型和进取型。如果一切进展顺利，用户接下来需要完成一个申请，然后开户、存放资金。一旦用户的账户登录并且运行起来，其就可以使用多种工具管理自己的投资组合，还可以在系统中随时跟踪投资目标的进展。从系统后台来看，智能投顾是会利用大数据分析、量化金融模型以及人工智能算法，根据投资者的风险承受水平、预期收益目标以及投资风险偏好等要求，运用各种大数据分析方法和投资组合优化等理论模型，为用户提供投资参考，同时监测市场动态，对资产配置进行自动再平衡，从而提高资产回报率，让投资者实现零基础的动态资产投资配置。

招商证券将智能投顾进一步细分为全智能投顾和半智能投顾，目前业内以半智能投顾模式为主。全智能投顾是指资产配置建议完全由机器人投顾的人工智能算法给出，人工只做必要的有限干预甚至完全不予干预，主要应用于投资组合构建与交易执行。此类公司大多以新兴互联网平台投顾公司起家，如 Betterment、Wealthfront 等。半智能投顾资产配置计划也由机器人投顾给出，但只是作为一种参考，最终投资建议必须经过人工检视、处理后才能提供给用户使用，用户与传统投资顾问有更多的互动，其中可以涉及用户税收筹划、房地产投资、子女教育投资等更广泛的财富管理增值服务。此类公司主要是由传统金融机构自主研发或是吸收兼并全智能投顾公司构建的。从行业发展情况来看，半智能投顾模式由于依托传统金融机构的平台资源和客户渠道，目前处于领先地位，但随着技术进步，更能体现智能投顾优势的全智能投顾模式将成为未来市场的主流。

在智能投顾业务的飞速发展过程中，监管体系也越来越成熟和规范。2018

年，中国人民银行、中国银保监会、中国证监会、国家外汇管理局联合发布了《关于规范金融机构资产管理业务的指导意见》（银发〔2018〕106号），其中专门指出运用人工智能技术开展投资顾问业务应当取得投资顾问资质，非金融机构不得借助智能投资顾问超范围经营或者变相开展资产管理业务。金融机构不得借助人工智能业务夸大宣传资产管理产品或者误导投资者。金融机构应当向金融监督管理部门报备人工智能模型的主要参数以及资产配置的主要逻辑，为投资者单独设立智能管理账户，充分提示人工智能算法的固有缺陷和使用风险，明晰交易流程，强化留痕管理，严格监控智能管理账户的交易头寸、风险限额、交易种类、价格权限等。金融机构因违法违规或者管理不当造成投资者损失的，应当依法承担损害赔偿责任。

国内智研咨询的分析报告中指出，2018年我国智能投顾的市场规模超过了600亿元，预计到2022年，智能投顾管理的资产总额将超过6 600亿美元，年增长率高达87.3%。随着大数据和人工智能技术进一步的发展，智能投顾领域进一步的智能化升级是值得期待的，尤其在金融市场波动强烈的时期，如何通过大数据的手段和人工智能模型识别风险，是投资者非常关心且重视的问题。

二、智能投顾的大数据技术

智能投顾的流程需要两类关键的算法，一是精准的客户画像，二是最优化的投资组合。关于客户画像，其技术基础主要来自聚类模型。人不止一面，每个人可能都有好多个标签，对参与投资的客户来说，一个很关键的标签就是他们能接受的风险程度，如低风险、中风险和高风险。智能投顾企业可以根据用户填写的问卷，以及一些其他来源的互联网行为数据，将用户自动聚成不同的类别，然后分析这些类别的共同点，提取出和风险相关的特征并打上标签，这就完成了用户细分的工作。对于新的客户，可以基于其个性化数据，再调用分类模型将其快速地归入某一类中。

假如某位用户在一个购物网站留下了很多消费记录，我们只统计其中两个变量，即平均每月消费次数和消费总金额。如果有100位用户，我们只看这两个变量的数据也大概能发现不同用户之间的区别。只有两个变量是可以很容易地通过二维平面进行可视化展现，如图4－3所示，图中的每一位点代表了一位用户。所谓打标签，实际上就是通过数据的自身规律将其分成不同的类别，并针对每一类的特征进行总结。

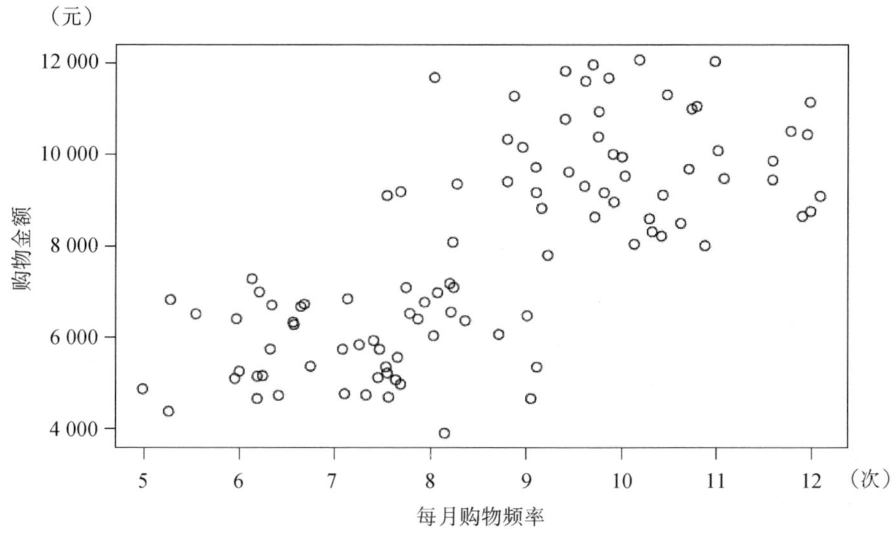

图 4-3 购物频率和购物金额

在图 4-3 中，我们可以看出数据大致集中在两个区域，分别是左下角和右上角。如果我们把数据分成两类是比较合适的，根据集中的程度就可以大概分出来，这种处理方式称为聚类分析。如果数据不止两个变量，我们可能没办法用这么直观的方式展现出来；如果数据之间不存在这么明显的差异，可能也不容易用肉眼分辨进行聚类。这时就需要一套通用的科学计算方法。

目前应用最广泛的聚类方法是 K-Means 聚类，也称为 K 均值聚类。它的基本思路是先指定最终的类的个数 K，如图 4-3 中希望聚成两类，K 则为 2。先随机取 K 个点作为初始的类中心或者说是质心，计算各样本点与类中心的距离，距哪个类中心点更近就归入哪一类。所有样本归类完成后，将每一类所有点的质心作为该类的新中心点，重复迭代这个过程直到类中心不再变化。聚类的结果如图 4-4 所示，所有的数据被聚成了两类，并且用圆形和三角形标识对不同的类做了区分。

每一类的所有点用一个多边形包围起来，关键的输出是中心点（图 4-4 中显示了中心点的坐标）。第 1 类（圆形的标识）的中心点表示每月购物频率为 9.4 次、总购物金额为 9 613.1 元，第 2 类（三角形的标识）的中心点表示每月购物频率为 7.3 次、总购物金额为 5 830.6 元。我们可以很容易地发现这两类购买的差别，第 1 类购买频次相对较高、购买金额相对较大，而第 2 类购买频次相对较低、购买金额相对较小，可以给这两类分别打标签为“爱消费的人”和“不爱消费的人”。

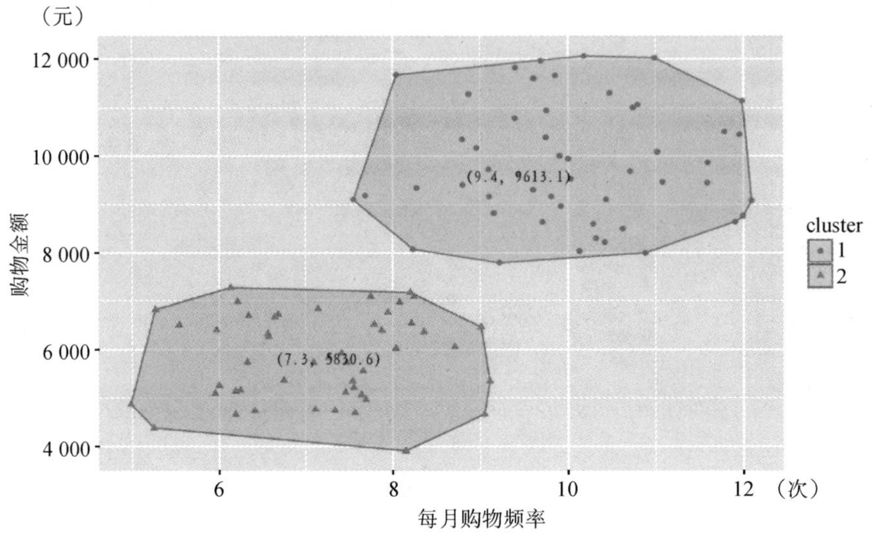

图 4－4 K－Means 聚类结果

以上的例子介绍了一个完整的聚类过程。首先确定类别的个数 K，这个 K 可以根据经验设置，也可以尝试不同的 K 值，最后根据结果的可解释性确定最终的 K。对某一个具体的 K，使用大数据分析工具调用 K－Means 聚类方法，查看聚类后的每一类的中心点，根据中心点各变量的数值对该类进行理解，结合业务经验取名，就完成了打标签的过程。根据输出结果中每个样本点的类别编号，可以得知它们分别被打上了哪个标签，从而实现了客户画像。

针对不同的客户画像类别，基于人工经验分析适合他们的投资风格，如风险偏好或者风险厌恶。调用不同的投资组合模型为客户提供资产组合的建议，就构成了一个智能投顾的基本流程。对于投资组合来说，最关键的指标是收益和风险，关于收益和风险都存在不同的度量方式。收益的衡量指标主要是收益率，用来表示资产价格变化的比率。假设两个时间点的资产价格分别为 P_1 和 P_2，那么 $R_1 = (P_2 - P_1)/P_1$ 是离散收益率。假设两个价格 P_1 和 P_2 之间有 n 个时间段，那么连续收益率 R_2 满足 $P_1 \times (1 + R_2/n)^n = P_2$。

衡量风险的最常见的指标是方差，其描述了一组数据变化的程度，方差越大说明资产价格的变化越大，一定程度上也说明了风险比较大。单个资产投资可以计算该资产收益率的方差，多个资产投资可以计算收益率的协方差矩阵。

通常投资者对于上涨的变化并不在意，而主要关注下跌的风险。因此，还可以专门计算考虑下跌的半方差。方差计算简便，易于使用，但不适合用来描述小概率事件发生导致的巨大损失。波动性是对方差的一种扩展，我们可以利用因市场风险因子变化而引起的资产组合收益的波动程度度量资产组合的风险，在统计中常用 ARCH 和 GARCH 度量。此外，还可以用灵敏度方法度量风险，常用 β 系数和风险因子敏感系数反映价格对某个风险因子变化的敏感性。

风险价值（VaR）也是常见的风险衡量方式。风险价值又称在险价值，它是指在正常的市场条件下，某个资产或资产组合在给定的置信水平下，在一定时期内预期的最大损失。从统计学角度来看，风险价值就是收益或者收益率分布的一个分位数。除了计算风险价值作为风险度量之外，还可以计算条件风险价值（CVaR）。条件风险价值又称期望损失，是指当资产组合的损失大于某个给定的 VaR 的条件下，该资产组合的损失的平均值。

对一个资产组合来说，可以单独计算每个资产的收益和风险，也可以把资产组合当作一个整体计算。一般来说，资产组合的标准差比单个资产标准差小，通常也意味着风险要小。在资产组合中计算 VaR 的同时还可以计算出组合中各单个资产对组合 VaR 的贡献。我们还可以计算给定权重条件下的资产组合特征，如收益率均值、标准差和风险价值等。

对于投资者来说，最重要的问题是构建一个较好的资产组合，使其未来的收益率均值尽量大，而标准差这类的风险指标尽量小，这就是资产组合要计算的问题。我们假设未来的资产特征不发生大的改变，也就是期望收益率和方差不变，可以根据现有的历史价格数据求出一个有效资产组合，有效资产组合是所有相同期望收益率的组合中方差最小的组合，也可以认为是所有等方差组合中期望收益率最大的组合，这本质上是最优化方法中的二次规划。最优化方法也称运筹学，是一类通过数学计算的方式搜寻最优解的方法，目前可以很方便地使用一些程序和软件自动求解。

对于一个资产组合来说，我们希望收益越高越好，风险越低越好，但两者很难同时满足，因此我们常固定一个指标求另一个指标的最优值，这就构成了有效前沿。有效前沿是所有有效资产组合的集合，如果我们不断改变目标期望收益率，同时计算出相应的最小风险组合，就可以得到整个有效前沿。使用有效前沿的方法是投资组合中常用的，针对不同类型的投资者，可以在一套资产组合的有效前沿上选择不同的位置，风险厌恶型的投资者可以选择风险较低的位置，能承受风险、希望追求更高收益的投资者可以选择收益较高（通常风险也高）的位置，这就构成了一个智能投顾的建议。

三、智能投顾的应用案例

（一）壹账通智能财富管家

2017 年 8 月 31 日，中国平安集团旗下上海壹账通金融科技有限公司宣布，携智能财富管家产品正式进入智能投顾市场。该产品整合了金融壹账通大数据客户识别、平安证券基金投研服务与陆金所资管基金销售服务，独创客户画像智能识别系统，为用户提供智能化、个性化的资产配置方案。智能财富管家产品利用中国平安集团的科技优势，由金融壹账通主导并联合平安证券、陆金所推出。其中，金融壹账通提供用户侧大数据相关能力，平安证券则凭借多年的基金行业和市场研究经验，提供战略层级大类资产配置和基金量化优选支持，陆金所提供基金销售系统方面的支持。

智能财富管家产品旨在结合长期积累的市场经验，根据用户的财务状况、风险偏好、财务目标等，运用智能算法及投资组合优化等理论模型，为用户量身定制财务投资规划。产品基于百万级已有风险偏好的客户数据，使用机器学习方法建立独创的风险偏好识别模型，改变了传统模式中繁杂的风险问卷流程，将大数据技术与问卷结合，精准化风险偏好识别能力，并能够根据用户数据变化定期调整评分结果。此外，在产品组合上，智能财富管家可为用户量身定制匹配用户风险的最佳理财产品组合，在交易流程上，还将为用户提供一键组合下单流程，并按照组合持续追踪收益。

智能财富管家一方面可提升用户在投顾方面的体验，另一方面也专注于为中小金融机构提供金融科技解决方案，尤其是帮助中小银行优化其金融产品、降低获客、运营与服务等成本，进而持续扩大服务范围，最终实现普惠金融。此外，智能财富管家可针对机构需求进行零件化输出，如输出产品组合模型、客户识别模型等。智能财富管家可根据客户需求输出功能，包括用户风险识别模块、资产配置模型、产品池及支付方式，也可以根据客户需求提供服务支持，产品池支持接入客户自有产品，以及基于用户反馈数据，对模型进行整体改进引入更多维度数据，提升用户画像精准度等。

（二）通联“浙商大数据智选消费”基金

通联支付通过对自有的消费类支付相关数据，其中包括支付的细分行业、销售额、笔数、刷卡数，以及实际的销量和价格等进行分析，可以实时了解行业销售需求的情况。按行业汇总各商户的刷卡支付情况，获得行业最新的景气边际变化信息，进而将资金更多地配置在景气向好的行业上。利用经典量化模型，精选相应行业内的上市公司，并基于此发行了一支名为“浙商大数据智选消费”的偏股混合型基金。该项目通过构建专业的量化分析模型，从海量信息中提炼出与投资行为相关的信息，并以此作为基金投资决策的重要依据。

“浙商大数据智选消费”是一只混合型基金产品，其股票投资比例为0—95%，作为主动投资的混合型基金，其预期风险和收益高于债券型基金、货币市场基金，但低于股票型基金，属于证券投资基金中的中高风险、中高收益品种。该产品的主要数据源来自各消费细分领域的支付数据，涉及的行业或公司主要有必需消费行业（如生物医药、食品饮料、纺织服装等）、可选消费行业（如汽车、餐饮、旅游、家电等）、新兴消费行业（如信息消费等）、养老消费行业，以及转型涉足消费领域的传统非消费公司。通过对通联支付的大数据进行分析，可以实时了解消费行业的销售需求情况，获得行业最新的景气边际变化，进而将资金更多地配置在景气向好的行业中。由于上市公司财务报表通常发布在其经营期结束后的1－2个月，而消费数据监控可以做到实时了解，因此可提前预判上市公司盈利变化，提前布局。

“浙商大数据智选消费”基金项目通过对消费数据的监控，及时识别表现突出的行业或者公司，引入投研团队进行深入研究，最终遴选相关上市公司。该基金于2017年1月11日成立，到2019年12月31日，基金规模达到了2.5亿元，累计收益率为37.18%，年化收益为10.9%，表现良好。

（三）中诚信资产交易智能扫描平台

中诚信征信自主研发的资产交易智能扫描系统（AXIS），是针对消费金融资产证券化信息服务的解决方案，在资产端可以做到为主体信用不足但资产信用良好的资产方间接增信，在资金端可以帮助投资者减少逆向选择的风险，增加优质的资产标的。对于整个市场，该平台可以打通从借款人到ABS投资人的信息流和资金流，降低信息成本和资金成本。该平台主要包含三个模块，即资产筛选、资产包信息披露、现金流测算。资产筛选模块结合特定消费场景引入独立第三方信用评估，对资产进行智能化评估，帮助资产方和投资人从源头上了解资产信用情况。资产包信息披露模块基于第三方大数据，自动化跟踪底层资产的信用风险，对资产包质量的变化情况进行跟踪监控，对严重的风险信息进行及时预警。现金流测算模块基于中诚信征信的机器学习与现金流模型，对资产端和证券端的现金流进行预测，在资产端预测违约，在证券端进行现金流测算，其用于ABS投资人的收益分析中。

AXIS使用机器学习模型对单笔资产进行信用评估，参考了美国广泛应用的征信局评分的建模理念和传统银行信用卡评估的标准，将互联网大数据和碎片化的个人信息数据应用于信用评估之中。利用机器学习方法解析数以亿计的用户在数千维度上的信息，基于自主研发的动态数据规则引擎，有效地将碎片化的互联网大数据应用于信用评估。AXIS由于使用了多模型交叉验证技术，比多维度信息的简单叠加更具洞察力。在资产筛选方面，该系统采用了基于机器学习模型的资产信用评分。和传统的信用评分相比，拒绝率更少，违约率也更少。在现金流测算方面，该系统融合了机器学习模型和金融工程模型的方法论，基于信用评分通过蒙特卡洛模拟的方法生成违约率、回收率、提前还款率的概率分布以及时间分布，从而对底层资产的现金流以及证券端的现金流进行预测，并计算出风险和收益指标，这种现金流预测模型可以做到智能化和可配置化，并可以进行多种压力测试。

自2017年7月发布以来，AXIS在实际使用中发挥了很好的作用。对于投资人而言，AXIS帮助他们从源头上把控资产信用情况，降低逆向选择的风险，增加优质的资产标的，实现更加精确的信用风险管理。对于资产方而言，AXIS帮助他们打通风控端和资金端，从而降低资金成本。基于已完成的项目数据的估算，中诚信征信基于AXIS的解决方案可以帮助资产生成方节省0.3%—0.5%的资金成本。

第四节 智能营销

一、智能营销简介

智能营销是通过人的创造性、创新力以及创意智慧，将先进的计算机、网络、移动互联网、物联网等科学技术的融合应用于当代品牌营销领域的新工具与新趋势。智能营销主要基于大数据和人工智能技术，能够做到“千人千面”、精准画像，从而实现精准营销。在移动互联网的发展大潮之下，用户行为已经发生了巨大变化，用户消费行为、消费发生的场景以及金融业务模式都在移动互联网的影响下日趋多元化。这为传统金融机构和新兴金融企业的金融产品营销带来了新的挑战。这也要求金融机构与时俱进，深刻了解用户的内在需求，以用户在复杂的互联网场景中产生的多维度大数据为基础，洞察消费者细分需求，构建产品服务与目标受众之间最高效的连接。

智能营销在不同的场合和领域可能说法不同，如精准营销、大数据营销、数字营销等概念，但与智能营销都存在大量的重合之处。之所以强调“智能营销”，是想强调在如今这个大数据时代下智能化的发展趋势。智能营销在本质上并没有脱离传统金融营销的范畴，也没有从业务模式上进行颠覆，只是利用了更先进的信息技术、使用了更大范围的大数据，丰富且增强了传统营销的手段，也能产生更为高效和精准的营销行为，而且可以借助数字技术相对精确地评估营销的效果。

金融产品营销是指金融企业以金融市场为导向，运用整体营销手段向客户提供金融产品和服务，在满足客户需要的过程中实现企业利益目标的社会行为过程。一般来说，一个完整的金融产品营销首先要进行市场分析，通过对市场的细分定位营销市场，为选择目标市场制定依据。然后，评估企业自身的内部条件，找出自己的优势和劣势，预测未来市场的机会和挑战。同时，也要对竞争对手进行分析，企业要把自身目前的定位状况与竞争对手比较，做到知己知彼。最后，根据市场分析、内部条件评价和竞争对手分析得出的结论制定营销策略，并根据确定的营销策略具体执行方案涉及的时间、进度、阶段目标实施。

金融产品营销的过程中存在多种方式，无论是传统的金融企业还是智能营销的新技术，内容上都是一致的。最主要的方式是广告促销，广告主要包括形象广告和产品广告，如果为了长期声誉，应以企业形象广告为重点。反之，若为了某种金融产品的畅销则应采取产品广告为重点的策略。此外还有营销促进，即利用各种刺激型的促销手段吸引新的客户和报答老客户，通常包括有奖销售、赠品、配套优惠、免费服务、关系营销、联合促销等。公共宣传与公共关系也是营销的重要方面，通过新闻或者社交媒体的方式宣传企业，具有一定程度的客观性，可以对客户产生潜移默化的影响，避免直接广告带来的反感情绪。

20 世纪 60 年代，理查德·克鲁维构建了以产品（Product）、定价（Price）、分销（Distribution）、宣传（Promotion）为核心的营销组合理论。之后，他的学生杰瑞·麦卡锡将“分销”换成“地点”（Place），形成了经典的4P理论。90年代初，以企业为中心的4P理论让位于劳特朋提出的消费者为中心的4C理论，即沟通（Communication）、成本（Cost）、便利（Convenience）和消费者（Customer）。1999年，莱斯特·伟门提出“精准营销”的概念，提倡企业要建立一整套包括邮寄、电话访问、电子媒介、互联网等内容的客户资料库，通过数据分析确定哪些客户可能购买，从而建立有针对性的营销方案，这个思路已经与现在的智能营销完全一致了。2005年，菲利普·科特勒在其全球巡回演讲上表示精准营销是营销传播的新趋势，他认为现代企业需要更精准、可衡量和高回报的营销沟通方式，这些思想目前在现代营销学中已经根深蒂固。

随着互联网的兴趣，“精准营销”的理念可以很容易地通过技术手段实现深入应用。基于互联网平台，客户和品牌之间可以很容易地通过社交媒体进行交互，还能形成粉丝经济，使亲身消费的体验者有可能变成口碑传播的营销者。互联网上多元化的传播平台和丰富的传播方式具备了动态化的特性，通过实时、动态、移动的营销网络可以快速、明确且有针对性地吸引顾客。网络的数据也可以记录整个营销和消费活动的闭环，通过大数据采集客户的行为信息并分析偏好，还可以通过未来的消费行为验证营销结果，实现精确的评估度量，并能不断更新模型，从而促进进行更为精准的营销活动。在互联网领域，尤其是电商领域，这种基于大数据的精准营销方式通常称为数字化营销。

金融机构借鉴了互联网企业的实践经验，开始深挖自有渠道的营销潜能，按照渠道即营销的理念，自主构建智能营销服务体系，提升金融机构线上、线下渠道的营销服务水平，进一步改善客户体验。具体而言，金融企业通常通过内嵌在电子渠道页面中的营销触点，利用个性化营销模型把产品营销动作自然地融入客户浏览电子渠道的过程中。在客户与金融机构各渠道的每一次接触中创造营销机会，并通过预设在页面中的客户行为捕获代码，准确评估每一个营销触点的营销效果。这些评估结果通过反馈通路回到数据库中，可直接进入下一轮的营销模型训练中，形成一个完整的应用闭环。

目前，国内外金融机构在探索利用人工智能技术提高精准营销精度方面做了大量的尝试，有些金融机构在智能营销、精准营销方面结合自身特点，借助人工智能企业的技术优势取得了良好的效果。在金融机构的智能营销服务体系中，通过嵌入的智能营销触点，可以将客户的每一次点击都转化为营销机会，大大提升自有渠道的流量价值。智能营销不仅可以利用金融机构数据仓库中多年积累的客户信息，了解客户的长期偏好，还可以利用客户在金融机构电子渠道上留下的行为轨迹，实时感知并预测客户的短期需求，从而能够结合长期偏好和短期需求，有针对性地推荐相关的产品或服务，在提升客户体验的同时促进产品销售。

基于大数据技术的智能营销服务一经上线，营销触点的内容完全由程序自动生成，不需要人工维护，各个触点的营销效果均可以通过数据埋点反馈到后台数据端。分析人员可以精确地评估每个推荐引擎、每个营销触点的营销评估结果，进而据此对算法进行迭代调优，并将结果实时或者准实时地反映在营销触点上，可以实现充分的自动化。智能营销既符合现代营销的经典理论，又能应用大数据时代下的技术红利实现自动化管理，因此很快就在金融行业得到了广泛的应用，并且积累了大量的成功案例。越来越多的金融企业开始关注并投入智能营销的拓展与升级中，这将是金融领域中的一个持续热点。

二、智能营销的大数据技术

智能营销领域涉及的核心技术有两个，分别是精准广告和推荐系统。

广告收入是大部分互联网巨头的主要收入来源，因此技术的更新非常快。金融企业通常不直接利用广告盈利，但需要购买在线广告，或者在自己的平台上定制广告，其技术需求和互联网企业是相似的。自在线广告诞生以来，前后迭代出三代广告投放系统，但都要基于统计模型和机器学习算法，甚至诞生出专门的“计算广告学”。第一代广告投放系统是基于投放量的系统（CPM，按展现收费），类似于传统媒体，如买断报纸版面或者电视时段，即在给定广告主投放要求的情况下，把广告投放到事先约定好的数量，并不考虑用户对于广告的反馈情况。此种情形没有任何投放优化，完全是根据流量直接随机投放。第二代广告投放系统是基于群体行为的优化投放（CPC，按点击付费）。此类系统会追踪用户的反馈数据（如是否点击广告，是否购买了广告中的商品），然后把行为数据反馈回投放算法，专门针对反馈效果好的人群进行有效投放。第三代广告投放系统是基于个体用户的优化投放，增加了对于每个用户点击和历史行为因素的考虑，从而实现了更为个性化的投放优化。

第一代广告投放系统利用互联网并没有显著的优势，只是更容易利用大数据衡量广告投放的结果。从第二代广告系统开始，在投放的过程中引入了基于用户反馈的优化系统。最典型的方式就是按点击数付费，其中的技术核心是点击率预估系统。点击率预估系统即预测模型，预测的是在每次付费搜索结果展示中用户点击的可能性。由于对每次展现而言，用户点击与否是一个二元分类行为（“是”和“否”），对于这种二元行为的预测，最常用的就是分类模型，即前文介绍的决策树、随机森林、Boosting 等模型都可以用于点击率预测。

随着智能广告系统的不断发展，从传统的只有关键字的付费搜索，到在一些视频网站上展示用户更可能点击的视频广告，到在社交网站上展示各种个性化的商品广告，再到线上线下数据的整合，在线广告系统也经历着一轮轮变迁。广告系统从一个简单的投放系统，也慢慢地发展为一个交易平台。在这个平台上，有买家（广告商）投标竞价，也有卖家（各大网站）提供广告位。由于交易的存在，这个平台就逐渐演变为了一个经济系统，一个关键的改变是引入了拍卖系统。如果两个买家的出价不同，在两者点击率相差无几的情况下，按照从两者身上获取的预期收益排名，简单来说就是谁付钱多谁就更容易被展现。

除了传统的静态平台展现之外，社交网络兴起之后，通过信息流的动态广告展现也成了非常重要的平台。在一个从上到下流动的信息流页面中（如微博或者微信朋友圈），广告也自然而然地成为信息流的一部分，更接近一种原生体验的感觉。这样的信息流没有关键词的约束，其考虑更多的是用户和广告之间的配对问题，甚至可以细致到匹配时间和地点。此外，社交网络上的信息流广告也对视觉化的内容展现有了更高的要求，尤其是在这个多媒体大发展的时代。基于信息流的广告系统考虑的不仅仅是匹配度本身，它还考虑到了广告本身的视觉享受和用户体验，以及用户和广告之间交互的体验效果，并对劣质的广告及时实施降权“惩罚”。因此，这背后就不仅仅是一个点击预测模型了，还有多个针对用户体验的计算模型和对劣质广告的甄别模型。

另一个智能营销的核心技术是推荐系统。推荐系统的雏形可以追溯到美国亚马逊公司早年推出的一项展示：买过该书的用户还买过什么。在用户购买页面的展示栏中，每个顾客可以在浏览一本图书的同时，发现其他买过这本书的顾客，还买过什么相关联的书。这个功能尤其适合学生购买参考书，因为各个学科的购书单都是大同小异的，所以买了一本书很可能就会去买另一本相关书籍。这项功能也帮助很多小说和休闲类读物的读者发现他们可能感兴趣的类似作者和风格的作品，还可帮助音乐发烧友找到他们下一个可以收藏在歌曲库中的专辑。

这套简单的推荐系统，看起来非常直观，即用户之间的品味和嗜好是有很强的关联性的。这一整套算法，被称为“基于关联规则的推荐”。关联规则算法计算的是各种商品之间的关联度。关联规则算法最常用的是 Apriori 算法，即从一系列事务之中挖掘出产品之间的关系，常用于购物篮分析。该算法定义了支持度和置信度，支持度是指在所有的事务中同时出现产品 A 和产品 B 的概率，置信度是指所有事务中在出现产品 A 的情况下出现产品 B 的概率。关联规则算法思路就是在设定一个最小支持度的前提下，不断地遍历整个数据集，找出符合支持度要求的产品组合，不断增加产品个数，然后进行新一轮的迭代，最终得到所有满足支持度要求的产品之间的关联组合。

Apriori 算法基于频繁项集从最小个数的项目一直搜索到包含比较多个数的项目，每次搜索都要扫描所有数据，性能较差，程序的空间复杂度也较高，占有计算资源较大。一种优化后的算法为 FP growth 算法，使用频繁模式树（FP－tree）的结构进行存储，是一种压缩数据的方法。算法运行的过程中基于树结构进行搜索和剪枝，快速找到频繁项集。相比于 Apriori 算法对每个潜在的频繁项集都会扫描数据集判定是否满足支持度，FP growth 算法只需要遍历两次数据库，因此它在大数据集上的速度显著优于 Apriori 算法。

关联规则是基于各种商品的，它隐含的是商品之间的关联关系被用户的购买行为所展现。随着推荐系统的进步，我们不仅要考虑商品本身的关联特性，还要考虑用户的属性以及和用户之间的关联特性，这就诞生了更精细的协同过滤算法。它还是分析用户的购买记录，只是此时的着力点不仅在于物，而且在于人。如果我们发现一位新来的顾客，和一位现有的忠诚的顾客有着极为相似的购物历程，那么就完全可以给这位新来的顾客推荐以前那位忠诚顾客购买过的商品，以期比较高的成功转化率。当然，协同过滤算法经过多年的发展，也越来越先进，可以考虑到“物、人、物”这样的一个有三个组成部分的网络关系，从而实现越来越精准的推荐。

除此之外，推荐算法中还可以加入更多的可能影响人们购物行为的元素，电商常用的推荐算法中就聚合了五大类元素：内容、用户、地点、渠道、时机。随着推荐系统越来越完善，互联网上的购物体验也展现出超越传统线下购物模式的特点。各种各样的商品，跨越地域、时间、库存、商品类别的浏览推荐，适应了用户多元化的购物需求。在线推荐系统集中应用了互联网中数据相互连通的优势，从而可以最大化地利用信息优势发掘用户的潜在需求。与此同时，推荐系统已经不仅仅满足于帮助用户发现商品，还进一步融进了广告系统，允许商家付费增加自己商品被推荐的概率和范围。这对于很多商家来说，可以大大节省传统推广渠道中的用户调研成本，且从发现到实现转化的周期也被大大缩短并可以实现一路跟踪，有助于帮助商家更有效地推广自己的商品。

三、智能营销的应用案例

（一）中国农业银行基于大数据分析的精准营销服务平台

中国农业银行的产品线非常丰富，近几年也不断加强业务渠道建设，建立了网点柜面、自助终端、电话银行、电视银行、网络银行、手机银行、外部合作商、客户服务中心等多功能、立体化的银行服务渠道体系。充分利用现有渠道资源，配合各产品线及活动建立差异化的营销策略，带来了高转化率、高产出比的投放效果，实现营销信息的精准投放，并建立可衡量的投放效果跟踪评价体系，这是中国农业银行当时面临的主要挑战，因此基于大数据分析的精准营销服务平台也应运而生。

中国农业银行的精准营销平台通过对大量历史数据的收集、分析与处理，抽取客户属性及购买行为信息作为元数据，同时构建客户属性同产品间的关系模型，达到可区分和可定制的产品信息精准投放。根据投放效果建立三级反馈机制，促进模型的优化调整，使产品投放更加精准。该平台首先根据客户多维度历史数据信息，如客户信息、消费明细、渠道访问记录等，加工映射为能够反映客户概貌的元数据，如性别、地区、工资收入、资产状况、风险偏好、兴趣爱好、消费习惯等。然后根据产品销售历史信息分析目标客户特点，通过客户元数据的映射构建客户和产品的营销模型、产品和产品交叉营销模型等，实现产品到客户的精准营销，提高营销效率。模型构建后，根据渠道接入信息进行客户识别，通过产品营销模型匹配对客户进行精准的产品信息投放，同时提供社交网络分享机制，放大营销效果。信息投放后，主动采集营销结果，如客户是否点击浏览了相关信息、是否产生了购买行为、是否通过社交分享向其他朋友进行了推荐、客户在产品页面的停留时间等。通过大数据分析，使营销活动更有针对性，并能驱动产品营销模型的优化调整。

中国农业银行的精准营销平台提供了与传统营销截然不同的软性营销手段。通过背后强大的大数据和客户分析系统支持，该平台可以根据客户地理位置、年龄、资产状况、偏好，通过不同渠道有的放矢地主动推送客户感兴趣的产品信息。同时，为客户提供社交分享的手段，使每位客户都成为中国农业银行潜在的产品推销员。通过精准营销的实施，使现有客户更多地使用中国农业银行的产品和服务，随着客户购买越来越多的产品或服务，银行和客户的接触点逐渐增加，客户的转换成本可能不断升高，从而有效地降低了客户流失率。精准营销还能够及时发现客户多种未满足的需求，并为客户提供真正能够满足其需求的产品和服务。多种需求的满足使客户对中国农业银行的评价不断提高，客户满意度不断上升，而满意的客户更有可能保持对银行的忠诚。随着平台的使用，中国农业银行向客户销售更多赢利性的产品和服务，一方面直接增加了银行利润，另一方面由于降低了客户流失率而间接增加了银行利润，取得了良好的经济效果。

（二）恒丰银行客户关系管理系统

传统的客户关系管理系统（CRM）主要关注内部数据，关注如何把银行内部各个业务环节中零散的客户信息搜集、汇聚起来。在大数据时代，伴随着移动互联网和社交网络的兴起，外部数据越来越丰富，银行可以把内部数据和外部数据融合起来，通过多种渠道获取大量高价值潜在客户信息，从而获取更多商机和线索。充分了解客户的个性需求并提供差异化的服务和解决方案，拓展传统销售渠道，利用新媒体、新渠道开展精准营销，可以提高营销环节的投入产出比。恒丰银行的 CRM 依托自主研发的大数据技术平台，通过对内外部数据的深度整合和价值提炼，提供客户“360 视图”、智能客户推荐、营销机会发掘、产品货架优化、客户风险预警等业务功能，为业务团队掌握市场动态、识别客户价值、预见客户风险、实现精准营销提供了信息技术支撑。

恒丰银行的 CRM 采用 MVVM + 微服务的技术架构，使用 Scala 语言的 xitrum 框架搭建 RESTful API，服务端使用 akka 框架处理系统复杂逻辑及异步通讯。部署方式采用“两地三中心”的 OpenStack 云环境，可以支持弹性部署与集群部署模式。该系统依托行内大数据平台进行业务创新，致力于向业务人员提供准确、及时、智能的营销信息和营销机会，如客户行为类、到期类、预测类及生命周期类的营销响应信息。该系统还可以从多个角度出发对客户进行分析，定义客户的贡献度、忠诚度，刻画客户生命价值特征，为定位客户需求做好基础。此外，还可以实现高价值潜在客户的获取，能够精准识别与行内客户关联的高价值潜在客户并进行营销和管理。为所有客户提供了丰富的策略推荐，全方位满足用户的不同推荐需求。通过多渠道、定向化地为不同客户提供有针对性的服务和产品推荐，为营销活动智能划定客户群，降低了银行和客户的总成本，提高了客户总价值。

恒丰银行的 CRM 通过自主研发的高性能大数据应用服务架构，以较低成本实现了更强的数据处理能力，满足了移动互联场景的高并发、低延迟应用服务需求。通过智能技术的大量应用，提升了数据价值的挖掘和利用水平。通过实时流处理技术实现全渠道信息的实时高效整合，充分运用智能技术实现客户机会预测、客户风险预警，提升了客户服务体验。通过产品推荐和智能获客，提高了新客户增长率和产品持有率，从而创造了重大价值。

（三）万丈金数保险智慧电销系统

保险行业传统电话销售（电销）近年来陷入了模式同质化的困境，由于工作内容同质化、“秒挂”电话、投诉、业绩压力，使传统电销座席的工作价值感极差。加之业绩不佳导致的收入困难，造成人员流动过于频繁，加速推动了保险企业的转型突破的需求。万丈金数开发的保险智慧电销系统，运用大数据、人工智能等技术，分析客户需求，开展智能营销，系统辅助精准匹配用户、产品和卖点。为电销营销员提供实时的销售话术和销售策略的智能辅助与指导，把握销售时机，达到了提升保险公司产能、电销人员销售效率和用户体验的目标。在智慧电销系统的支撑下，提升了大量普通营销员的单位产能，相应地也提升了留存率，确保了人员稳定。

智慧电话销售系统以海量累积的大数据资源为依托，以敏捷的插件方式增加各种主题人工智能分析模块，用于营销活动名单筛选、名单有效分配、实时营销指导和提示、营销策略推荐、提升客户交互体验、优化营销管理等方面。该系统实现了营销界面驾驶舱化，动态智能地显示客户关键信息、特征和事件，显示基于大数据模型计算的客户的产品倾向性、感兴趣的产品和卖点。搭载可视化的话术地图导航，实时采集客户特征和事件的行为反应后，通过智能计算，动态更新营销策略、注意事项、建议话术路径等。通过“慧客服”插件，营销员可在与用户电话沟通的同时，通过短信等方式进一步连接互动，多触点、多方式连接用户。

智慧电话销售系统可以改造传统产业流程，提升商业效率。在传统电销模式下，客户、产品和卖点匹配不精准，销售成败只在于营销人员个人的销售方法上，而智慧电销系统辅助精准匹配用户、产品和卖点，并且为营销员进行实时的销售话术和销售策略指导，提升电销人员的销售效率，实现了总体规模和业绩的提升。

第五章　传统金融行业面临的挑战

第一节　传统金融行业的大数据应用现状

当前，我们在工作和生活中无时无刻不在生成数据。身份证信息、通信录关联、日常聊天的人际关系、线上及线下的各种消费行为、征信记录等，各维度数据叠加后可以形成一个完整的画像。如何清楚定位出你是一个在校大学生？一个月均消费在3 000元左右的大学生？一个月均消费在3 000元左右，能够正常还款且在某大型公司有实习收入的大学生？带着以上问题，我们看看如下数据维度，有哪些可以用于你的画像定位。

- 身份证号显示年龄20岁。
- 淘宝多为平价衣物、化妆品购买记录，收货地址多为某校宿舍。
- 银行卡流水显示每月流入在4 000元左右，支出为3 000元左右，且定期有某大型公司的工资代发记录。

还可以有更丰富的数据维度么？答案是肯定的，如：

- 通信录存在某老师、某同学。
- 征信显示信用卡月均还款3 000元，无逾期记录。
- 经常在某企业和学校间乘坐地铁或搭车出行。

甚至，可能你的网站浏览记录，手机上下载的App数量及类型都会被记录下来。可见，数据的生成无处不在，数据应用范围也会越来越广。

大数据的应用范围很广，应用价值不断被肯定。金融行业大数据的应用价值表现在三个方面：一是通过挖掘出的信息应用于产品和服务的精准营销；二是通过数据分析挖掘出核心问题所在，使决策者能够选择最佳的问题解决方案或防控措施，利用量化分析手段更加准确及高效地发现问题和解决问题；三是做好预测分析，为企业决策者提供更加有力的参考。

一、传统银行的大数据应用

（一）客户画像

大数据时代，任何一家号称具备金融科技基因的企业，无论是金融机构还是第三方金融科技公司，都会有自己的客户画像模型。但是，客户画像的构建基础条件却不一样，存在数据底层差异和技术实力差异，当然可能还有方法论差异。

如科技巨头公司蚂蚁金服，模型数量已经数以百计，且每个模型可能已更迭至N代。当然，蚂蚁金服并不是一家银行，严格意义上说它是一家金融科技集团，其模型应用不仅为集团内的“借呗”“花呗”“网商贷”类金融产品提供服务，还包括将技术产品化输出给同业，支持其他金融机构的底层应用。

同一个模型下，随着数据维度越来越丰富，可以通过不停地更迭进行优化，可以由最简单的数据策略到各类算法引入进行扩展升级。客户画像模型除了常规的年龄、性别、地区外，可以细化到如学历画像、职业画像，以及叠加行为数据分析多头借贷模型等，这类都属于C端模型。而到B（企业，Business）端，还可以通过发票、往来、定位等维度挖掘上下游关系画像、实控人画像等。可以简单理解为，客户身上每贴一个具备特征的标签，其背后可能就需要一个策略或更为庞大的算法体系支持。一个客户画像的构成可能需要N个标签，标签越多，客户画像越齐全。

客户画像在银行业的常见应用场景如下：

一是直接形成客户画像结果，通过推送数据或界面展示的方式，使银行工作人员更直观地了解客户情况。随着算法升级，甚至可以通过推进个人客户“千人千面”式精准营销和定制化服务，促进产品以及风险控制方案优化。事实上，每家银行的客户画像结果差异可能很大，因为银行的数据底层一般是基于本行内的交易等沉淀数据和其他外部获取的若干信息，数据全面度有限，从而可能导致在这家银行你是个有稳定收入的白领，而在另一家银行显示你可能是无业游民的画像差异。

二是细化应用。前文阐述了很多客户画像模型类型，我们也可以称为标签模型。每个标签模型在不同场景中使用的信贷策略是不同的：在构建沿海某些地区的客户信贷策略时，你可能发现学历模型区分度不大，因为客户风险都是平均分布的；涉及某些偏远区域平台贷款的时候，学历模型的显性度就会很高。

数据是各种模型的底层，但是模型其实也非最终“成品”。很多模型只是相当于“乐高组合”里的其中一块积木，组成什么样的造型，还要依赖于组合策略。

（二）反欺诈

反欺诈最早应用于信用卡申请业务，用来防范信用卡申请过程中的各种风险，如非本人申请、恶意套现、以卡养卡等。随着技术升级后应用广度不断扩大，之后陆续扩展到支付、交易等多种场景。

以套现场景为例，目前的反欺诈模型已经升级为通过关联分析技术侦测身份和关系风险。因套现客户需要寻找套现途径，所以会聚集在一起有组织地套现。套现客户通常会加入多个套现QQ群、微信群、套现中介、套现交流论坛等，通过对客户画像和关系网以及部分行为数据的梳理，可以识别套现的社区或者关系网。部分银行因数据底层及技术能力不够，目前的反欺诈应用还不算是模型，可能仅是一些简单的策略。根据简单的规则识别欺诈行为，如用户开户地区广泛、持有较多的借记卡等数据维度。

反欺诈技术在贷前阶段多应用于黑名单，俗称“筛黑”；贷中阶段用于监测，如银行卡盗刷；贷后阶段可以应用于分析及风控反哺。

目前，市面上很多金融科技公司推出了反欺诈服务产品，产品的数据底层由这些公司在自有数据或者外购数据的基础上进行一定的模型处理后进行产品化。由于数据底层和模型逻辑或者算法的不同，最终呈现的产品品质也不同，各家银行可以根据自身需求和实力选择采购不同的产品。

（三）风险管理

银行大数据应用于风险管理的核心目标是做好客户分层，从而提升信贷管理智能化、精细化水平。

做好客户分层，也就是有效识别出“好客户”和“坏客户”，并提供合理的风控方案。随着大数据应用越来越广泛，模型使用的数据维度也越来越多，对客户能进行有效识别具备很强的实用性。这种实用性不仅反映在贷前阶段，也包括贷中和贷后各流程。

贷前的有效识别，可以明显提高信贷效率，这对于信贷风控中的批量型业务有着很强的意义。银行的信贷大多采用的是“一户一策”的方式，从客户经理收集材料到完成报告提交审批，流程长、效率低，这种高人力成本的经营方式并不适用于小微客群。在大数据广泛应用前，银行早年推广的“信贷工厂”模式，也是通过系统及数据表格化进行批量开拓小微客群的一个窗口，而随着各项金融科技手段不断深度应用，通过互联网金融模式开展普惠金融已经成为各家银行的优先选择。

在贷中及贷后阶段，可利用大数据技术对网络金融多项业务开展实时监测分析，建立网络金融风险监控系统，及时发现风险客群并做好相应的风控措施，有效提升各种交易的安全性。

二、保险行业的大数据应用

（一）客户画像

相较于银行业产品及人群分层需求的多样化，保险公司对客户画像的应用偏好相对简单，主要体现在“获客”两个字上。从找到潜在人群，到挖掘新客户，再到激活客户和客户维护（确定是否作为成熟客户培养还是退出），每个阶段都可以使用客户画像。

保险行业对客户画像会着重于应用保险需求判断、关系维护及出险可能性预测判断。但是，受限于保险公司比不上银行，能与客户之间存在高频支付交易的数据沉淀场景，内生数据太单薄，导致客户画像维度较少。市面上真正具备金融科技能力的保险公司少之又少，技术能力还需要不断完善升级，大多数都还是依赖于金融科技公司的产品和服务。

（二）保险反欺诈

与银行反欺诈类似，保险业的反欺诈可实现前置调查、理赔调查、自动理赔、关联性稽核的功能。

反欺诈风险行为模型包括欺诈行为侦测模型、异常行为侦测模型、关联性分析模型三种。通过模型预测与管理，反欺诈具备理赔档案分析、实现行为建模及自动化的持续完善与优化功能。

无论是人寿保险还是财产保险，理赔都是保险的本质。个人愿意花钱购买保险的前提就是在疾病或意外发生时能获得理赔。在理赔的过程中，会存在大量风险的识别和控制需求。如车险需要快速处理，但事故发生后及修理过程中，保险公司并不是全程参与，无法直观判断事故真假。若4S店和驾驶员串通模拟出险场景，一般很难识别，从而造成风险。引入大数据应用技术，通过客户画像、行为预测等方式，有效识别真正的风险，使该赔保的客户能够获得高效的理赔服务，并能快速识别骗保，提高经营效率和质量。

（三）风险管理

保险行业的大数据主要是应用于风险评估和保后监控及预警领域。对投保人的风险评估服务包括：一是对保前敏感信息进行核验，包括通过实名制核验、联系人核验、用户证件核验、常住信息核验，核实客户信息的真实性等，对风险进行初步判断。二是识别身体风险。保险公司有专业化的核保队伍对客户的身体状况进行判断，以便识别身体风险。为了使这个判断的效率更好地提高，通过大数据将医生的经验做归纳总结，形成规则，如年龄、地区规则等，最后再让这些规则为核保服务。保前风险评估是指根据不同应用场景，确定各场景风险控制要求，指定客户风险等级，输出适用于各场景的风险评估模型。

大数据在保后的应用则与银行类似，旨在通过风险情况动态监控及时进行风险预警并推送风险信息，保证时效性并掌握事件处理的主动权。

以泰康人寿保险有限责任公司为例，利用大数据理赔，制定了一套大数据智能风险评估机制。根据过去十多年的理赔案件，从几十个维度的角度作训练，形成个性化的风险评分，再把风险评分与传统的流程嵌入结案嵌套结合起来，形成差异化服务。基于这种服务达到规避风险，让优秀的客户理赔更高效、更及时，提升客户满意度的效果。

三、证券行业的大数据应用

（一）客户画像

证券公司的客户画像主要用于精确营销。通过大数据分析，证券公司可以更清晰了解大量投资者的资金管理方式和管理偏好，并且可以对不同投资方式以及投资类型的收益率等数据进行分析，从而做好对市场变化情况的预测。一方面大数据资产管理业务可以吸引更多的投资者将自身资产投入证券公司，另一方面也可以加强证券公司的资产管理能力。此外，证券公司在进行大数据分析时可以将社交网络上的大量个人经济和投资数据作为数据源，并将这些数据作为预测个人金融资产变动情况的参考信息，分析出民众的投资意愿和风险偏好情况，从而有针对性地吸引民众进行投资。

（二）预测分析

证券公司主要信息服务内容是经纪以及顾问业务。公司可基于对上市公司和市场等方面的调研和分析报告、对市场变化情况的预测分析、股市的涨跌变动分析等，为用户提供相对精准的信息服务。在以往的经济和顾问业务中，提供的信息往往是通过经验以及对现有信息的收集完成的，不仅费人力，而且耗时间，同时还存在预测精准度偏差较大的可能。而大数据技术基础之上的智能顾问服务，其运作方式是通过云计算和数据挖掘技术对以下两方面内容进行采集，一是客户自身的交易习惯、偏好以及历史交易情况，二是客户偏好的金融投资类型的实时数据，将二者结合起来建立量化投资模型对实际投资情况进行模拟预测并得出具体的投资方案，从而为用户提供合理的建议。

总体来说，目前大数据应用最深的应属于银行业，保险和证券行业则相对较弱，这种差异与不同金融机构的客群、业务属性及需求维度紧密相关。毕竟，不是每个金融客户都会买保险或者炒股，但是可以肯定的是他们至少有一张银行卡。

第二节　传统金融行业的瓶颈

一、大数据“基因”之战

（一）数据基因之殇

2017 年 5 月，IDC 发布的《数据时代 2025》白皮书显示：“2025 年全球的数据量将达到 163ZB，预计较 8 年前增长近 10 倍之多，增长速度惊人；同时，在大量端点设备中嵌入计算能力已成为人们当前时代数据增长的关键因素，数据的来源以及由数据飙升引起的应用趋势也会产生变化。全球数据中心的嵌入式系统设备数量将由不到每人1个飙升至每人4个以上，而所有这些创建数据的嵌入式设备都促进了大数据应用和元数据的增长和价值。”

在上述趋势下，适用于金融场景的数据维度和数据量也会越来越多。根据数据来源属性，数据可以分为：

- 内生数据：即自有系统中的数据沉淀，如金融机构内部的交易数据，包括日常资金转入转出、资金性质/用途及交易对手、理财数据、存款数据，甚至浏览及收藏记录等。

- 外生数据：一般为从第三方平台或者公司自有或间接获取的数据，包括公开数据及非公开数据。

公开数据的获取一般可采用爬虫技术通过互联网进行自动化及半自动化采集，如工商信息数据、公开诉讼数据等，但若公开数据平台的数据进行了反爬虫处理，则其数据批量获取上存在一定技术难度。

非公开数据则为市面上认可度较高的专业平台或者技术公司通过自有平台的数据积累、通过该公司进行中转或处理的数据及数据结果。该类数据源无法公开获取，或须由数据所有人在平台上进行专项授权，如经企业授权的税收数据、个人的出行数据，或为平台内积累的场景数据，如某大型百货公司的柜台交易数据，或为技术公司通过外部数据采集及分析建模最终输出的金融服务产品，如某科技公司的反欺诈产品等。

任何数据的所有权都归为用户自己。用户分为自然人个体和企业，也就是俗称的C和B。但从信贷对象来看，B也可能是C，当前市场“主旋律”的小微企业贷款，其实很多不是直接贷给公司，而是贷给公司的自然人老板。

结合前述的数据来源分析，请读者思考如下几个问题：

（1）金融机构使用了哪些内生数据？

（2）金融机构使用了哪些外生数据？

（3）金融机构还需要做哪些数据源的突破？

通俗一点讲就是“三连问”：（如果我是金融机构）我自己有什么？我从外面拿到了什么？我还需要什么？

第一个问题，是让各金融机构倍感压力甚至窘迫的根本。作为一名消费者，可以仔细回想一下自己在金融机构可能留下哪些数据痕迹。在银行会有各类收入、支出、转账及存款或理财记录。从收支信息中可以得到付款人及收款人信息和资金用途性质。通过存款或理财记录，可以判断该消费者的资产实力。利用与他人资金的往来记录、是否存在异常的往来交易，决定该消费者是否需要进入监控名单。经过授权获取的征信记录，又可以获取该消费者是否有房贷和其他借款、是否有历史逾期记录、是否有房、每月还款金额是否超过工资收入。如果是一家机构客户的信息，除上述维度外还可以通过代发工资、公积金缴纳、水电费缴纳甚至保险资金、还本付息等细节评判公司的经营情况等。那么，既然可获取的数据维度这么丰富，金融机构为什么还会感到窘迫呢？

答案为：用户合作的不仅仅只有一家银行，所有的数据会分散在各家银行的体系里，因此客户的画像会呈现碎片化。用户可能在一家银行购买了50万元的理财产品，而在另一家银行零存款且有现300元信用卡逾期记录，这两家银行对同一个用户的画像可能是“一个有钱的优质客户”和“一个缺钱的劣质客户”。除非所有银行系统打通数据，否则客户画像永远不可能准确。现实可能更加残酷，即使打通各个银行数据也很难塑造出真实全面的画像，因为一些非正式的资金情况是金融机构难以捕捉到的，如现金方式的借贷等，一个保有良好银行记录的客户，可能也是一个民间借贷的风险大户。

按照以上逻辑思考客户使用粘性更弱的保险及证券公司，其内生数据就更加先天不足了。

再回到第二个问题，目前金融机构借用了哪些外部数据？通俗的回答是，凡自己没有的数据，且只要当前场景需要，金融机构都希望可以从外部借力拿到，但受限于数据获取渠道以及数据的可信度，最终的效果千差万别。

近年针对B的各类“税金贷”大肆兴起，从中国建设银行、中国工商银行等国有银行，到平安银行、中信银行、浦发银行等股份制银行，再到微众银行、网商银行等互联网银行，甚至连东莞银行一类地方性小银行，都纷纷加入“税金贷”大军，积极加速抢占小微企业贷款的市场。可是这些税金数据是从哪里来的？一是金融机构直接对接地方税局，二是通过第三方金融科技公司获取（如诺诺和百望这类靠税盘软件销售起家的数据第三方金融科技公司）的。直接对接地方税局的方式会耗费大量的人力和财力，因此通过与具备资源优势的第三方金融科技公司获取数据是目前市场上比较常见的做法。

与第三方金融科技公司的合作方法主要分为以下三种：

一是直接对接数据，即在客户授权同意的前提下，第三方金融科技公司把相关数据直接推送给金融机构。一般采用这种方式的金融机构技术能力较强，如作为互联网金融领军的腾讯和蚂蚁金服（它们名下的银行分别是微众银行和网商银行，而其技术团队却不一定仅限于银行体系内）。

二是第三方金融科技公司也具备建模能力，可以输出建模结果作为参考，金融机构仍采用自有的系统。严格来说，税收及发票数据维度均太单薄，若要取得一定的建模效果，必须叠加其他数据，如工商、诉讼、反欺诈等其他外部数据或者外部模型结果。而目前部分第三方金融科技公司的建模能力处于起步阶段，建模效果会弱于头部（顶级）互联网金融公司或者自有数据沉淀能力较强的大型银行，但会优于自有数据及技术能力均较弱的小银行，因此也具备一定的市场空间。

三是系统和建模都由第三方金融科技公司提供，金融机构只提供资金和客户。这种其实是第二种方法的延伸，适用于整体实力偏弱的区域小型金融机构。

不同模式下会有不同的收费标准，有的是收取固定费用，也可以根据最终实现的信贷投放规模按一定规则进行定期分配利润。

再看第三个问题，金融机构还需要做哪些突破？答案为：一是尽可能的丰富数据底层和数据维度；二是对外部获取的数据及第三方数据结果，要做好数据治理和验真。

丰富数据底层和数据维度很好理解，现在很多金融机构早已在向这个方向努力，投入大量的人力物力搭建金融科技的底层能力，这也是大势所趋。而随着将来数据维度和获取渠道越来越多，数据越来越零乱，前期的数据治理和验真将越来越重要。上述提到的税金数据，在第一种直接进行数据对接的模式下，平台提供的数据并非直接可用的。由于数据来源于各地方税局，数据源可能存在时效不足、部分月份数据遗漏、输出过程的系统缺陷等一系列问题。若数据通过了第三方金融科技公司转处理，其处理逻辑是否再次影响数据质量，都需要进行层层验证的工作。

数据“基因”是指各金融机构的内生数据广度及外生数据的获取能力。正所谓“巧妇难为无米之炊”，没有良好的数据能力，再强的科技团队配置也只能望洋兴叹。各金融机构因存在数据“基因”的差异，特别是内生数据基础的单薄性，任何一家金融机构仅以自己的数据进行建模处理都不能达到最好的效果。所谓“数据基因之殇”由此而来。

（二）数据战争

严格意义上来说，很多金融机构的数据底层先天不足，受限于客群分布等资源劣势，再加上发展业务场景相对单一，要其投入更多的资源进行技术开发并非易事。因此，当前的金融机构数据底层及科技能力分化严重，一般的金融机构没有资格进入数据之争的战场。另外，目前的数据监管环境越来越严，传统金融机构一直遭到强监管，进入数据之战的动力也愈发受限。传统金融机构与其自己冒着风险耗费大量的精力物力构建大数据底层，不如直接购买第三方科技公司的数据。虽然存在各种个性化的需求磨合，以及数据转换处理的各类风险，但从时间成本和资金成本上考虑直接购买第三方的数据还是更为快捷、有效的方式。

目前市场上，金融机构可借力的第三方金融科技公司包括传统 IT 软件服务公司，如主打银行核心业务系统的神州数码、长亮科技及文思海辉等公司，主打互联网金融（电子银行、理财资管等）的科蓝软件、恒生电子等公司，主打企业财务软件的用友网科等公司，均成为金融科技领域的重要供给方。此外，还有新兴的互联网科技公司，如京东数科，其依托京东集团的流量、技术等优势，向中小银行输出场景、技术等能力；阿里系的蚂蚁金服、腾讯金融科技也都堪称行业翘楚。此外，云服务也是当前市场的一大亮点，阿里云、腾讯云、联想云等都属于“大厂”名下的知名云计算厂商。

第三方金融科技公司具有以下显著特点：一是拥有庞大的用户体量，沉淀了丰富的用户数据、交易数据；二是深入场景服务，具备某个特定场景的资源优势，而该资源的沉淀其他公司短期内难以复制；三是具备前沿技术应用实力，具备专业的技术团队和服务能力，能够实时把握用户需求，最终实现产品化输出。依托上述优势，互联网金融科技公司成为银行、中小金融机构重要的科技输出者。从输出产品来看，主要包含金融云服务、智能解决方案和场景开放等。

各类技术服务公司，除了硬件及系统服务商外，很多产品均需要不同的场景数据作为底层。既拥有核心数据，又有产品化能力的公司，才真正有资格进入数据之争的“决赛”。

“决赛”的赛场中，无疑腾讯和阿里巴巴是两个实力雄厚的“选手”。根据公开信息显示，腾讯在 2017 年就投资了 1 800 亿元，2018 年即使投资减半也达到 900 亿元。在电商领域，腾讯入股了京东和拼多多，还入股了斗鱼和虎牙，其他领域还有同程艺龙、猫眼、搜狗、美团等公司。而阿里巴巴 2018 年的投资规模则从 890 亿元提升到了 1 800 亿元。电商板块阿里巴巴收购了网易考拉，还入股了比较有名的流量媒体，如微博，在快递领域有申通快递、中通快递、百世物流等，另有高德地图、阿里影业等。有意思的是，互联网巨头在很多领域呈现出“你有我必须也有”的态势，如拼多多与淘宝、美团与口碑、猫眼与淘票票、滴滴出行与高德地图等。从表面来看，这些收购是为了扩大自己的投资版图，但是从深层次来看，也存在防御式收购的理念。滴滴出行与美团的股权之战，阿里巴巴最终败出，阿里巴巴对绝对控制地位的坚持致使公司实控人最终选择了腾讯。回头来看，美团和滴滴出行发展得欣欣向荣，阿里巴巴的确是拱手让出了非常好的流量“地盘”。

数据之战，在于数据来源的渠道之争。近年头部互联网公司的各类收购，其实都与数据流量“地盘”相关。作为消费者，在下载一个 App 时经常会被提示是否允许各类授权，其核心就是个人的相关数据共享。天下没有免费的午餐，免费的 App 靠什么盈利，这是个可以深层次思考的问题。如，出行 App 上，你的位置会被共享，同时你经常出现的位置、打车时点、车型以及打车频率，都可以作为个人画像分析的数据维度之一；消费网站上，你购买的物品价位、频次、每月消费金额、收货地址等，也可以从一定程度反映你的消费能力。

这些数据，在每个平台汇聚，最终可以作为数据底层进行输出和各类运用，这才是流量之争的根本。谁能在战场上最终获胜，现在还未见分晓。但是，有一点可以肯定，国家开始重视数据隐私的安全性，未来谁能在合规线内获取最稳定的数据资源，谁才是赢家。

从 2017 年年底开始，中央网信办、工信部、公安部和国家标准委等部门就开始治理国内大数据行业野蛮生长中的各种乱象。自 2018 年起，相关工作组先后多次对微信和淘宝等“国民级”应用进行隐私保护评估，并提出整改意见。同时，重点垂直行业和地方监管机构也明显提高了约谈频率。2019 年 1 月，由中央网信办、工信部和公安部牵头的多个机构开始对违规收集数据信息行为进行专项治理，被业内形容为“史上力度最大”的治理行动。2019 年 2 月，中国银保监会针对 App 收集信息的问题陆续约谈银行高管；上海网信办连续约谈辖区内应用程序运营企业；北京市公安部门也在“净网 2019”行动中将“非法爬取数据”作为整治重点。2019 年“3・15”晚会上集中曝光的大数据黑色产业链，后有号称“拥有 8 亿国人真实信息”的大数据公司——巧达科技被查。

在 2019 年十三届全国人大二次会议上，多名全国政协委员对数字经济时代个人信息保护存在法律缺位问题提出意见、建议。全国政协委员、公安部原副部长陈智敏曾表示，在数字经济时代，数据属于私有，相当于农业革命的土地、工业革命的资本，是重要的资产，但法律并没有赋予其资产的属性。数据的所有权、使用权、管理权、交易权、享有权没有被相关的法律充分地认同和明确地界定。如果数据的所有权明确，未经允许拿取、使用别人的数据，法律上属于盗窃行为。如果把数据看成是财务，偷盗则等于偷盗了其资产。如果泄露了与国家安全相关的数据，实际上比泄露国家情报还严重。如果泄露公民隐私数据，就侵犯了公民个人隐私。

相信在强监管预期下，未来的数据战争会更残酷。

二、差异化之争

（一）数据化转型

内生数据基础、外部数据获取能力、金融科技搭建意愿和底层技术实力的差异，最终都会导致传统金融机构的底层能力差异化。以银行为例，自银行出现以来，国际银行经历了四个阶段[①]：

- 银行 1.0（1472—1980 年）：以分行为主要客户渠道的古老传统银行。
- 银行 2.0（1980—2007 年）：自助设备开始出现，这是有史以来第一次银行在打烊后仍能够为客户提供服务的重大转变。通过电汇、ATM 自助办理等功能，初步打破了要在特定场所和特定时间才能完成金融服务的限制。
- 银行 3.0（2007—2017 年）：智能手机的出现和普及，颠覆了客户使用银行服务的时间、地点与方式。银行已经不再是一个地方，而是一种行为。银行需要摆脱对线下网点的过度依赖，要开发多渠道、全通路，重视从所有通路和客户互动的关系，进而调整组织及资源分配。
- 银行 4.0（2017 年至今）：银行 4.0 时代，领先银行通过技术创新带动业务创新，透过技术为客户提供无处不在的、内嵌的银行服务。这种服务透过数字化渠道，融入客户的一切生活场景中，与客户产生无障碍互动。此时的领先银行除了要提升传统银行业务能力外，还需要聚焦在以客户旅程为中心的客户体验能力上，包含风险管理、技术整合等的科技运营能力及囊括合作伙伴管理、合规研究等的企业业务运营能力。

银行 1.0 阶段延续了近 500 年，银行 2.0 阶段持续了 27 年，而经历银行

① “Bank 4.0” – Brett King.

3.0 阶段仅用了 10 年，科技发展促使银行业不断加速升级。计算机技术及通信技术支撑起了银行 3.0 时代，大数据、人工智能、云计算、区块链开启了银行 4.0 时代。但是，在跨时代的过程中并非每家银行都在一条起跑线上。

2019 年 10 月 18 日，由中国互联网金融协会金融科技发展与研究专委会、新华社瞭望智库联合撰写的《中国商业银行数字化转型调查研究报告》中，面向 51 家各类型商业银行（以下简称调研银行）开展问卷调查，并走访调研 10 余家代表性商业银行和金融科技公司。

调研结果显示：我国商业银行数字化转型正在加速，参与调研的商业银行整体数字化能力自评估得分为 3.01 分（总分为 5 分），41% 的调研银行将数字化转型作为“一把手工程”，75% 的调研银行正在或已经制订了全行级数字化转型方案，超过 70% 的调研银行在招募数字化人才、建立全行统一的大数据平台、搭建平台整合金融与泛金融场景、改善线上渠道和交互体验等方面已采取措施。

另外，有 76% 的调研银行认为战略规划在数字化转型过程中很重要，自评估得分最高为 3.47 分，而在技术创新和生态合作领域自评估得分分别为 2.45 分和 2.88 分，在所有领域中得分相对较低；90% 的调研银行正加大数字化转型方面的投入力度，但各银行规模差异较大；30% 的调研银行 2018 年信息技术投入占总营业收入的比例为 1.5%—3.0%，26.5% 的调研银行占比超过 5%；60% 的调研银行信息技术人员数占总员工数的比例低于 5%，12% 的调研银行占比超过 30%。

从技术应用看，大数据和生物识别技术在调研银行应用广泛，银行占比均在 96% 以上；区块链和物联网技术在调研银行应用占比较小，分别为 43% 和 27%；云计算、人工智能在调研银行应用占比均超过了 60%。新型互联网银行和国有大型商业银行在技术创新应用方面更为积极。

从银行类型看，由于机构规模、技术实力、数字基因等因素的综合影响，不同类型调研银行的数字化能力差异较显著，新型互联网银行、股份制商业银行、国有大型商业银行的数字化能力自评估得分高于调研银行平均水平，城市商业银行、农村商业银行的数字化能力自评估得分低于调研银行平均水平。

（二）传统金融的底层差异

本书整理了若干代表性银行的相关数据和金融科技情况，一窥各家银行的差异。

1. 国有银行。四大国有银行包括中国银行、中国工商银行、中国建设银行和中国农业银行，它们是传统金融机构的典型代表，我们可以从四大国有银行2018年年报公开数据一窥各家银行之间内生数据条件的差异。

手机银行客户数和发放银行卡的数量（以下简称发卡量）可以一定程度上反映出各家银行的客户基础，或者说是内生数据实力。相较于可能存在僵尸户的持卡户，手机客户数一定程度上可以相对精确反映出活跃客户数，也能一定程度反映其内生数据的潜力。如表5－1所示，四大国有银行中无论从手机银行客户数还是发卡量维度来看，客户基础最好的是中国建设银行。

表5－1　　四大国有银行手机银行客户数和发卡量

银行名称	手机端客户数（亿户）	发卡量	
		借记卡（累计，亿张）	信用卡（累计，亿张）
中国银行	1.4	5.3	1.1
中国工商银行	3.1	8.4	1.5
中国建设银行	3.1	10.4	1.2
中国农业银行	2.6	9.9	1.0

从科技建设能力来看，中国建设银行也在传统金融机构中相对领先。回顾一下中国建设银行的大数据发展进程：

• 2006年，建成数据仓库能力，解决数据能力问题。

• 2012年，开始新一代核心系统建设，解决自主用数据，使数据从后台走到前台，让每一个用户都能通过简单的方式获取数据进行分析。

• 2018年，开始建立大数据云平台，构建数据生态，深挖数据价值，提升数据应用的能力，并希望通过标准、高效的方式，把本行的金融服务、数据服务嵌入第三方，将银行业务扩展到社会生活场景的方方面面。另外，专门成立了上海大数据智慧中心和风险计量中心，提升精益生产和精准控制风险的能力。

中国建设银行也是四大国有银行中最先成立金融科技子公司的银行。中国建设银行具备相对领先的内生数据条件，同时具备较好的数据储备、处理及分析能力。此外，从中国建设银行云的建设可以看出，中国建设银行的金融科技已经有“走出去”的野心。能够将金融科技能力产品化并输出，说明中国建设银行已经开始迈入真正的金融科技赛道。

中国工商银行在2007年基于当时较先进的企业级的数据仓库的体系架构启动了中国工商银行的企业级数据体系的建设，做了全行统一的管理数据的大集中。2013年，中国工商银行引进了大数据领域在业界最流行的Hadoop技术，并在此基础上搭建了信息库。2014年，中国工商银行自主研发了流数据平台，提供实时或者准实时的流数据处理。作为“宇宙行”，中国工商银行的科技能力建设一直有比较良好的底蕴，当前主要集中在采集、计算和体系内应用。

中国银行在大数据方面目前做得比较成功的是中银开放平台。这个产品的主要设计思路是把整个中国银行的大数据进行了归集和整理之后，开发了1 000多个标准的API接口，而这些API接口可以用于中国银行体系内的各家分行。而中国银行也在规划未来客户可以通过这些API访问和使用中国银行的数据，用于加工得到自己想要的相关结果。

中国农业银行因客群定位的区别，对外一直宣称是“着力打造客户体验一流的智慧银行、三农普惠领域最佳数字生态银行”，原有技术能力主要集中在数据平台建设，且建设速度比中国工商银行稍慢。

总体来看，四大国有银行的客群结构和战略发展，都会影响金融科技的资源投入和战略方向。从各行2018年年报提出的科技概念来看，中国工商银行提出“智慧银行建设、中国银行提出“数字化银行”、中国农业银行提出“互联网智能银行”，而中国建设银行除了提出“数字化智慧银行”外，还专门提及了“生态朋友圈”概念，明确要为客户、同业和政府部门提供定制化技术支持服务。可见，四大国有银行的底层能力及战略已经出现明显分化。

2. 股份制银行代表。如图5－1所示，作为零售龙头的招商银行依然还是当仁不让的老大，2018年手机银行客户数已经突破8 000万户，其次是平安银行，随后是光大银行。中信银行2019年手机银行客户数有明显加速，开始赶超浦发银行。

（1）招商银行。早在2010年，招商银行就开始构建手机银行App，并在2013年率先推出微信公众号，金融科技意识领先；2016年，招商银行正式指出要加快推进金融科技战略，推动公司向“网络化、数据化、智能化”的未来银行转变，并明确零售金融领域的“手机优先”策略、批发金融领域的“线上化”策略以及风险管理预警模型的研发策略；2017年，招商银行又明确了金融科技银行的目标，并在2018年又提出对标金融科技公司，拥抱银行3.0时代。

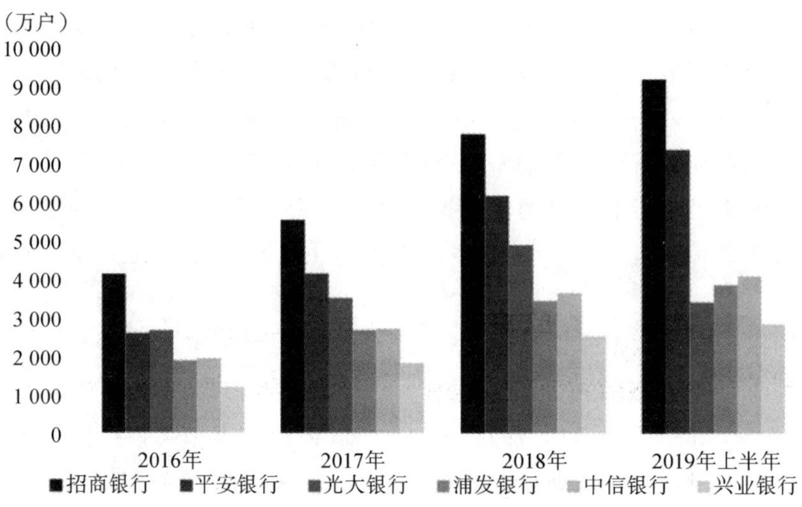

图 5－1　2016—2019 年上半年的 6 家股份制银行手机银行客户数①

2019 年 10 月，招商银行修改了公司章程，将持续加大金融科技投入写入章程，并明确投入比例，成为第一家将金融科技投入比例写入章程的商业银行。具体内容是：每年投入金融科技的整体预算额度原则上不低于上一年度本行经审计的营业收入（集团口径）的 3.5%；其中，投入经董事会授权成立的“招商银行金融科技创新项目基金”的预算额度原则上不低于本行上一年度经审计的营业收入（集团口径）的 1%。早在 2017 年，招商银行就宣布将上年税前利润的 1% 作为金融科技创新项目基金，2018 年又将该项目基金的投入比例提高到上年营业收入的 1%。据招商银行 2018 年年报透露，2018 年其科技年度投入为 65.02 亿元，同比增长 35.17%，是当年营业收入的 2.78%。

2019 年年末，招商银行在总行层面成立“金融科技办公室”，由总行战略规划与执行部更名改组而成，定位为全行金融科技的统筹管理与推动部门。由招商银行首席信息官江朝阳兼任金融科技办公室主任。这是招商银行成立以来，在信息技术架构上的最大一次改革。而强化银行中台职能、将技术和业务最大化地衔接，成为此次改革的最大看点。

此外，招商银行已建立大数据处理平台。以客户为中心从 9 个维度整合客户数据，形成 1.7 万个数据项，持续构建统一的客户视图。最终实现了信用卡和借记卡的数据互通，还跨条线对公司客户和零售客户进行关联打通。

① 资料来源：零壹智库。

（2）平安银行。马明哲在2013年提出了“科技引领金融”的战略，开始金融科技战略布局。到2017年，平安银行形成了“金融+科技”双驱动战略布局：以五大核心技术（生物识别、大数据、人工智能、区块链与云平台）为基础，聚焦四大生态圈——“金融服务生态圈”“医疗健康生态圈”“汽车服务生态圈”和“房产金融生态圈”。

2018年9月，平安银行制订了IT三年（2019—2021年）发展规划，通过分析现状与未来发展要求，结合行业最佳实践以及平安银行特点，确定了“未来三年整体科技能力进入股份制银行第一梯队，部分领域成为引领者”的整体目标，明确了未来三年的具体行动计划、工作重点及相应的实施策略。该规划将作为平安银行后续三年开展各项信息科技工作的总体指导性文件。

2018年12月14日，中国平安集团董事会会议通过了《关于完善公司执行委员会决策机制和组织体系的议案》，增设三位联席首席执行官（CEO），由李源祥先生、谢永林先生、陈心颖女士担任，三人分别分管个人客户综合金融业务、公司客户综合金融业务和科技业务。按照中国平安集团的说法，这一制度将在“金融+科技”“金融+生态”战略上进行资源整合与协同。

近十年来，平安集团累计科研投入超过500亿元，创立了10多家新科技公司、25个科技研发实验室和6大科技创新研究院，累计申请科技专利超过1.2万项。2018年报告期内，平安银行信息科技投入65.02亿元，同比增长35.17%，是该行当年营业收入的2.78%，同比提高0.46个百分点。平安银行全行累计申报金融科技创新项目931个，其中304个项目已投产上线，“金融科技银行”建设取得明显进展。

（3）光大银行。光大银行在金融科技领域的发展始于互联网科技产品——云缴费。数据显示，2018年云缴费的缴费金额达2 063亿元，接入项目总量达4 041项，缴费用户达2.53亿户，手续费收入达到了1.59亿元。在对公业务方面，云缴费业务则是一项银行与政府机构、大中型国企与事业单位、互联网平台建立合作的重要突破口。截至2018年年末，收费单位在光大银行开立结算账户3 308户，沉淀日均存款为202.57亿元，同比增幅为430%。云缴费已经成为光大银行在行业内的一款明星产品，在获客、银行存款等方面发挥了重要作用。

此外，根据公开信息显示，光大银行已经建立了“一个大脑、两大平台、三项能力”的全方位金融科技体系。所谓的“一个大脑”就是数字化大脑，银行的经营管理、风险控制、市场拓展都建立在数据基础上，银行运用数字技术改进经营管理，创新商业模式，推进产品创设，实现智能服务。“两大平台”即云计算平台和大数据平台。前者提供包括弹性计算能力的基础设施云、提供灵活部署能力的容器云和为小微企业提供技术输出的普惠金融云；后者则提供海量的业务数据处理能力，为上层的智能应用提供数据服务。“三项能力”即自主研发能力、安全运营能力和开放协同能力。其中，涉及沉淀公共技术自主研发、规范流程制定标准、连接互联网场景赋能产业和金融业等多个方面。

（4）中信银行。中信银行在2018年发布了手机银行5.0版，推出了语音银行、二维码支付、私人银行尊享版等，并升级智能推荐引擎和客户标签体系，提升了个性化推荐服务能力和客户体验。在大数据研发应用上，中信银行大数据平台已搭建10个技术组件和23类业务应用，分布式存储能力同比增加60%，数据可容量达到3.6PB，每天大数据平台处理消息数平均达4亿条，处理能力提升40%。从手机客户数的增长速度来看，2018年中信银行反超浦发银行，也是得益于此。

从新技术研发情况来看，光大银行、兴业银行和中信银行也积极冲在前列，具体情况如表5－2所示。

表5－2　　部分股份制银行新技术相关举措

新技术类别	部分股份制银行新技术相关举措
大数据	光大银行：研发“大零售客户画像超市”等大数据产品。 民生银行：搭建小微智能化信贷入口、大数据风控决策引擎、风险预警监测系统等系列平台。 中信银行：对大数据平台进行升级扩容
云计算	光大银行：开展现金管理云平台等平台建设。 民生银行：研发上线“云注册”“云账户”“云快贷”等产品。 中信银行：自主研发金融级分布式数据库
区块链	光大银行：上线区块链可信凭证等系统。 兴业银行：开展区块链服务平台及其合同应用SaaS化项目。 民生银行：正式加入R3区块链联盟，与其他银行合作共同开发区块链信用证交易平台和区块链福费廷交易平台，并致力于金融司法链的探索。 中信银行：联合同业建立国内银行间最大的区块链合作生态。 平安银行：利用“平安区块链”四大核心技术，打造供应链应收账款服务（SAS）平台

续表

新技术类别	部分股份制银行新技术相关举措
物联网	民生银行：自主研发 smartlocker 协议，实现在云端远程控制实物存取、追踪实物流转等操作
人工智能	光大银行：孵化客服智能语音项目和全终端视频客服项目，引入指纹识别和人脸识别技术，建立全行统一生物识别平台。 兴业银行：深入开展分布式技术与微服务架构、爬虫、人脸识别等技术研究。 中信银行：推出首个 AI 金融服务平台——“中信大脑”，为客户提供“千人千面”精准营销服务

资料来源：零壹智库。

从公开信息来看，各家股份制银行近年都在提升金融科技战略地位，加大力度提高内部科技能力，但是笔者认为，实力最强且发展潜力最大的仍为招商银行和平安银行。

3. 传统银行金融科技“走出去”。随着近年来大数据与金融行业的深度融合，大力推动了金融行业的转型升级。但随之而来的互联网金融的崛起，却让传统金融业感受到了极大的生存压力。实力强的金融机构，已经纷纷成立科技金融公司或互联网科技部门，推出各类数据化服务产品，提前驶入金融科技的“车道”。实力弱的金融机构，也在摩拳擦掌想借助外部技术能力搭上“顺风车”。

从上述各家银行的科技能力搭建情况来看，基本遵循“先内后外”的原则：优先服务本行集团，着力于数字化转型、智能化转型，然后在此基础上，若具备技术条件，才会将平台系统、产品与服务向同业中小银行、非银行金融机构、中小企业等进行科技输出，以提升自身在金融领域的品牌影响力。但由于技术条件不够成熟，各家银行步伐不一。为了进一步促进金融科技的研究和应用，各大银行纷纷成立金融科技子公司，招揽市场上的优秀人才，为银行的数字化进程提供全方位的支持。

2015 年 12 月，兴业银行成立了兴业数字金融服务（上海）股份有限公司，注册资金为 5 亿元，打响了商业银行成立金融科技子公司的“第一枪”。

2015 年 12 月，中国平安集团旗下金融科技公司——上海壹账通金融科技有限公司成立，注册资金为 12 亿元。同时，平安科技公司转型进入金融科技赛道。

2016 年 2 月，招商银行组建全资子公司——招银云创（深圳）信息技术有限公司，注册资金为 6 500 万元。

2016 年 12 月，光大集团成立光大科技有限公司，注册资金为 1 亿元。

2018 年 4 月，中国建设银行组建建信金融科技有限责任公司，注册资金为 16 亿元，成为国有大行中成立金融科技公司的第一家银行。

2018 年 5 月，民生银行宣布正式成立民生科技有限公司，注册资金为 2 亿元。

2019 年 5 月，华夏银行成立龙盈智达（北京）科技有限公司，注册资金为 2 100 万元。

2019 年 5 月，北京银行成立北银金融科技公司，注册资金为 5 000 万元。

2019 年 5 月，中国工商银行成立工银科技有限公司，注册资金为 6 亿元。

2019 年 5 月，中国银行成立中银金融科技公司，注册资金为 6 亿元。

从成立金融科技子公司的时间轴来看，股份制银行是走在前列的。

从资本规模方面来看，除了中国农业银行尚未成立金融科技子公司外，中国建设银行、中国工商银行和中国银行成立的科技金融子公司的注册资金都至少为 6 亿元。其中，建信金融科技有限责任公司高达 16 亿元，为各家银行之首，其次为平安银行的上海壹账通金融科技有限公司，注册资金为 12 亿元。科技本身是高投入行业，特别是前期基础设施的搭建，需要大量持续的投入，银行系金融科技子公司前期可能会面临着持续高投入、短期净亏损的业绩压力。从当前公开信息来看，成立较早的金融科技子公司尚无成功的产品化输出案例。

4. 其他中小银行。中小银行依托本地特色、满足当地金融需求，是银行体系中的重要组成部分，承担着普惠金融的重要职能，但同时中小银行又受制于资本、人才、规模、科技等因素，在转型中更显得举步维艰。《2019 年中小银行科技金融发展研究报告》中对中小银行金融科技发展情况进行了调研评分，如图 5 - 2 所示，其中相对最高分是战略板块为 69. 5 分，相对最低分是数据板块为 49. 8 分，体现了中小银行虽然有金融科技的战略思想，但却苦于最短板的数据底层。

中小银行转型面临的困局为：一是缺钱；二是缺人；三是缺技术。与大机构相比，中小银行在人力、财力、资源上均无法与之相提并论，自身信息化平台搭建能力缺乏，对外依赖度较高。此外，企业内部信息系统较为落后，无法支撑海量、快速的业务增长，金融科技转型压力较大。特别是对某些地方性农商行而言，区域特征致使其只能围绕当地客户进行业务发展，且系统、产品均较为落后，风控能力偏弱，本身经营已较为艰难。没有未来良好的市场增长预期，甚至还可能深陷各种“黑马”泥沼里不能自拔，在这种情况下，还能有实力、有魄力做金融科技转型的中小银行少之又少。除了部分民营银行因互联网属性有相对高的科技投入外，其他中小银行无法复制大银行金融科技的发展道路，一般会采取“拿来主义”，多会直接与第三方科技平台建立合作关系。

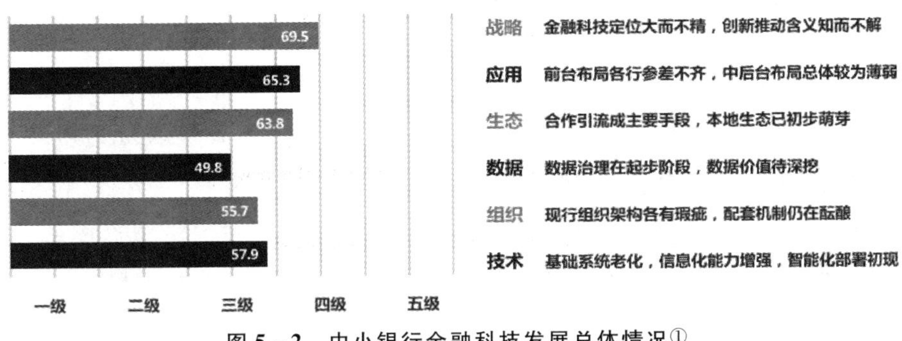

图 5-2　中小银行金融科技发展总体情况①

以武汉众邦银行为例，其成立于 2017 年 5 月，是中国第 11 家民营银行，注册资本为 20 亿元，第一大股东为卓尔控股有限公司。其市场定位是互联网化的物流与科技为主营业务的银行，采取“网存网贷”业务模式，充分利用互联网技术，针对商贸、物流、供应链和高新技术企业提供特色金融服务，致力于发展地方经济，与传统银行实现互补竞合。其股东卓尔控股有限公司是从事商贸、物流、交易、仓储线上线下服务的大型企业，旗下拥有的汉口北国际商品交易中心是全国最大的消费品交易平台。此外，卓尔控股有限公司还在全国各地建立了多个商贸物流中心，并创建了卓尔购、卓金服、卓服汇三大线上交易及服务应用平台，形成一个庞大的卓尔云市场。卓尔控股有限公司线上线下的多个供应链及交易平台，为微众银行提供了海量的数据流和庞大的客户集群，能够有效地支持武汉众邦银行的业务发展。

截至 2018 年年末，武汉众邦银行总资产为 293.05 亿元，同比增长 102%，其中贷款余额为 85 亿元，同比增长 105%；全年实现营业收入、净利润分别为 5.07 亿元、7 539 万元，同比增长分别为 407%、374.84%。武汉众邦银行通过“众链贷”系列产品“采购贷”“分销贷”“钢购 E 贷”“棉购 E 贷”等，

① 资料来源：《2019 年中小银行科技金融发展研究报告》。

为产业供应链中的上下游中小微企业提供供应链金融服务。2018 年年末对公贷款余额为 52 亿元，较年初增加 23 亿元，增长 80%。围绕大商贸、大旅游、大健康等线上平台，依靠“千人千面”的大数据风控模型，武汉众邦银行在个人交易场景植入“众易贷”系列消费信贷产品，在严控资产质量的基础上，实现“秒批秒贷”，全线上运行，有效触达“长尾”客户。截至 2018 年年末，个人贷款余额为 33 亿元，较年初增加 21 亿元，增长 163%。

此外，2018 年年报显示客户总数超过 476 万户，较年初增长近 55 倍。从客户数来看，武汉众邦银行近年增长迅猛，成绩亮眼。但其 2018 年运行报告[①]显示，该行电子银行业务中的 App 自有客户为 10 万户，相关输出业务客户数为 65 万户，企业网银客户数为 625 户，企业直通车平台客户数为 371 户，这与年报反映的 476 万客户总数相距甚远，主要是由于年报反映的是累计服务客户数。因此，其真实的自有客户数在 10 万级水平，客户基数仍偏弱。

另外，据媒体报道，包括武汉众邦银行在内的多家民营银行推出的一些系列产品都采用提前支取利率且达到了 4.3%，即使存一年利率为 4.3% 的话 5 万元也有 2 150 元的利息，以“高息”吸引存款。根据武汉众邦银行 2018 年年报显示，该行 2018 年净息差为 2.37%，虽然高于同期大型商业银行、股份制商业银行、城市商业银行（以下简称城商行）的 2.14%、1.92% 和 2.01%，但却远远低于民营银行 3.49% 的平均净息差。武汉众邦银行盈利能力仍有待验证。这也可以反映出中小银行招揽储蓄的窘境。

从 2019 年下半年起武汉众邦银行的招聘信息来看，该行在大量招聘信息科技部及风险管理部的大数据风控岗，同时还在寻找供应链管理部负责人。这些迹象至少可以表明：作为尚无网点的民营银行，线上经营为主的模式必然会带来技术压力；另外，当原有股东的资源逐步耗尽，新的客源及盈利增长需求带来的压力会越来越大。虽然武汉众邦银行也在尝试做技术产品化的输出，但因基础资源有限，除非技术输出的同时能转让客户，否则在当前各路金融科技公司兴起的背景下，其技术输出能力并没有明显优势。

武汉众邦银行是中小型民营银行的一个代表。国家鼓励兴办民营银行的初衷，是为了弥补商业银行在个人、小微企业、“三农”等普惠金融服务方面的短板，但严格控制网点数，导致远程开户受限。民营银行只能依赖新科技进行信用和风控管理，对物理网点要求低的网络和移动端开展业务。这也就意味着

① 资料来源：《湖北金融年鉴（2019）》。

民营银行离不开金融科技，但却受限于资源及技术瓶颈。当前，某些民营银行迫于生存压力，经营模式上仍有小额贷款公司或消费金融公司的影子，要想成为一家真正“互联网银行”尚任重而道远。

第三节 To C 还是 To B

一、To C 金融的裂变与增长

To C 就是面向用户（To Customer）。这里的 C 是指个人用户，在金融行业中 C 也就是消费者。

（一）拼流量时代

To C 最重要的一个能力是产品本身有颜值、有吸引力，也可以简单理解为：C 端就是拼流量。

在互联网时代，流量能带来什么？对于电商，流量意味着市场。2009 年第一次淘宝“双十一活动”仅取得 5 000 万元的销售额，但到 2019 年就达到了 2 684 亿元，10 年间涨至了 5 300 多倍，这一增速相当令人震惊（见图 5－3）。

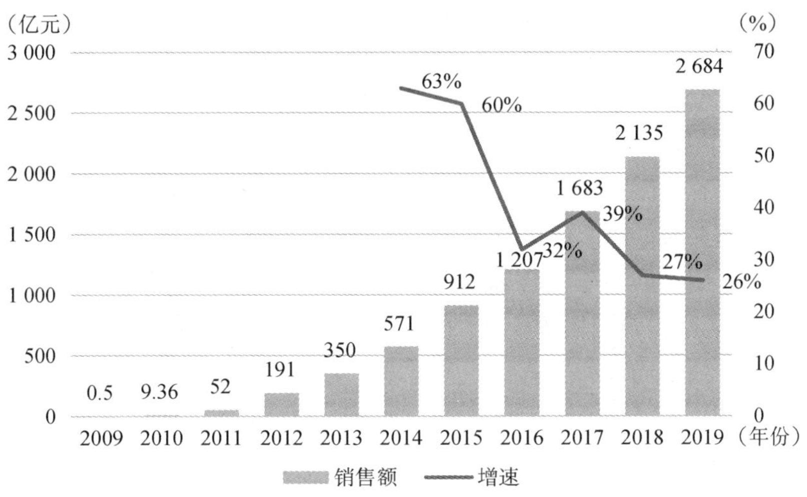

图 5－3 2009—2019 年淘宝“双十一活动”销售额变化

而随着市场内各类互联网公司不断涌现，竞争愈演愈烈。以阿里巴巴的淘宝和拼多多为例，拼多多经过多年高速发展后，但到2018年淘宝的成交总额（Gross Merchandise Volume，GMV）仍为拼多多的13.5倍。严格意义来说，两者其实不是一个等级的电商，但为何近年淘宝却如临大敌，开始下沉市场与拼多多进行正面交锋？一方面，淘宝及天猫商城的客群拓展已经到顶，增速有限；另一方面，随着拼多多产品的逐步升级，开始挤压淘宝部分客群，从产品到客户均出现了明显的同质化竞争。淘宝与京东竞争多年，而京东目前主要以电器和京东直营作为主打，每年双方虽仍有各种大战，但事实上客群和产品结构基础已稳定，处于和平竞争的局面。但拼多多出现后，从低价产品到吸引品牌商家入驻，甚至直接拿出政策吸引天猫商家到拼多多开店，通过各种烧钱补贴的活动吸引消费者，这明显动了淘宝的“奶酪”。拼多多吸引商家为消费者提供更多样化的产品，又吸引消费者为商家提供更多的流量，靠的底气是什么？“烧钱”。

公开数据显示，拼多多2016年营业收入为5亿元，净亏损2.92亿元；2017年营业收入为17.4亿元，净亏损5.25亿元；2018年营业收入为131亿元，净亏损102.2亿元。2019年前三季度营业收入为75.139亿元，较上一年同期的33.724亿元同比增长123%。与此同时，运营费用高达84.7亿元，使公司归属股东净亏损达23.35亿元，同比扩大113%。拼多多亏损扩大主要是由于增加了研发投入和市场补贴。其中，拼多多的研发费用进一步增长至11.272亿元，较上一年同比增长240%。此外，自2019年“6·18”以来，拼多多联合品牌商推出“百亿补贴”，针对包括Apple MacBook、戴森吹风机等在内的逾万款商品实施让利。其中，在2019年的“双十一”大战中，拼多多卖出40万台iPhone11及1 000台国产汽车，拼多多“百亿补贴”入口的日活用户已经突破1亿。

而事实上，不止拼多多，自进入互联网时代以来，几乎所有平台在成立之初都绕不开“烧钱”二字。滴滴出行自从2012年成立以来，累积亏损390亿元，仅2018年，滴滴出行就亏损109亿元。美团2015—2018年亏损600亿元，其中2018年亏了85亿元。美团代表了上一个创业时代的主流思潮：一个项目好不好，不在于它能不能赚钱、利润率高不高，而在于未来的增长速度有多快和未来的想象空间有多大。但近年，各大平台也开始关注转化率数据。

在过去的十年里，To C端的中国互联网、电子商务，挟带着巨量用户红利、资本支持对产业价值链进行了一次彻底的重构，给整个行业带来了巨大的产业资源，因此互联网思维开始渗透到各行各业并逐渐盛行。流量引入带来了大量线上数据，为线上金融业开启了另一篇章。

（二）传统金融业 C 端金融走向分岔路口

线上消费高速发展的背后，也带动了 C 端消费金融的繁荣发展。从传统银行的个人消费金融数据来看，四大国有银行、股份制银行和城商行呈现出不同的特征。

1. 四大国有银行。“宇宙行”中国工商银行 2018 年个人消费贷款规模较上年有所收缩，同比下降了 20.18%，降至 2 041.62 亿元；中国农业银行 2018 年个人消费贷款增量居四大行首位，增加了 204.84 亿元，同比增长了 14.9%；中国建设银行 2017 年的个人消费贷款增长速度一度高达 156.74%，但这一增速却在 2018 年骤降至 9.07%。（中国银行未公布数据）

2. 股份制银行代表。已上市的全国性股份制银行个人消费贷款增速分化较为明显，在 8 家已上市的股份制银行中，光大银行 2018 年个人消费贷款余额猛增 246.8%，达到 1254.25 亿元。而个人消费信贷规模最大的是民生银行，在 2018 年年末达到了 4 177.07 亿元，但比 2017 年年末下降了 180.45 亿元，同比降幅为 4.14%。浦发银行 2018 年个人消费贷款增速在 7 家股份行中位居第二，同比增长了 67.66%，增至 2 203.66 亿元。华夏银行 2018 年个人消费贷款余额同比增长了 20.9%。

3. 城商行代表。3 家个人消费贷款余额突破了千亿大关的城商行分别为上海银行、江苏银行和宁波银行，截至 2018 年年末，这 3 家银行的个人消费贷款余额分别为 1 575 亿元、1 056 亿元和 1 149.75 亿元；增幅分别达到了 127.39%、80.65% 和 31.7%。南京银行个人消费贷款余额体量虽然不及上述 3 家，但是增速也十分亮眼，达到了 91.22%。另外，两家刚登陆 A 股市场不久的城商行——西安银行和青岛银行的个人消费贷款余额增速分别达到了 156.09% 和 119.1%。

调查发现，中小城商行因对公业务承压及互联网金融冲击，近年仍持续加大资源投入到零售板块，消费金融仍维持较高增速，但国有银行和股份制银行的个人消费贷款增速开始出现放缓趋势。

从银行的信用卡业务来看，2013—2017 年主要上市银行信用卡业务累计发卡量增速明显，其中增长率最高的为浦发银行，5 年内发卡数翻了近 7 倍，从 653 万张增加到 4 116 万张，年度复合增长率达到 58.45%。

但是，过快发展带来的负面影响是信用卡不良率上涨的压力。从 2018 年年报数据来看，浦发银行信用卡不良率是 1.81%，仅次于民生银行的 2.15%和中信银行的 1.85%。而在 2017 年，信用卡不良率中，浦发银行也是增幅最高的，不良率达到 1.58%。

（三）互联网 C 端金融的盛极而衰

从市面上的各类消费金融公司的业务发展来看，C 端金融近年也出现了明显盛极而衰的局面。

2013—2014 年，“分期乐”“京东白条”“趣分期”“爱又米”等产品纷纷上线，行业进入启动期。启动期的相关政策以鼓励业务发展为主，至 2015 年 6 月政策共批准成立了 15 家持牌消费金融公司。进入 2015 年，大量互联网消费金融机构、产品涌现，其中包括 2015 年 4 月上线的“花呗”。政策方面，2016 年 3 月，中国人民银行、中国银监会提出“加快推进消费信贷管理模式和产品创新”。在行业创新、政策鼓励的共同作用下，互联网消费金融进入快速增长期。但是，在快速增长的背后，出现了过度授信、暴力催收等不合规经营方式，2017 年出台了各项资质、业务监管政策，行业进入整顿期。

2017 年年末现金贷新政出台，压缩了部分风险管理水平薄弱的小贷、P2P 等企业的发展空间，长期来看有利于肃清市场环境，而前期伴随现金贷行业快速发展带来的风险也逐渐暴露，短期内对部分信用卡客户的资金周转构成一定挑战。因此，很多分析都会认为，2018 年起 C 端红利消耗已到顶。

二、To B 金融的蓝海与未来

（一）“烧钱”拼技术

随着 To C 市场的各项红利逐步透支完毕，未来市场的增长点被锁定在 To B（To Business，客户端）。而 B 端客户需求与 C 端客户存在很大差异，想服务好 B 端客户并不是将 C 端方法论照搬过来就可以解决的。

C 端消费者需求主要是为了满足个人生活的各种物质产品和精神产品的需要，如人们生活中对衣食住行等物质产品的需要，以及对文化、教育、艺术等精神生活的需要。B 端消费者的需求维度相对固定，主要是生产周转需求，包括为满足生产过程中物化劳动和活劳动消耗的需要，如企业的生产需要劳动力，需要厂房、土地和机器设备，需要原材料、水、电、气等生产性消耗。从某种程度来说，C 端消费者因个人偏好差异很大，存在“千人千面”的情况，而一个 B 端客户经营是否稳定的评判维度相对固定，但为何大家一致都认为 To B 比 To C 更难做？根本原因仍在于数据底层的差异。

前述 C 端市场大家愿意“烧钱”拼流量的前提是，当前数据底层包括技术在很大程度上已经可以分辨出一个人的基础画像和行为偏好。因此，只要平台能吸引你（消费者）过来，那么随后就可以用“千人千面”的产品吸引你，让你成功消费。

如打开淘宝页面，如果你想买一双靴子，那么在搜索栏输入“靴子”后进行浏览选择，并收藏若干款浏览过程中还在某家店铺看中了 T 恤，又作了同款比对，同时还发现某款饰品正是个人的中意款，收藏后准备特别留意活动情况。那么，随后你发现，再次进入淘宝的主页面就会有所不同了。因为根据你的浏览轨迹并通过各类算法推算出你的消费偏好，再展现给你界面就是各种同类产品的推介。在这种情况下不一定会增加消费者的购买欲望，让消费者买一双靴子的欲望提高到两双或者多买件 T 恤，但是作为消费者，发现这个平台有这么多契合个人需求的产品，浏览 10 分钟的时间预算就变成了 30 分钟，那么从机会成本来说，也就大大降低了去其他平台购买的冲动，自然也就相对提高了本平台的消费概率，同时也增加平台粘度，可以获取更多的数据。

从金融行业来看，数据应用最终是需要分辨出一个消费者还款能力的高低。对个人消费层次、负债规模、资产实力以及还款意愿等多维度数据进行综合汇总后，个人画像越精准，评判其消费能力就会越精准，因此为每个人定制的金融产品也会同淘宝一样，出现“千人千面”的情况。当然，并非每个平台都能做到“千人千面”，但是通过各类金融科技公司的产品能力加持后，触及 C 端金融的门槛似乎也没有那么“高大上”了，最终能够获客才是“王道”。

可 B 端为何做不到“千人千面”呢？个人除年龄、学历、资产和负债这类属性数据外，还有很多行为数据可供分析，且行为数据叠加属性数据后，模型下的维度具备很强的鉴别能力。在其他数据都相近的情况下，一个月收入为 2 万元的人，还款能力必定是高于月收入为 5 千元的人。但是，一个企业端口能获取的只有经营数据，而同样的经营数据却不能精确鉴别企业还款能力的高低，原因在于：一是行业差异化大。如同样都是净利润率 5%，在某些批发零售行业已经属于经营相当好的客户，但在某些高端制造业，这个数据说明企业生存极其艰难。二是产品差异大。如同为钢材加工制造业，加工附加值因产品不同而差异明显，这其中还未考虑一家公司生产多种产品的差异。三是渠道差异大。不同的原材料来源、市场地位和结算方式，都会造成周转率和利润率的差异。此外，还需要叠加公司实控人个人资信情况、公司管理风格、上下游资信情况等。其实B端才是真正需要“千人千面”客群的，但事实上因数据维度缺失，要想做好这类客群，就只有从技术方面制胜。

（二）传统普惠金融的兴起

普惠金融，简单理解就是小微企业贷款。

企业按规模划分为大、中、小、微四种类型，“小微企业”即小型企业、微型企业的统称。早年比较通行的概念还有“中小企业”，即中型企业、小型企业的统称。随着我国金融业深化发展，中型企业融资难题得到较大缓解，因此“中小企业融资难”问题近年被“小微企业融资难”替代。

“小微企业”的界定标准并不清晰，我国常用的主要有“国标”“监标”“行标”三种标准。事实上，这四类企业之间并没有清晰的边界。在我国，不同部委还结合自身工作需要，分别定义了“小微企业”，主要有工信部、中国银保监会两种定义（俗称分别为国家标准、监管标准，即“国标”和“监标”）。

工信部等多部委联合发布的《关于印发中小企业划型标准规定的通知》（工信部联企业〔2011〕300号），按照企业从业人数、营业收入、资产总额等，结合行业特点，对不同行业的小微企业标准作了规定。如，工业的划分标准为：从业人员1 000人以下或营业收入40 000万元以下的为中小微型企业，其中，从业人员300人及以上，且营业收入2 000万元及以上的为中型企业，从业人员20人及以上且营业收入300万元及以上的为小型企业，从业人员20人以下或营业收入300万元以下的为微型企业。

金融管理部门（中国人民银行、中国银保监会等）根据金融工作的需要，也有自己的一套小微企业、小微信贷界定标准，即“监标”，一般是在“国标”基础上，加入融资规模的变量。2007年，中国银监会在《银行开展小企业授信工作指导意见》（银监发〔2007〕53号）中，对小企业授信的定义为：银行对单户授信总额500万元（含）以下和企业资产总额1 000万元（含）以下，或授信总额500万元（含）以下和企业年销售额3 000万元（含）以下的企业，各类从事经营活动的法人组织和个体经营户的授信。金融管理部门的小微企业或小微信贷的“监标”一般用于评价、考核金融机构对小微企业的实际支持情况。

有些银行还会根据自身情况调整上述定义。如网商银行和微众银行，它们的小微贷款借款人是小微企业的法人代表或者个体工商户，借款主体多为个人，这又与传统银行的小微“企业”存在明显差异。

中国银保监会一直将小微企业贷款增长作为对金融机构指标考核的内容之一。2019 年中国银保监会办公厅发布的银保监办发〔2019〕48 号文件对普惠型小微企业贷款提出明确的“两增两控”要求：“两增”即单户授信总额 1 000 万元以下（含）的小微企业贷款同比增速不低于各项贷款同比增速，贷款户数不低于上年同期水平；“两控”即合理控制小微企业贷款资产质量水平和贷款综合成本；突出对小微企业贷款量质并重、可持续增长的监管导向。

2019 年上半年，我国大型股份制银行、城商行、农商行的普惠金融贷款成绩大致如下：

在国有银行中，中国工商银行上半年普惠金融贷款余额为 4 400 多亿元，比年初增加 40% 以上，位居榜首；中国农业银行上半年普惠型小微企业贷款余额为 5 109 亿元，较年初增长 36. 45%；中国建设银行、交通银行和中国银行，对应普惠金融贷款余额增速分别为 36. 2%、27. 22%、27. 07%；此外，邮储银行上半年普惠型小微企业贷款余额为 6 126. 36 亿元，较年初增长 12. 41%。

在股份制银行中，中信银行截至报告期末的普惠金融贷款余额达 1 672. 46 亿元，较年初增长 22. 66%；招商银行普惠型小微企业贷款余额为 4 232. 12 亿元，较年初增长 7. 64%；平安银行小微企业贷款余额为 1 887 亿元，较年初增长 7. 1%。

在城商行中，郑州银行上半年单户授信总额为 1 000 万元（含本数）及以下小微企业贷款余额为 259. 66 亿元，较年初增长 13. 78%；上海银行至 2019 年 6 月末，普惠金融贷款余额亦达 205. 37 亿元，较年初增长 20. 80%。

农商行中，作为 A 股中资产规模最大农商行的青农商行小微贷款余额为 867. 75 亿元，占全行公司贷款余额的 73. 24%，较年初增长 8. 65%；常熟银行上半年适度加大对公贷款投放，上半年单笔授信 100 万—1 000 万元、1 000 万—5 000 万元的客户贷款增量分别占总贷款增量的 31%、31%，较 2018 年上升明显。

随着大数据深入发展，技术为小微贷款带来的变革明显要弱于 C 端贷款。

这类变革主要是在贷款风险评判维度和流程处理上。传统金融企业的小微贷款从客户申请贷款，到客户经理尽职调查，再到后面的流程审批，最初仍采取“1V1”模式，即每个客户仍需要客户经理进行现场调查和收集材料，相对费人费力费时。虽然随着技术发展，部分小微贷款逐步开始变为线上申请，简化尽调流程，标准化审批流程和要求，以提高整个流程效率，但能实现像消费金融这种“310”模式（3 分钟申贷、1 秒钟放款、全程 0 人工介入的全流程线上贷款模式）的银行目前大概只有互联网银行，大部分传统银行的小微贷款并未完全做到全线上化和高效化。近年传统银行推出趋向于“310”模式的普及性产品，目前主要集中在供应链产品和税金贷上。

为什么没有办法全部做到“310”模式？主要还是受限于数据维度不全，以及监管单位对传统银行的尽调要求，不能像互联网银行那样做到对客户的完全“免干扰”。即便在税金贷产品中，为了能达到监管要求，各家银行也是绞尽脑汁尽可能做到“尽调”和“免干扰”兼顾，部分银行由现场的访谈、核查等方式，简化为仅核实厂址是否正确、是否开工等，省去访谈等干扰性动作，让客户的被干扰感尽量降到最低。

（三）互联网银行 To B 的跑道

互联网银行的小微贷款大多数仍有 To C 的影子，与传统银行相比，除大数据赋予的底层能力具备一定优势外，其客群全部为线上获得，且利率明显高于传统银行。小微贷款因相对具有更高的风险，因此利率水平也较高，传统银行年化利率一般维持在 6%—8% 的水平，而互联网银行能达到 10% 以上，甚至可以比照消费贷款的融资成本，日均利息可到 0.04% 或 0.05% 的水平。

近年，互联网银行着力抢占 B 端跑道，从供应链金融到税金贷，积极扩大技术投入，提升市场占有率。

以网商银行为例，在蚂蚁金服体系内就是定位为主营小微贷款的一家银行。网商银行 2015 年 6 月 25 日正式开业，蚂蚁金服持股 30%，为第一大股东，前身为蚂蚁金服小额贷款公司，第一笔贷款就是为了支持阿里巴巴体系内的商家贷款，即淘宝商家贷款，再到后来的“1688”平台商家贷款。随着阿里巴巴收购的各场景平台越来越多，以及支付宝线下获客渠道不断打通，网商银行的客群开始拓展到体系外，定位变为“普惠金融、服务小微、服务三农”。

据网商银行年报数据显示，截至 2018 年年末，其资产总额为 959 亿元，负债总额为 905 亿元，所有者权益为 53.7 亿元，年末资本充足率为 12.1%。

此外，该行全年发放贷款及垫款为476.89亿元，年末不良贷款率为1.3%。全年营业收入为62.84亿元，净利润为6.71亿元，历史累计服务1 227万户小微企业和小微经营者，户均余额为2.6万元。

目前，网商银行的主要借款人仍以企业主为主体，因此在数据模型上，属于“C+B”数据叠加。对于企业经营者申请贷款，除了考量其公司维度可获取的数据外，还要考虑个人资信情况等因素，叠加后的策略可以用于确定额度、定价和产品。以税金贷为例，线上获取小微企业的税务数据后，仍会考量个人征信、融资历史等情况。

事实上，市面上具备代表性的To B产品很少，主要是由于线上获取的数据维度过于零散。但从2018年开始，税金贷产品开始在全国遍地开花，成为目前To B产品的主打品牌。为何税金贷产品可以脱颖而出？原因为企业端的各项数据中，水务、水电、代发、社保、进出口等，目前官方唯一给予条件性开放的仅有税务数据。虽然说小微企业避税成为常态，很多企业不会足额缴税甚至会隐藏利润，也可能出现延迟缴税等情况使税务数据不太精准，但依然不妨碍它成为当前线上描绘小微企业画像的数据“头牌”。

（四）畅想未来

金融科技的下半场将转向To B服务，已成为市场普遍的共识。但To B到底该怎么做，事实上仍受限于数据底层能力。To B的未来机会可能在哪里？答案为：一是场景金融；二是新型智慧城市。

场景金融不是一个新的事物。从最初的核心客户“1+N”供应链，再到以流量平台企业上的数据进行金融赋能，都属于场景金融的一个类型。互联网时代开启后，供应链经过线上升级，提升了单一核心客户开放数据的意愿，但并非创造了新的数据维度。平台企业出现后，极大地丰富了客群数和数据量，为To B金融开启了另一扇门。无论是前者还是后者，对核心客户或者平台的单链条依赖度都很高，因此无法像税金贷类产品通过一组模型就可以成亿级、十亿甚至百亿级别的增长，单个供应链、单个平台需要制定个性化的策略，因此To B的增长仍是小而量多的漫长之路。

智慧城市经常与数字城市、感知城市、无线城市、智能城市、生态城市、低碳城市等区域发展概念相交叉，甚至与电子政务、智能交通、智能电网等行业信息化概念发生混杂。而对于金融业而言，智慧城市最大的价值在于数据共享。随着政府对数据的重视度不断提高，部分城市政府已经建立了大数据公司，开始集中管理相关数据并进行应用研究。这也就意味着未来某天，这些大数据公司可能利用B端客户的社保、水电、进出口等数据，进一步提高企业画像的精确度。试问，一个税务数据可以引发百亿、千亿级的信贷市场，那么这些数据开放后，是不是可以做更多的畅想？

第四节　当传统金融遇上金融科技

一、科技金融还是金融科技

根据奥维咨询的统计，中国金融机构2018年总计投入1 522亿元用于科技，这一数字将以21.4%的年复合增长率增长，预计2023年将达到4 008亿元。中国金融行业科技服务市场规模将实现高达48.7%的复合平均增长率，从2018年的188亿元增至2023年的1 369亿元。随着金融科技的不断升级，未来金融产业的变革也将愈演愈烈。在此，我们需要提前区分近年高频出现的两个概念及其演变——“金融科技”（FinTech）和“科技金融”（TechFin）。

（一）从金融科技到科技金融

金融科技的概念很早是在国外产生，而在国内金融业的发展史上，最早的金融科技也其实是金融科技化。举个通俗易懂的例子，如在对金融体系而言非常重要的支付系统发展中，美国联邦储蓄系统（以下简称美联储，FRS）在1970年已经可以投入使用实时全额结算系统，德国和日本的系统也分别于1987年、1988年上线，英国和中国香港的系统也在1996年实现了落地，而中国内地是到2002年才建成的。在20世纪90年代，金融科技化的重心就意味着由原来的手工填单对账升级为电脑对账。这个科技化目标是一个现在看来相对朴素但在当时却可能是遥不可及的愿望。

在很长一段时间里，金融科技化的概念一直盘亘在各家金融机构每年的规划图上。如招商银行在1995年提出“科技兴行”战略，并率先推出了集本外币、定期活期、多储种、多币种、多功能服务于一身的“一卡通”；1999年启动了国内第一个网上银行体系“一网通”，全国所有分行同时推出了网上个人银行、网上企业银行、网上支付、网上商城、网上证券五大业务种类；2000

年又推出“手机银行”服务，通过全球移动通信系统（GSM）网络，用户可以在手机界面直接完成各种金融理财业务。从那时起，招商银行就初步确定了将虚拟银行发展成为客户服务主要渠道的思路，而同期其他银行还没有将虚拟银行上升到战略高度。中国工商银行1996年正式成立软件开发中心，1997年软件开发中心启动了“CB2000”系统的开发，这是该行自主研发的超大规模银行应用软件系统，在当时是一个历史性的创举。中国工商银行1999年启动数据大集中工程，也就是“9991工程”，这同样是中国金融系统数据集中的开创性工程。此后，中国工商银行建成了具有国际先进水平的南、北数据处理中心，实现了全行经营数据的集中。这些都是金融科技化的代表性成果。

从国家政策层面来讲，正式将“科技”与“金融”进行公开组合的文件始于2010年年末。2010年12月16日，由科技部牵头，中国人民银行、中国证监会、中国银监会、中国保监会共同出台了《促进科技和金融结合试点实施方案》（国科发财〔2010〕720号）提出：为促进科技和金融结合，加快科技成果转化，培育发展战略性新兴产业，支撑和引领经济发展方式转变，五部决定联合开展“促进科技和金融结合试点”。试点内容包括：“针对科技支撑引领经济发展中面临的新形势、新任务，通过创新财政科技投入方式，引导和促进银行业、证券业、保险业金融机构及创业投资等各类资本创新金融产品、改进服务模式、搭建服务平台，实现科技创新链条与金融资本链条的有机结合，为从初创期到成熟期各发展阶段的科技企业提供差异化的金融服务。试点地区可以结合实际，选择具有基础和优势的试点内容，突出特色，大胆探索，先行先试。”

该方案提出科技金融的主旨是鼓励各地政府综合运用补助、资助、补偿、贴息、引入担保、盘活资本转让市场等方式，与金融机构一起为科技型企业建立起良好的金融环境。这个时期的“科技”与当前的大数据、人工智能等技术运用的“科技”完全不同。

一颗石子激起一朵浪花。此后，“金融”和“科技”两个词开始频繁出现在金融业的各类报告中。随着互联网行业的兴起，人工智能、区块链、云计算、大数据技术在金融行业的广泛应用，当前的升级版的“金融科技画像”才逐步沉淀出来。金融科技一直都存在，只是随着技术的发展在不停变换面貌而已。

那么，什么时候出现了“科技金融”的说法呢？事实上，互联网金融开始蓬勃发展之后，在热炒概念的需求之下，相关公司对外纷纷称自己是金融科技公司。

转折点在2016年，中国人民银行条法司副司长刘向民在一次讲话中明确指出：要划清互联网金融和金融科技的界限。他表示，金融科技不直接从事金融业务，主要是与持牌机构合作，而互联网金融的本质仍然是金融，风险属性并没有改变，同样具备金融风险的隐蔽性、传染性、广泛性和突发性等特征，在行业高速发展的同时，风险也在快速积累，并已经开始爆发。因此，金融科技要与持牌机构合作才能从事金融业务，并抛开表面属性，从业务模式出发进行穿透式监管。

随后在2017年4月，蚂蚁金服财富事业群总裁樊治铭“新金融生态联盟第一次理事会暨专题研讨会”发表了主题演讲，强调蚂蚁金服是科技金融，而不是金融科技，这是蚂蚁金服首次发声对外解读“科技金融”。樊治铭同时表示：“蚂蚁金服的优势不是金融而是科技，2017年开放金融平台成为蚂蚁金服战略转型的重心，利用‘财富号’做好科技，帮助金融公司、银行、证券、保险以及金融企业打造开放的金融平台。”

此后，“科技金融”的说法被各路人马纷纷模仿。银行说，其是金融机构，其在大力发展技术底层支持金融，其是科技金融；消费金融公司说，其运用了大数据技术，有科技赋能，其也是科技金融；第三方技术公司说，其有技术，其产品主要服务于金融，其也是科技金融。

（二）从科技金融到金融科技

2018年11月2日，央行发布的《中国金融稳定报告（2018）》将金融控股集团分为两类。一类是金融机构在开展本行业主营业务的同时，投资或设立其他行业金融机构，形成综合化金融集团（如平安集团），这类金融控股集团仍然由相应的金融监管部门（中国证监会和中国银保监会）监管。另一类是非金融企业投资控股两种或两种以上类型金融机构形成的金融控股公司，分为大型企业集团（如中信集团）、地方金控集团（如北京金控集团）、央企金控集团（如招商局）、民营金控集团（如海航集团）以及互联网金控集团（如阿里巴巴、腾讯）5种。随着近年来众多的民营资本纷纷谋局金控集团，进行资本逐利，市场上各类金控集团不计其数，且对这类集团的监管处于空白的状态，风险隐患也逐步暴露。

2019年7月26日，中国人民银行发布了《金融控股公司监督管理试行办法（征求意见稿）》，该办法设立了金融控股公司的市场准入许可，并提出了严格控制股东资格、强调资本来源真实性和资金运用合规性监管、简化并明晰股权结构、强化公司治理结构、规范发挥协调效应和关联交易监管、完善并表管理风险“防火墙”制度等监管要求。该办法主要针对上述第二类金融控股集团。

在监管重压之下，2019 年 7 月 28 日，蚂蚁金服董事长井贤栋、数字金融事业群总裁黄浩、总裁兼网商银行董事长胡晓明、副总裁兼保险事业群总裁尹铭等众多高管接受《中国企业家》杂志采访，发出封面万字长文“蚂蚁不想成为大象”。蚂蚁金服向外透露：“我们从来就是家技术公司，不是金融公司。”2019 年 7 月 30 日，据彭博社报道，蚂蚁金服计划成立一家新的子公司，以此申请金融控股公司牌照。蚂蚁金服将由此被一分为二，分别设置在两个公司之下。持有小贷、银行、保险等金融牌照的相关业务，划入新成立的金融控股公司旗下；金融云、风险管理等科技业务将保留在蚂蚁金服。从此，蚂蚁金服的“Fin”与“Tech”拆分，各回各位，“新蚂蚁”留下了科技业务，成为真正的科技公司。

金融科技的重心在于科技，是围绕金融发展升级需求而提供产品的科技，这才是当前金融科技的核心。金融板块剥离后，蚂蚁金服将与市场上其他为金融机构提供技术服务的公司一样，回归为纯粹的科技产品输出公司。

2019 年 8 月，中国人民银行印发《金融科技（FinTech）发展规划（2019—2021 年）》（银发〔2019〕209 号），指出金融科技是技术驱动的金融创新，金融业要秉持“守正创新、安全可控、普惠民生、开放共赢”的基本原则，充分发挥金融科技赋能作用，推动我国金融业高质量发展；提出到 2021 年，建立健全我国金融科技发展的“四梁八柱”，进一步增强金融业科技应用能力，实现金融与科技深度融合、协调发展，明显增强人民群众对数字化、网络化、智能化金融产品和服务的满意度，使我国金融科技发展居于国际领先水平。至此，“金融科技”被正名。

二、融合与发展

随着金融科技的欣欣向荣，压力倍增，中国人民银行印发的《金融科技（FinTech）发展规划（2019—2021 年）》（银发〔2019〕209 号）提出的“开放共赢”，也为金融行业的未来发展定了一个基调。通过金融科技赋能金融，已经成为传统金融在大数据时代升级的必选之路。部分互联网金融公司拥有绝对的金融科技实力，也成为当前传统金融机构优先合作对象。

在2017年的互联网“风口”，四大国有分别银行与腾讯、阿里巴巴、京东、百度四家公司建立了合作关系。

- 中国银行和腾讯：建立“中国银行—腾讯金融科技联合实验室”，将重点基于云计算、大数据、区块链和人工智能等方面开展深度合作，共建普惠金融、云上金融、智能金融和科技金融。
- 中国建设银行和阿里巴巴：按照协议和业务合作备忘录，双方将共同推进中国建设银行信用卡线上开卡业务，以及线下线上渠道业务合作、电子支付业务合作、打通信用体系。
- 中国工商银行和京东：签署了金融业务合作框架协议，双方将在金融科技、零售银行、消费金融、企业信贷、校园生态、资产管理、个人联名账户乃至电商物流领域展开全面合作。
- 中国农业银行和百度：双方签署了框架性合作协议，同时揭牌金融科技联合实验室，主要立足于数据与算法在金融服务中的探索应用。

反观近年的合作成果：

- 中国银行与腾讯的合作主要在反欺诈领域有所推进。根据公开信息显示：“依托腾讯海量的黑灰产数据，以及积累的大量黑产对抗经验模型，中国银行在过去一年累计监测超过30亿笔交易，其中阻断了超过100亿元的交易金额。”
- 中国建设银行和阿里巴巴的合作推进仅限于技术研发层面，尚无其他公开信息。
- 中国工商银行和京东的合作进展：一是中国工商银行和京东金融集团联合发行的“Joy&Doga”贺岁主题联名信用卡，可支持京东商城6%消费返现；二是京东物流表示将为工行电商平台“融e购”的商品提供配送服务。
- 中国农业银行和百度双方共同打造的“农行金融大脑”一期实验室正式投产，合作仍在研发层面。

总体来说，上述合作关系的建立价值，更大程度上是为了显示四大国有银行对金融科技的态度；合作效果上，除了反欺诈能作为一个严格意义上的金融科技产品输出外，其他合作效果仍不明显。

当前，大型银行在建立自有的金融科技底层能力，同时也有更多银行与金融科技公司走向了联合贷款之路。根据2018年年底网络已公开的中国银保监会的《商业银行互联网贷款管理暂行办法》（以下简称《办法》）征求意见稿，对“联合贷款”做出了界定：联合贷款是指商业银行与具有贷款资质的机构按约定比例出资共同发放的贷款。

从贷款发放流程上来看，主要有如下几个节点：

（1）借款人提交信贷申请。

（2）金融科技公司为借款人核定授信额度。

（3）合作银行进行独立审查核定授信额度。

（4）通过贷款分发机制，金融科技公司和银行按照一定比例，共同向借款人发放贷款。

最初的联合贷款中“合作银行进行独立审查核定授信额度”这一环节是被弱化甚至不存在的，这导致了一个巨大的问题，即银行对金融科技公司的风控依赖度过高，银行成了出资机构。若联合放贷比例为1:9，这也即意味着金融科技公司10亿元的资金，可以撬动100亿元的贷款规模。除了10%的利息收益外，还有额外的技术服务收入，这是相当可观的收益。

目前国内联合贷款市场规模已达2万亿元左右，涉及数百家银行等金融机构。蚂蚁金服依托于强大的金融科技实力，服务的金融机构占了一半以上。

“联合贷款”作为一种创新产品及模式，早已受到关注，行业内普遍存在违规兜底承诺以及违反风险分散原则等问题，但一直未有统一的监管文件。直到2017年12月，互联网金融风险专项整治工作领导小组办公室和P2P网络借贷风险专项整治工作领导小组办公室联合发布的《关于规范整顿“现金贷”业务的通知》（整治办函〔2017〕141号）开始提及了对助贷规模的限制。2018年年底，中国银保监会向银行内部发放的《商业银行互联网贷款管理暂行办法》的征求意见稿明确指出：“商业银行与其他有贷款资质的机构联合发放互联网贷款的，应当建立联合贷款内部管理制度，并在制度中明确本行联合贷款授权管理机制。商业银行应当独立对所出资的贷款进行风险评估和授信审批。商业银行不得以任何形式为无放贷业务资质的合作机构提供资金用于发放贷款，不得与无放贷业务资质的合作机构共同出资发放贷款。”2019年1月，浙江银保监局发布《关于加强互联网助贷和联合贷款风险防控监管提示的函》（浙银保监便函〔2019〕9号），率先对银行联合贷款下发监管政策，要求“核心风控环节不得外包，不能异化为单纯的放贷资金提供方。不具备互联网贷款的核心风控能力和条件的银行，不得开展联合贷款业务”。

总体来说，相关合规关注点落在了信贷审查和增信方式两个方面：一是进行独立的贷前审查和审批；二是不接受无资质第三方提供增信服务或兜底承诺。其中，第一条就意味着商业银行若想参与联合贷款，必须要有独立的风险评估和授信审批。这就让银行左右为难了，联合贷款都是线上批量贷款，如果要有独立的风险评估和授信审批，就自然满足不了效率，但如果具备一定的金融科技能力，可实现线上批量审批，那又何苦要让利给第三方金融科技公司。

现实中，大量的商业银行正是由于金融科技能力不足，才有了联合贷款的动力，而在监管要求之下，其又必须具备独立评估和审批能力。这就迫使商业银行必须扩大自己的金融科技团队，提高金融科技能力，而那些完全没有金融科技基础的小银行，未来会慢慢被甩出联合贷款的队伍。所以，能否搭上联合贷款的末班车，留给小银行的时间已经不多了。

第六章　金融监管的变革

第一节　金融监管科技简介

按照现代金融监管提出的风险分类，金融风险分为市场风险、信用风险、流动性风险和操作风险。其中，操作风险是由于公司内部法律、合规制度、流程不完善有疏漏人为操作引发的风险。金融市场不断演化迭代变迁，金融机构不断总结经验应对操作风险，但最实质的解决方案只有两种：一是用机器取代人，二是双人独立复核。人的心理因素，潜意识导致行为不可预测，而机器是更加可靠、忠实的，业务操作流程中凡是可以自动化、系统化、标准化的部分就要坚定不移地推进使用机器，使之脱离人的范畴，不经过人员的具体操作。操作风险因为牵扯到人，总有无穷种可能性，无论怎样细致的防范，在认知层面都有人不知道的部分。

利用机器实现自动化、标准化的流程操作是最有效对冲操作风险的利器。所以，如果能够用机器完善一部分或全部操作流程的话，那么相当一部分操作风险都会得到有效控制。而对于那些不能用机器取代的流程或者由于业务规则过于复杂，只能通过人亲力亲为操作的业务，通常采用双人独立复核的方式控制以降低操作风险。如我们乘飞机准备起飞的时候，都会听到飞机值班机长的广播："机舱门已经关闭，请空乘人员交叉检查。"讲的其实就是杜绝飞机上的操作风险，因为那可能是致命的。这看起来非常朴素的方法，其实是控制人的操作风险最有效、最实质性的一个管理流程。无可争议的，在瞬息万变、危机四伏的喧闹的交易大厅里，随着机器程序化交易的日新月异，很多过去传统交易员的工作都被机器代替。

在纽约证券交易所（NYSE），交易所大厅里超过60%的交易员都被机器代替。但在交易大厅第二层（大宗交易层）还有很多交易员，负责处理在交易所股票交易中机器程序不能解决的问题和大宗交易的撮合。

双人独立复核虽然能够大概率地控制或抵御操作风险、流程风险，但面对残酷现实，和《黑天鹅：如何应对不可预知的未来》的作者纳西姆·尼古拉斯·塔勒布（Nassim Nicolas Taleb）所阐述的道理一样：多少次高效的双人复核成功案例的作用都远不及一次双人复核失败的结果的破坏和打击，因为它会彻底改变人们对于这种执行方式的虔诚信任态度。在交易流程中，即使我们尽职尽责地展开双人复核检查，也可能无法控制或消除交易操作风险。那么，我们应如何更有效、实质性地监督监管金融交易活动。

20 世纪 70 年代早期，纽约证券交易所引入订单传送及成交回报系统［Designated Order Turnaround（DOT）及后来的 Super DOT］以及开盘自动报告服务系（Opening Automated Reporting System，OARS）揭开了金融科技史诗的序幕。

进入 20 世纪 80 年代，计算机已经被广泛应用于股票与期货的跨市场指数套利交易中。80 年代后期及 90 年代，伴随着计算机登上了历史的舞台和电信网络的发展，美国证券市场的全面电子化交易和电子撮合市场（Electronic Communication Networks，ECN）开始了飞速的发展。新的科技彻底颠覆了华尔街金融交易的格局，打破了原有的金融业务模式。但任何技术都是一柄双刃剑，由科技创新带来的新的金融风险也一起到来了。

金融监管和华尔街交易平台的套利（包括监管套利）就是猫捉老鼠的永恒游戏，或者说是像冷战时期的军备竞赛，前台交易的“军备”扩张了，中台风险管理和市场金融监管的“军备”也要跟上，不能落伍，否则，科技发展速度的不对称性就会带来新的金融风险。

前台业务线前进的速度太快，风险管理和金融监管滞后没有跟上是造成 2008 年金融危机的一个主要原因，美联储前主席格林斯潘一直是一个不折不扣的自由资本主义者，相信和提倡资本市场自身的调整和修正的能力，但市场那只“看不见的手”并没有力挽狂澜让一路狂奔的华尔街悬崖勒马。他在美国国会就 2008 年金融危机作证时不得不承认他过去抗拒对于金融市场严格监管的做法，有部分是错误的。

科技和数学模型、金融模型一样是中性的，没有道德的好坏之分，好坏是来自使用者的初心、想法和动机。科技能够推动前台交易业务的飞跃式发展，同时也带来了很大的风险和波动。金融监管必须利用先进的科技来武装、提高自己的监管和风险控制能力，跟上市场发展的步伐，不能掉队。

近几年，随着大数据、云计算、人工智能的引进，万物互联科技在金融的各个领域开花结果。数字化从金融市场推广到社会、企业乃至个人生活的每个角落。金融大数据、金融科技和人工智能所支持的算法，彻底改变了过去金融监管人工事后监控的窘境；智能实时监控、智能预警等把金融监控和监管提高到前所未有的水平。但无论科学技术的变迁多么巨大，金融监管的核心也就是“初心”是一成不变的，就像武侠小说里描述的“扬善除恶”的侠士一样，即保证资本市场公平、稳定、有序、安全地运行。美国电影《美国狙击手》里，主人公在幼年的时候，他的父亲在晚餐桌上讲了让他牢记一生的话，“这个世界上的男人有三种：羊，软弱被欺凌的男人；狼，凶恶的坏人；羊倌，保护羊群不受恶狼的攻击，有能力来保护弱者让这个世界更公平的男人”。金融监管就是要做保护投资者（羊群）的勇敢机智的“羊倌”。

在经济发展的不同阶段，会有不同类型的金融结构满足经济发展对金融服务的实际需求，所谓的最优金融结构是与经济体具体的发展阶段紧密关联的。而不同的金融结构有着迥然不同的风险结构，金融风险的分布范围、类型、相关性和风险量级千差万别。与金融结构不相适应的监管模式会导致监管效率低下，制约金融发展和创新；适应于金融结构的监管模式监管效率高，能够强化金融发展甚至引导金融结构的优化和金融创新。金融监管和金融创新自始至终都是相辅相成，互为支持的。金融要发展就必须不断推陈出新，但创新就一定会带来前所未有的风险，因而要保持有效的金融监管，金融监管模式要和金融创新的演进相适应，同时金融监管也要不断创新，跟上金融改革创新的步伐和大潮。

自20世纪30年代“大萧条”以来，欧美主要国家金融监管体制和规则发展演变的主要驱动力是应对历次金融危机的叠加迭代的结果。这种由金融危机驱动的监管方式鉴于金融危机后的公众不满情绪和舆论压力，易矫枉过正，对市场主体施加烦琐和严苛的监管要求；同时，因为制定、修改法律规则的滞后性，当金融市场复苏时监管规则往往难以及时跟进，或还停留在弥补上一次金融危机漏洞的状态，从而导致监管周期和金融周期产生错配，形成对于金融创新的束缚。

2008年的全球金融危机也不例外。危机后的金融监管改革增加了金融机构的合规义务，改变了其商业动机和业务结构。全能银行模式受到业务隔离规则的严格控制，监管资本（最低资本）的提高则改变了银行发放低价值贷款的动机或能力。如，“巴塞尔协议Ⅲ”大幅度提高了银行的资本充足要求，并重新制定了满足更加苛刻的监管条件的资本种类。这在增强金融市场稳定性和银行抵御抗击风险能力的同时，也使银行向中小企业和个人发放的贷款减少，导致后者转而依赖 P2P 借贷平台及其他金融创新满足日益增长的长尾信贷需求。

后危机时代的金融监管至少从两个方面催生了金融科技：一方面，面对日益烦琐严苛的监管规则，金融机构需要新的有效技术手段降低合规成本，满足合规监管要求；另一方面，在趋于严厉的监管规则及环境下，传统金融机构的经营回缩，需要新型业态填补业务空白、满足市场需求，科技乘虚而入，助力推动金融改革创新，为投资者提供新的业务和产品。从这两个维度看，科技都是与金融紧密地结合，服务于金融的。

第二节　海外发达国家金融监管的发展和演变

一、美国金融监管发展和演变

回顾整个美国的金融发展和金融监管的历史，银行和金融集团的经营方式经历了混业—分业—混业的演变发展过程，最终走向了混业经营。美国的金融监管紧紧跟随着行业的发展而变化，从自然混业阶段到法定分业阶段，再到法定混业阶段、严格限制的混业阶段。

1789 年，美国首任总统华盛顿任命当时年仅 33 岁的汉密尔顿为美国第一任财政部长，处理 13 个州因独立战争而欠下的巨额债务。当时各州财政自由，各自发行着债券和货币。汉密尔顿石破天惊地提出了被后人称作“旋转门”的方案，由联邦政府承担各州全部债务，财政部发行新币，回笼旧币，发行新债，清偿旧债，条件是各州交出财政权，由联邦政府统一财政大权。经过多次努力，1793 年，美国国债成为欧洲债券市场上信用等级最高的债券，国家的信任和信用转化成资本市场上的资金，成为美国经济增长的原动力和催化剂。

独立战争后的百年间，美国一直实行混业经营的自由银行制度，金融市场的准入门槛较低，政府对金融企业经营范围的干预较少。

1907 年 10 月，美国爆发金融大恐慌，也称为“1907 年美国银行危机”或

“尼克伯克危机”。资本市场上信任的快速流失，导致众多信托公司遭遇挤兑。当时美联储尚未诞生，稳定市场的力量就责无旁贷地落在华尔街的银行家肩上，而其中最为突出的就是约翰·皮尔蓬·摩根，也就是现在著名的 J. P. 摩根公司的创始人。当时大众投资者对于约翰·皮尔蓬·摩根的信任远远超过了对于美国政府的信任。当约翰·皮尔蓬·摩根以救世主的姿态出现在纽约证券交易并开始他宏伟的救市计划时，市场和投资者的信心得到了巨大的提升。约翰·皮尔蓬·摩根于 1913 年 3 月 31 日在去往埃及开罗旅行的途中突然去世。非常巧合的是，就在同一年，威尔逊总统签署了《联邦储备法案》，并于 12 月 23 日建立了具有划时代意义的美国联邦储备银行（Federal Reserve Bank）。联邦储备银行成为美国银行的银行，或者 Bank of Bank，在当时的历史条件下它同时也扮演了金融监管者的重要角色。

美国的证券投资活动在第一次世界大战后迅速发展。当时绝大多数普通大众反对政府对证券市场插手监管。银行贷款条件宽松，投资者们怀着白手起家的发财梦想，对于未被监管的证券市场中潜藏的巨大危险浑然不觉，激情万丈地置身其中，乐不思蜀。

在 20 世纪 20 年代，大约有 2 000 万美国人，在第一次世界大战后繁荣经济的诱惑下进入证券市场，成为各种公司的股东，据推算在该时期约 500 亿美元的资金投入到美国证券市场，而这些资金在 1929 年的股票市场崩溃之后，约有一半化为乌有。股票市场的崩盘，导致了无数投资者和银行损失惨重，而其引起的银行挤兑，导致了银行业的灾难，继而引发了 1929 年席卷整个美国社会的经济“大萧条”。美国国会成立的银行调查委员会经过大量调查后认为，商业银行经营证券业务和保险业务，不仅造成短期负债与股票、债券等长期资产之间比例严重失衡，而且极大影响了商业银行经营的稳定性，严重损害了储户的利益，金融业混业经营的局面无法继续下去。

1933 年，美国颁布了《格拉斯斯蒂格尔法》（Glass - Steagall Act），对金融业实行严格的分业监管和分业经营，商业银行不得经营证券业务，不得为自身投资而购买股票，即使购买公司债券也有严格限制。在“大萧条”之后的罗斯福新政（New Deal）中，将金融市场和金融机构区分为特定的部门，银行、证券和保险彼此分割相互独立，也分别由彼此独立的监管机构进行监管。美国证券交易委员会（The U. S. Securities and Exchange Commission，SEC）根据美国国会通过的 1934 年证券交易法令而成立，是直属美国联邦的独立准司法机构，负责美国的证券监督和管理工作，是美国证券行业的最高监管机构。通过严格监督资本市场投资交易活动保护投资者的独立的联邦政府机构。美国证券交易委员会也负责监督美国的企业收购项目。美国证券交易委员会由5名委员组成。时任总统富兰克林·罗斯福任命了约瑟·P. 肯尼迪为美国证券交易委员会第1任主席，他是美国第35任总统约翰·F. 肯尼迪的父亲。美国证券交易委员会依据的最著名的证券监管法是《1933证券法案》（Securities Act of 1933），它以保护投资者，特别是中小证券投资者为基本出发点。其基本内容主要包括两点：

• 证券投资者有权力获得在市场公开发售证券的公司的所有财务信息和其他重要信息。

• 禁止证券掮客、证券交易者、证券交易机构等在证券销售中对投资者进行欺诈、提供虚假信息等任何欺骗行为。

美国证券交易委员会的任务是保护投资者，维护公平、有秩序、高效率的证券市场，并协助家庭资本、国家资本向资本运作市场的流入。

美国的金融监管是在联邦层面和州层面同时存在的一个复杂的混合体，这一监管体系又称为“基于机构的监管模式”，包括：

• 对银行等储蓄机构，在州一级层面的监管基础上，还有5个联邦储蓄机构监管者，包括美联储（FRS）、联邦存款保险公司（FDIC）、货币监理署（OCC）、联贷监理署（OTS）和国家信用社管理局（NCUA），其中美联储还充当着中央银行的角色。

• 对证券机构，有一个联邦证券监管机构——美国证券交易委员会（SEC），以及一个联邦期货监管机构——商品期货交易委员会（CFTC），此外还有州一级对证券公司的监管等。

• 对保险机构，有50多个几乎完全是州立的保险监管机构。

分业经营制度的优点在于：

• 有利于美国监管部门根据具体情况分别调控规范和管理专门的金融活动。

• 禁止商业银行从事证券经营与投资，防止银行动用客户的存款投资于证券引发的道德风险：获利归己，风险或损失留归客户或者转嫁给其他机构；同时，可以避免证券市场和企业的经营风险对银行产生冲击，加大了商业银行的风险，产生金融危机的“多米诺骨牌效应”。

• 对银行垄断集团的形成与发展具有一定的抑制作用，有利于自由竞争局面的维持。

分业经营制度的缺陷表现在：

- 限制了商业银行的发展壮大，削弱了本国商业银行的国际竞争能力。
- 使商业银行缺乏资产经营的灵活性及内部损益互补的机制，资产和经营业务模式的单一化致使风险高度集中。
- 不能提供全面金融服务，不利于密切银行和企业关系，不利国家整体经济实力的增强。

现代金融服务的数字化在 1967 年有两个主要的发明：一是世界上第一台自动取款机的安装使用。2019 年，美联储前主席保罗·沃尔克（Paul Volcker）表示，自动取款机是过去几十年中给老百姓生活带来最大改变的金融创新。二是第一台手持式计算器的发明。

20 世纪 70 年代以来，全球经济一体化浪潮和金融国际化创新逐渐成为大势所趋，且势不可挡。美国人意识到，限制自由竞争与发展的《格拉斯斯蒂格尔法》已成羁绊，金融企业为求更大的发展空间，频繁使用相互持股、购并等手段以规避该法。由于该法的掣肘，美国法院对相当数量的金融企业兼并案件一筹莫展，不得不延期审理。究竟是坚持分业体制，还是实行混业体制，美国经济学界和法学界各执一词开始了激烈的争论，双方的意见相持不下。

进入 20 世纪 90 年代，全球经济金融国际化创新的步伐进一步加快，历来对商业银行经营范围限制较少的西欧银行业务的综合化、全能化趋势继续发展。由于这些银行可以广泛经营商业银行业务、证券业务和保险业务，逐渐在国际金融市场的竞争中体现出多元化经营的明显优势，如德国的商业银行可以从事全面的金融业务。据统计，在 20 世纪 80 年代初，德国最大的商业银行——德意志银行的证券业务已达 300 多亿马克，成为德国最大的证券交易商。英国经过 1986 年的伦敦“金融大爆炸”，传统金融业的分业经营格局发生了重大变化，商业银行开始涉足证券业务，证券资产在其总资产中的比重迅速上升。仿照分业经营构建的日本金融体制也逐步放松了商业银行经营非传统银行金融业务的限制。

1999 年 11 月 4 日，美国参众两院分别以压倒性的票数通过了《金融服务现代化法》（Gramm - Leach - Bliley 法）。当月 12 日，克林顿总统签署该法案，并称“它将带来金融机构业务的历史性变革”。该法案模糊了分业监管结构下不同金融市场的边界，允许成立“金融持股公司”或“银行持股公司”，这类公司能够从事包括保险和证券在内的任何金融活动，是美国从分业经营转向混业经营的标志。该法案也同时批准了“功能监管”模式以适应新的金融结构和格局，能依照金融行为或者产品类型而不是根据发行产品的金融机构或牌照划分监管职责，也即强调“同样的金融行为应该由同样的监管者来监管”。

但必须指出的是1999年的《金融服务现代化法》并没有完全废止《1933证券法案》建立的分业监管体系，也没有在实际中建立起一个体现功能监管的监管结构，也就是说功能监管的原则只停留在法律法规的层面，并没有得到彻底的落地执行。结果是理想与现实差距很大，美国的金融监管更像一个机构型监管和功能型监管的混合体，处于从机构型监管向功能型监管转型的过渡阶段。

机构型监管和功能型监管的共同特点是，美国监管当局根据金融部门（无论是基于金融机构还是基于金融行为）被分割开来，都有多个监管者，因而可称为“多元监管者”或者“部门监管”模式。

美国的金融机构曾经能够涉足于金融服务业的所有领域，但美国的金融监管机制却仍旧非常单一及落后。对这些进行混业经营的金融集团进行监管的是处于分裂状态的监管机构。美国证券交易委员会、银行业监管机构和保险业监督管理委员会，没有一个机构有权对混业经营的金融公司进行全方位整体的监管。

随着美国金融证券化的发展和金融风险结构的演变，“部门监管”模式与金融结构越来越不匹配。如，多头监管模式下对系统性全面风险监管的缺失，以及对日益发展的新型金融市场尤其是衍生金融市场、私募基金等的监管不够，而且监管者对资产价格及金融泡沫的监测没有给予足够的重视等。这些缺陷都直接导致了2008年席卷全球的美国次贷危机的爆发。2008年金融危机让美国和国际监管组织对于金融机构的资本和流动性有了更加深刻的认识，这些以切肤之痛所换来的第一手的教训都被逐一反映在2009年国际清算银行（BIS）出台的“巴塞尔协议Ⅲ”中，并要求世界所有的银行都要依照执行，加强对风险的识别计量和控制，加强自有资本充足性的管理，加强现金流流动性风险的管理以及预警机制。

2010年7月21日，美国总统奥巴马签署了金融监管改革法案——《多德—弗兰克法案》（Dodd－Frank Act），对美国金融监管体系进行了一系列结构性改变，强化了“多元监管者”之间的统一行动和对系统性风险的应对，目的是维护金融系统的整体稳定，防止类似金融危机的出现。该法案主要致力于解决金融危机暴露出来的主要问题，如，通过提高对系统重要性金融机构的监管标准、限制银行的高风险经营防范金融市场系统性风险，避免“大而不倒”金融机构的形成和对其的救助，并设立金融稳定监督委员会（FSOC）；通过建立专门的消费者金融保护局（CFPB）、完善公司治理和增加高管薪酬透明度等保护消费者利益；强化对对冲基金、私募股权基金等金融产品的透明度等的监管要求；对原有监管机构和职能进行必要的重构等。

2010年1月21日，美国总统奥巴马宣布将对美国银行业做出重大改革，采纳了由美联储前主席、当时任美国总统经济复苏顾问委员会主席保罗·沃尔克提出的建议，正式推出被称为“沃尔克法则”（Volcker Rule）的法案。

“沃尔克法则”是美国金融危机爆发后对其监管体系一次“亡羊补牢”的全面改革。其核心是禁止银行从事自营性质的投资业务，以及禁止银行拥有、投资或发起对冲基金和私募基金。由于该法则以空前强硬的态度对待银行自营性质的投资业务，曾被视为美国此次的金融监管法案中最有影响的改革内容之一。

银行一直抱怨“沃尔克法则”非常复杂，其规则难以遵守。在特朗普时代，他和他指定的监管者不断地努力去“软化”法规的一部分，这项改造称为“沃尔克2.0”。但又有批评人士认为，这些变化将使金融体系面临新的风险。

尽管这一系列后金融风暴改革法案能一定程度上缓解美国金融监管体系的固有缺陷，但改革并未从根本上改变美国的“多元监管者”或者“部门监管”的模式。美国金融监管体系仍将保持由多个监管者构成（甚至比之前更多），其监管职责仍根据传统的金融部门进行区分。

二、英国金融监管发展史

在全球老牌的金融强国——英国，隶属英国财政部的金融监管部门主要有两个：一是英格兰银行（BOE），主要任务为维持金融稳定；二是英国金融服务管理局（Financial Services Authority，FSA），负责监管银行、保险以及投资事业，包括证券和期货。

举世公认，英格兰银行是世界上第一家中央银行（尽管它也是效仿资本主义的鼻祖荷兰人的金融创新足迹），有着复杂的历史背景。17世纪下半叶，英国对外战争频繁，王室军费支出庞大，年年财政赤字扩大，王室需要开辟新财源，然而1689年《权利法案》夺取了国王的财税大权（掐断了主要的财源），王室只能借债维持。1690年起，议会对税收的用途加强了控制，规定专款专用，国王不得随意挪用，还设立专门机构进行监督审查。王室征税权被议会剥夺后，财政赤字只能靠借债填补，债务开始快速增长。当时英国王室借债的对象是民间的金匠商人，他们被称为“金匠银行家”（Gold - Smith Bankers），金匠铺也就成了英国私人银行的雏形。然而，金匠商人提供的贷款利息率过高，达25%—30%（1688—1697年在英法九年战争期间，英国王室由于无税收做担保，才出现这样的高利息率），这种高利贷式的借债是王室无法承受的，国王急需一个新的筹资渠道。

1693年，一位当时的苏格兰商人William Paterson（见图6-1）呈上了一份报告，建议成立“英格兰银行总裁公司”，他们将筹集120万英镑贷款给王室政府，政府每年支付10万英镑的利息，并授权允许他们享有发行与所借款数额相等的钞票。这份报告经一名英国议会议员之手，拿到议会讨论。经激烈的讨论后，最终，英国议会在1694年3月批准通过了《1694年英格兰银行法案（1694）》（Bank of England Act 1694）。

图6-1　英格兰银行建筑内部的William Paterson半身塑像

英格兰银行采用股份制结构（模仿荷兰的东印度公司），按照规定发行了120万英镑的股票，认购发行的第一天就有25%股票被认购，3天后又被认购50%，不到两周股票全部被认购。国王和女王是两大原始股东，分别个人出资1万英镑认购股份，此外还有1 286位商人认购了股票。

英格兰银行在后续的几百年中励精图治，一点点从一家有皇室特权的私人股份制银行转变成为真正的英格兰的银行，掌控着英国的发币权，制定国家的货币政策，成为银行的“银行”，最后的贷款人，英国终极信用的守护者。

特别值得一提的就是，在1720年爆发的英国南海公司泡沫事件中，英国政府的公共信用一落千丈，为了挽救政府信用，议会决定拯救南海公司。南海公司 1718 年 12 月至 1721 年 11 月股份走势如图 6-2 所示。在救助南海公司的过程中，英国政府官员运用政治影响力，引导英格兰银行救助南海公司。最终，英格兰银行向南海公司注资 677.5 万英镑（300 万英镑贷款加 377.5 万英镑认购南海公司股票），助其渡过危机。该事件平息后，英格兰银行顺理成章地成为南海公司最大的股东，同时通过此次救助南海公司事件，英格兰银行在英国公众心中的信任度大增。

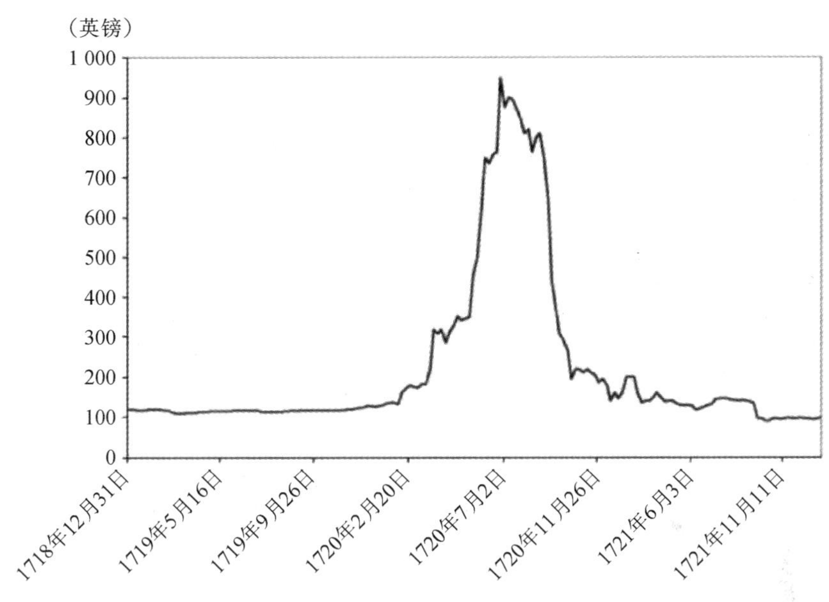

图 6-2　南海公司 1718 年 12 月至 1721 年 11 月股价走势

1946 年，英国议会通过《1946 年英格兰银行法案》（Bank of England Act 1946），将英格兰银行收归国有，该行的总裁和董事由政府任命，并赋予了英格兰银行更广泛的权力。自此，英格兰银行从法律上正式成为政府机构——英国央行。

英国金融服务管理局（FSA）于 1997 年 10 月由证券投资委员会（Securities and Investments Board，SIB，该组织 1985 年成立）改制而成，为独立的非政府组织，拟成为英国金融市场统一的监管机构，行使法定职责，直接向英国财政部负责。金融服务管理局将之前由英国 9 个金融监管机构分担的监管职能聚于一身，如原来由英格兰银行承担的银行业监管权，原伦敦证交所掌握的对上市公司的审核权，原由英国财政部拥有的保险立法权等，其宗旨是对金融服务行业进行监管，保持高效、有序、廉洁的金融市场，帮助中小投资者取得公平交易机会。

英国金融服务管理局的基本原则如下：

- 重视成本与效益的经营观念。
- 加速金融服务业的改革。
- 重视金融管理及金融服务业国际化的本质，维护英国的竞争地位。
- 在加之于公司的负担和限制，以及对消费者和行业监管利益之间取得平衡；维持公司合理竞争的价值。

英国的金融监管模式是美国模式的另一极端——只有一个权力极大、几乎全能的监管者——金融服务管理局，因而也为“单一监管者”或“综合监管”模式。金融服务管理局从而成为世界上监管范围最广的金融管理者：它不仅监管包括银行、证券和保险在内的各种金融业务，也负责各类审慎监管和业务行为监管。

事实上，20 世纪 80 年代以前，英国传统的监管体系也是多元化体制，不同的监管机构有不同的监管分工。然而，随着本国金融业的持续变革，银行、证券、保险等金融各业相互渗透、日益融合，原来的多元化监管体系显示出职责不清晰且监管效率低下的缺点。

1986 年 10 月 27 日，撒切尔夫人发动了一场气势磅礴的金融改革，史称 1986 年英国金融“大爆炸”改革。这场改革不仅对英国传统金融制度产生了剧烈冲击，而且对世界金融业的发展也产生了重大影响。“大爆炸”很快便引发了全球金融自由化浪潮。第一次金融“大爆炸”：英国金融业改革的核心内容是金融服务业自由化；第二次金融“大爆炸”：政府推动的以统一金融监管为特征的金融整合。

随着金融业混业经营程度的加深，传统的金融监管框架已经不适应新的形势，阻碍了金融业效率的进一步提高和创新发展。于是，英国政府下决心将英格兰银行的金融监管职能分离出来，使其专注于货币政策，同时成立金融服务管理局，逐步将分散的金融监管职能集中到金融服务管理局。

20 世纪 90 年代，Nick Leeson 的期权交易导致了有 200 多年悠久历史的英国巴林银行倒闭等一系列震惊世界的风险事件，同时也加速了金融监管改革的步伐。2000 年，英国议会通过《金融服务与市场法》（Financial Services and Markets Bill，FSMB）。

金融服务管理局与英国的央行——英格兰银行也有明确的分工。总体而言，英格兰银行负责“金融系统整体的稳定性”，而金融服务管理局的监管职责主要是针对各类具体的金融机构。1998 年的《英格兰银行法》将银行监管的职责分配给了金融服务管理局，从而英格兰银行不直接对银行业监管发挥作用。为了应对 2008 年金融危机，2009 年的银行业法案又增加了英格兰银行“保持金融稳定”的法定目标，防止特定领域的问题导致整个金融系统的崩溃。

2008 年的金融危机也同样对英国造成了巨大的冲击和影响，北岩银行被国家收购，伦敦的金融市场一蹶不振。2009 年 4 月初，20 国集团伦敦金融峰会决议设立的金融稳定委员会（FSB），于 2009 年 6 月 27 日在瑞士风景如画的巴塞尔（BASEL，即“巴塞尔新资本协议”的“出生地”）正式成立。金融稳定委员会的成员机构包括 20 多个国家的央行、财政部和监管机构以及主要国际金融机构和专业委员会。中国财政部、中国人民银行、中国银监会以及中国香港金融管理局均为该委员会的成员机构。

金融稳定委员会的具体职能包括：评估全球金融系统脆弱性，对全球系统性金融风险进行监管；监督各国改进行动；促进各国监管机构合作和信息交换，对各国监管政策和监管标准提供建议；协调国际标准制定机构的工作；为跨国界风险管理制订应急预案等。各国自 20 国集团伦敦金融峰会举行以后在对冲基金、评级机构、激励机制和会计准则等监管方面取得了进展。

三、Libra 的诞生地瑞士的监管

2019 年，Facebook 推出了数字加密货币 Libra，引起全世界的注意，尽管 Facebook 身处美国加州的创新圣地硅谷，但 Facebook 却“精心”地选择了瑞士作为它的数字货币 Libra 的诞生地和注册地。这一选择引起了广大投资者的好奇：为什么没有选择美国，却选择了世界上仅有的几个没有经历任何战争，且风景如画的瑞士。后来通过电视直播，全世界的人都看到了美国国会和监管当局对于 Facebook 近乎穷追猛打的审查以及斥责，大家对于瑞士监管的兴趣愈加强烈。

瑞士金融市场监督管理局（Swiss Financial Markets Supervisory Authority，FINMA）于 2007 年 6 月 22 日依据《瑞士金融监管局联邦法案》（FINMASA）成立。该管理局整合了联邦私人保险管理办公室（FOPI）、瑞士联邦银行业委员会（SFBC）以及瑞士反洗钱控制委员先前的职能，是瑞士负责金融监管的

政府部门，负责监管瑞士的银行、保险公司、证券交易所、证券交易商以及其他各类金融中介（其中包括外汇交易商），全面负责瑞士所有的金融监管。瑞士金融市场监督管理局是拥有独立法人的独立机构，总部设于瑞士首都伯尔尼。它直接效命于瑞士议会，从机构上、功能上和财务上独立于瑞士的联邦中央政府和联邦财政部。瑞士对银行业、金融业的监管由来已久。在并入 FINMA 之前，瑞士联邦银行业委员会在 1934 年甚至更早便已存在。瑞士有世界上顶级的两家银行：瑞银集团（UBS）和瑞士信贷集团（Credit Suisse）。因此，对银行业负有监管职责的 FINMA 在瑞士经济中占有重要地位。鉴于这两家世界级的巨无霸银行的系统性风险重要性，FINMA 专门设有一个特别监管部门监管这两家金融机构。

第三节 海外发达国家金融科技监管经验

金融监管是一门科学，也是一门艺术，金融监管面对的不是机器，而是有思想的人。类似于美国电影《美丽心灵》里主人公 John Nash 研究并最终获得诺贝尔奖的博弈论，一方的变化会触发另一方的反应，最后达到的效果和原来的大相径庭。如何在保证金融体系稳定的前提下，促进其高效持续发展？这是各国监管者面临的最根本的问题。面对蓬勃发展的金融科技，金融监管者陷入两难。天生有创新基因的金融科技无疑是有助于经济发展和民生的，在其萌芽发展阶段特别需要政策的扶持。插上科技翅膀的金融，具有更强的“杀伤力”，如果运用不好，会产生更大更快的破坏性，对金融体系的冲击后果难以估量，因此需要引导和规范。

一、限制性监管

以美国为代表的限制性监管（Restricted Regulation）。美国的强大的人才优势（美国闻名世界的高校和硅谷）和优越的资本市场环境，形成了以技术创新为主要驱动力的金融科技业态。针对美国自身的特性，美国监管部门采用功能性监管，即不论金融科技以何种形态出现，抓住金融科技的金融本质，把金融科技涉及的金融业务，按照其功能纳入现有金融监管体系。

如金融科技的杰出代表 Lending Club 的 P2P 业务，由于涉及资产证券化，因此部分业务也属于美国证券交易委员会监管。美国监管体系的有效性，依赖于现有监管体系的成熟度。

美国金融体系历史悠久，经历百年来多次金融风暴的洗礼，金融法规和监管不断完善，非常成熟，有丰富的应对国内国际金融危机的经验。对于现有法律法规无法覆盖的金融科技新领域，政府也能及时适当调整监管的方向和重点，国会司法机构能够积极配合建立相关的法律法规。2012 年，奥巴马总统签署了《创业企业融资法案》（Jumpstart Our Business Startups Act），填补了美国股权众筹的监管空白。

总体来说，美国对金融科技的监管是相对比较严格的，监管以稳定为主。对于具有强大的创新力的美国金融科技，适当偏严的监管是有利于平衡发展的。

二、监管沙盒

以英国、新加坡为代表，中国香港特区和中国台湾地区紧随其后的主动型监管（Active Regulation）。区别于美国，这些国家和地区的共同特点为：没有技术和市场的优势，但是金融体系成熟，有完善的征信体系，金融人才较为专业，资讯基础雄厚等。为了发展金融科技，发挥后发优势，政府成为主导力量。

英国的伦敦和新加坡都致力于打造世界金融中心，最有代表性的就是英国。英国一直是金融科技重地，英国政府也一直不遗余力地支持金融科技企业的发展，英国前首相卡梅伦曾公开表示“本届政府希望英国成为世界上领先的金融科技中心”。在监管金融科技上也是不断推陈出新，为了切实推动英国全球领先的金融科技中心定位，英国金融行为监管局（Financial Conduct Authority，FCA）开展了一系列积极探索，取得了良好的成效，走在全球金融监管的前列。英国金融行为监管局开展了一项金融“创新项目”（Project Innovate），旨在促进金融创新。

2008 年，全球金融危机使各国的金融监管体制的内在缺陷充分暴露，2011 年 6 月，英国政府正式发布《金融监管新方法：改革蓝图》白皮书，对沿用多年的英国金融监管体制进行大刀阔斧的改革。

自 2013 年起，英国金融服务管理局（FSA）的监管职责被金融行为监管局（FCA）和审慎监管局（PRA）取代，其中金融行为监管局是金融服务管理局法律实体的延续，既负责银行、证券、保险公司等金融机构的行为监管，也负责不受审慎监管局监管的金融服务公司的行为监管和审慎监管。显而易见，金融科技企业的监管由金融行为监管局负责。

为了更好地对金融科技类企业实施监管，英国金融行为监管局于 2014 年 10 月设立了金融“创新项目”，并增设创新中心。金融行为监管局认为，金融创新不但可以强有力地推动符合消费者利益的充分竞争，也有助于帮助监管者了解市场情况，以保持适度监管，实现监管与创新的平衡。为此，金融行为监管局致力于为金融科技企业的创新活动提供以下几方面服务和支持：一是提供直接的帮助。即通过与金融科技企业进行对话，帮助企业理解监管框架，更好地适应监管体系。从 2014 年 10 月开始，累计有 600 多家机构向金融行为监管局寻求支持，经过甄别，金融行为监管局对其中 300 家提供了直接的帮助，准入的标准是企业有创新想法，且能使消费者获益。二是为企业打开国际市场或为国外企业进入英国市场提供帮助。三是为金融科技企业提供咨询服务，协助企业达到合规门槛。四是实施沙盒项目，为新兴的金融科技创新提供实验空间，并不断调整现有监管框架，为金融科技的发展探索新的监管边界。

金融行为监管局在 2015 年 11 月开创性提出对金融科技实施沙盒监管的计划，筹划 6 个月后，正式于 2016 年 5 月推出。沙盒项目作为金融行为监管局支持金融科技企业发展的重要监管模式创新，引起全球多国金融监管机构纷纷效仿。

新加坡金融管理局（Monetary Authority of Singapore，MAS）也在研究英国金融行为监管局的计划后，于 2016 年 6 月推出新加坡版的沙盒监管。澳大利亚联邦政府，中国香港特区和中国台湾地区也跃跃欲试，正在积极筹备各自版本的沙盒监管，紧密追随英国和新加坡。沙盒监管本质上就是一个监管试验区，其原理是由主管机构专门创造出隔离开的安全试验区域。在这个试验区内，放宽监管条件，降低准入门槛，激发创新活力，对筛选过的产品、服务和商业模型，进行隔离环境下的检测和评估，最终投入市场运行。

沙盒（Sandbox）是一个计算机用语，指通过限制应用程序的代码访问权限，为一些来源不可信、具备破坏力或无法判定程序意图的程序提供试验环境。沙盒中进行的测试，多是在真实的数据环境中进行的，但因为有预设的安全隔离措施，并不会对真实系统和关键数据带来负面的影响和破坏。

英国首创的监管沙盒，是指从事金融科技创新的机构在确保消费者权益的前提下，按金融行为监管局设计的特定简化的审批程序，提交申请并取得有限授权后，允许金融科技创新机构在满足监管条件的适用范围内测试。金融行为监管局会对整个测试过程进行全程监控，并对科技创新实验的情况进行评估，以判定是否给予正式的监管授权，在沙盒之外予以大力推广。从传统金融风险管理的视角，沙盒实验是在严格明确和控制交易风险的前提下进行投资，严格守住风险底线，即风险管理的第二准则：知道最多赔多少钱。金融行为监管局的沙盒实验和 20 世纪 80 年代邓小平提出的经济特区和 2013 年以来创办的大陆自贸区有异曲同工之妙，都是在原有的监管体系进行大胆的创新尝试。

通过沙盒监管机制，监管一改以往被动、滞后的形象，主动积极参与金融科技的发展，为金融科技公司缩短创新周期，节省合规成本提供重要的帮助，同时也让监管机构从一开始就能监控和引导金融科技潜在的对金融系统的风险，把系统风险扼杀在萌芽而不是进行事发之后的“亡羊补牢”。

一般而言，申请沙盒测试的企业，在现有的监管体系内，要么根本无法合规运作，要么合规的成本很高。通过沙盒测试，一方面，可以在监管机构的控制下实现小范围内的真实环境测试，在沙盒测试中，受测试者不会因测试本身而丧失任何合法的权益；另一方面，沙盒测试可以为监管机构提供清晰的视角来看待监管规定与金融创新的辩证关系，及时发现因限制创新而有损消费者长远利益的监管规定，并第一时间调整，真正让适度监管、包容监管等创新监管精神落地。从这个角度上来讲，沙盒实验也是著名的全球投资家索罗斯提出的反身性理论的实践：过去监管部门把制定的监管政策作为金科玉律，它的唯一目的就是用来衡量监管企业和金融机构，但并没有意识到，监管者和被监管者是相互作用和影响的，你中有我，我中有你。沙盒实验的一个巨大飞跃就是假定监管的双方都是动态变化的。监管的制度政策在用于监管金融科技创新企业的同时，它本身的适当性和有效性也在被检验，这是反身性理论的绝佳应用场景。

截至 2016 年 11 月，金融行为监管局已经累计收到 69 份沙盒测试申请，其中 24 家通过了初步审核。第二批开放申请也将很快实施。关于实验时间，金融行为监管局称取决于项目本身，一般在 6 个月左右，然后有一些项目将被公开推向市场，相应地，金融行为监管局也会修订调整一批监管规则以期更好地服务于金融科技创新日新月异的市场环境。

金融行为监管局的沙盒测试同时也对英国境外金融科技企业开放，其他国家的金融科技企业若想进入英国市场，申请沙盒测试以解决合规问题是个不错的选择。

在2008年和2009年时，瑞士只有几个金融科技公司，但发展非常快。金融科技在瑞士有很多的机遇，产生了很多非常积极的想要探索新的机会的创业公司。这些崭新的金融科技公司对于金融基础设施、传统银行服务和数字线性磁带（DLT）技术对吸储与支付业务有很大的影响和冲击。在2018年6月，瑞士提出了加密的资产，瑞士的金融科技呈现出全方位、多元化的发展趋势。

从2016年开始，瑞士金融科技的监管政策倾向于技术中立，对于创新是友好的，不限制技术带来的变革。作为主导的监管方，尽量避免预判使用哪种技术、商业模式，尽可能减少干预。

金融科技需要申请牌照进行银行业务，因为它们想要实施全牌照金融业务的服务，所以要接受监管。对于金融科技企业，因为其本身不是金融业，所有专门为其设立了一些比较简化发牌照的流程。主要是采取两种形式：沙盒实验和发牌照。瑞士的沙盒是一个完全的牌照，所以能够让金融科技创新和金融科技监管在一个现实的场景中进行测试，瑞士的沙盒实验是在2016年推出的，和其他辖区的沙盒不太一样。金融科技可以获得不受限制的资金，100万瑞郎就可以进入沙盒中而且不受到监控，因为只有100万瑞郎，所以它的要求也不高。2019年1月发正式的牌照，瑞士监管的指引是降低相应的门槛要求，包括资金以及客户数量的要求都比较低，这样可以极大程度地降低监管准入对于金融科技公司的要求。金融科技的牌照是特定的，如说智能投顾和支付，瑞士是第一个实行给不同的金融科技公司发放统一的一种牌照的国家，瑞士监管当局认为这是绝对符合金融科技多样化的动态变化的。

金融行为监管局的沙盒测试得到澳大利亚、中国香港特区、日本等地金融监管部门的认同，已经被不同程度地采纳。如，大多数国家和地区已经专门设计了新的体系监管数字金融，出台了一些支付监管形式应对新兴的席卷世界的以比特币为主导的数字支付。另外，很多司法管辖区的监管机构专门设计了监管框架应对众筹。对于很多司法管辖区来说，目前一个开放性的大问题就是其是否需要一套专门的立法和监管框架监管区块链。

波澜壮阔的金融史告诉我们，监管套利一直是金融机构积极开展业务创新的最大动力之一，同时它又是一柄“双刃剑”，在一定程度上也构成了金融体系的最大风险源。一个具体的例证，自“巴塞尔资本协议”实施以来，基于资本的监管成为国际银行业的主流监管规则，同时也引发了国际银行业大规模的资本监管套利潮。银行业利用监管规则在风险资产测度上的缺陷调节资本比率，规避资本监管的要求。资产证券化一度成为国际银行业转移信贷和利率风险、提高流动性、增加非利息收入以及改进资本充足率的重要手段，使监管资本标准有效性大大降低，成为诱发下一次金融危机的重要因素。

基于消除监管套利的强化监管从它的初衷来讲是没错的，不过监管与创新需要达到一种动态平衡，既要预防系统性风险的发生，又不能因为监管因素削弱本国金融科技企业的国际竞争力。如何平衡这种辩证关系成为各国监管机构面临的共同难题，而英国金融行为监管局的实践无疑是一个不错的尝试。

三、监管科技（RegTech）为传统金融监管插上翅膀

2008 年的金融危机，引发全球了金融监管生态格局的大变革，监管要求升级，监管措施更复杂，各国监管部门开始关注和研究监管科技以应对不断升高的监管成本。从金融监管需求来看，金融从业机构需要利用科技满足监管要求（自我监管），降低合规成本。金融科技的应用给金融行业带来了新的风险，行业监管面临更多的新型挑战。

2008 年是传统金融的受难之年，但也是朝气蓬勃、生机盎然的金融科技诞生的元年，这不禁让人感叹世界安排之奇妙。金融科技日新月异的飞速发展，前所未有的金融创新，如产品设计、风险控制、投资组合管理、经营模式、业务战略席卷了金融的各个角落，使金融科技时代的金融监管变得更加困难。最好的解决方案：以己之矛刺己之盾，即追根溯源，既然科技加大了金融的风险，那么就同样利用科技的力量加强完善金融监控、监管，降低信息不对称性，跟上时代科技创新的步伐。

金融科技的飞速发展加速了金融脱媒。典型的表现便是近年来备受瞩目的网络借贷 P2P。金融脱媒、利率市场化，加速了混业经营，这也使对资金流动性和投向的监管难度加大，在各机构间协同机制尚不完善的当下，分业监管的矛盾日渐凸显。作为金融科技发展浪潮下的必然产物，监管科技（RegTech）登上了历史舞台以应对金融科技带来的风险隐患。

2014—2015 年是监管科技发展的起步阶段。2014 年英国金融行为监管局发布《创新工程，征求意见书》，第一次提到“监管科技”概念，将其定义为“运用新技术，促进金融机构更有效地达成监管要求”。其后，国际金融协会（IIF）将监管科技描述为“能够高效和有效地解决监管和合规性要求的新技术”。

2016 年开始，监管科技在全球进入快速发展阶段，受到全球各主要国家越来越多的重视，美国、加拿大、澳大利亚、新加坡等国相继发布促进监管科

技发展的相关政策。如，2017 年 1 月，美国国家经济委员会发布《金融科技监管白皮书》，专门提出了在应用科技提升金融监管方面的目标和原则。

2015 年年末，以“e 租宝”为代表的一系列互联网金融领域内的集资诈骗案件爆发之后，互联网金融的风险整治席卷我国，随之而来的就是“互联网金融”这一概念被列入了黑名单打入冷宫，但诞生于美国的“金融科技”一词开始受到追捧。随后的金融科技发展的速度超出了每个人的预期，网络、科技公司、人工智能公司层出不穷。金融科技以空前的速度达到了空前的规模。云计算、人工智能、大数据等金融科技已然成为最炙手可热同时也是最强大的创新力量，科技创新给企业的发展、社会的进步、大众生活品质带来了巨大的飞跃。从政策和监管的角度来看，金融科技的匪夷所思的发展速度意味着金融科技行业从“微不足道”发展到“大到不能忽视”再到“大而不能倒”的速度会很快，反映了金融科技发展的风险聚集速度之快也是我们始料未及的。这一切都对金融监管部门提出了新的挑战：增强合规力量，将“创新侧”与“合规侧”的发展有机结合，并成为为科技创新保驾护航的灯塔、领航者。

2017 年，中国人民银行金融科技委员会成立，其成立的主旨为“强化监管科技应用实践，积极利用大数据、人工智能、云计算等技术丰富金融监管手段，提升跨行业、跨市场交叉性金融风险的甄别、防范和化解能力”。打造中国特有的监管科技，将成为未来金融科技业与监管界共同关注的话题。广义的“监管科技”概念可以理解为“科技执行监管”，是当前普遍接受和使用的概念。

监管科技不仅仅是金融机构利用科技实现合规目的或是监管机构使用科技监督数据和信息，而是要建立一个更好的系统。从监管机构的角度而言，在这个金融科技创新的时代，需要关注两个方面。一是信息，要能够监督来自各个渠道的信息，以便第一时间了解“发生了什么事”。二是数据化。数据化使公司能够自动地递交信息，同时使监管者能够更好地利用统计人工智能算法分析信息的内容。此外，数据化也可以使专家学者和投资者更充分地解读与理解信息实质和造成的影响，做出相应的决策和准备。

20 世纪 70 年代初，纳斯达克在美国成立，成为当时第一个完全数字化的交易所。如今的令人目不暇接的高频自动算法交易实际上也是源自最初的纳斯达克以及之后几十年证券市场数字化的过程。

20 世纪 80 年代，美国就已经开始使用科技进行金融监管了，如处理内幕交易（Inside Trading）等。美国证券交易委员会拥有的交易所交易记录成为唯一的也是最重要的处理内幕交易行为的信息来源。如果美国证券交易委员会怀疑某个公司有内幕交易，可以直接调查这个公司6个月的所有交易数据，参照公司的董事、高管及其亲戚和公司的主要顾问的账户交易记录，看是否有反常的行为。

1973年环球银行金融电信协会（Society for Worldwide Interbank Financial Telecommunication，SWIFT）成立，其作为将全世界几乎所有主要的金融机构连接起来的一个电子通信系统，成为全球支付体系的支柱。可以说，20世纪七八十年代的数字化科技发展为如今的金融科技世界奠定了基础。造成1987年股市崩盘的重要因素之一是程式交易（Program Trading），即电脑化的、自动的买进或卖出交易。20世纪90年代形成互联网泡沫，随后2000年互联网泡沫的破裂。因此，批判辩证地看待这些科技创新给金融世界带来的变化，防范应对可能随着技术创新而出现的风险是监管的永恒话题。

英国金融行为监管局是当前全球范围内金融监管最完善、法律执行力最强的金融监管机构，是各国金融监管机构学习的典范，其早在2015年就提出了“监管科技”的概念，即“采用新型技术手段，以满足多样化的监管要求，简化监管与合规流程的技术及其应用；主要应用对象为金融机构”。同理，监管科技类机构主要指利用云计算、大数据、人工智能等新兴数字技术，帮助金融机构核查其业务等是否符合新旧监管政策和制度，甄别不满足监管合规要求的公司。监管科技得到了各国金融监管当局、金融机构、新型金融组织、科技企业等有关各方的高度重视。

在金融领域，应用科技创新的金融合规和金融监管对金融机构和监管机构均有重要影响。监管科技不仅仅可以提高监管效率，还可以建立更好的监管体系。通过建立更好的监管体系来更好地实现监管架构的目标，同时提升监管的效率和精确度。

我们前文提到了金融机构科技创新引导业务创新，从而引发了科技监管的诞生，而科技监管的技术创新又反过来推动并影响着金融业界商业模式的完善以满足监管合规要求，使业务得以持续性发展，这是深刻的索罗斯反身性理论的作用体现。

自2018年以来，随着科技监管力度的加大，为了应对科技监管的要求，一些大型金融机构尽可能地简化合规部门，减少成本，实现自动化，聚焦核心业务战略。合规部门在帮助金融机构遵守“了解你的客户”（Know Your Customer，KYC）规则方面起了巨大的推动作用。如，汇丰银行、渣打银行等金融机构与美国监管机构在反洗钱、反恐等方面达成统一协议，协议要求这些金融机构开发全球客户管理系统，使它们能够以“T＋1”模式向监管机构提供任何客户的信息，而且将这个系统用于监督客户。除了本地的流程，每个账户还要通过一个集中化的流程，以便维护世界各地客户的准确信息。当出现监管合规问题的时候，能够及时地向监管机构提供客户信息。

2018 年 1 月 3 日生效的《金融工具市场指导 II》（Markets in Financial Instruments Directive II，MiFID II）正式实施，MiFID II 是欧洲金融领域涉及面最广、讨论时间最长的监管法规，金融各方在过去数年里投入大量人力物力资源对其进行研究以适应监管改革。在实施层面，MiFID II 不仅包含《金融工具市场指导 I》和《金融工具市场规章》（MiFIR）等两部法律，还包含了监管技术标准（RTS）和实施技术标准（ITS）实施细则。MiFID II 监管框架和配套措施不仅是欧盟金融机构需面对的最重要的监管改革，也会对全球金融监管格局和市场发展产生深远影响。其在欧盟正式实施，其要求不管交易在哪儿发生，交易所对所有交易都要进行报告。欧洲大多数的交易，都是在场外以不同种类的黑池交易方式进行的，这些交易都必须上报。2017 年 8 月，美林证券被罚款 4 350 万英镑，就是因为没有上报两年内发生的 7 400 万个场内期货交易，这意味着每个交易日的每一分钟都有数百个交易发生。人工服务是不可能完成并及时记录两年内的 7 400 万个交易的，只有通过计算机程序自动化才能完成并报告这 7 400 万个交易。

美国金融监管局（Financial Industry Regulatory Authority，FINRA）声明其有 100% 的股票交易实时数据，有 90% 的债务数据以及 70% 的商品交易数据。所以，除美国证券交易委员会之外，美国金融监管局也积极地投入金融监管科技的研发，并使用这些先进技术监督自己的会员。和美国证券交易委员会一样，美国金融监管局也是通过开发、利用数十年的执行记录找到一系列非传统的因素，标记潜在的风险领域和风险特征从而从被动的事后监管逐渐转变到事前预警的积极风险管理模式。

1998 年美国证券交易委员会正式授权电子交易后，次年高频交易（HFT）大量涌现。在世纪之交，一个证券交易指令的执行时间为几秒，到 2010 年交易的顶级军备竞赛已经达到了毫秒级和微秒级。高频交易行业的高峰期为 2008—2009 年，美国市场当时高频交易公司数量只占 2 万家各类证券投资公司的 2%，但是占了 73% 的股票交易订单量，欧洲市场的高频交易占了总交易单量的40%，亚洲市场的高频交易则占了5%—10%。高频交易的金额，在美国占市场交易总金额的56%，欧洲为38%。高频交易的高频而海量可以从上述令人瞠目结舌的数据看出。它在利用电脑自动化科技创新的海量交易为全球市场提供了非常巨大的流动性的同时，也为世界金融市场带来了更大的风险和不稳定性，金融监管面临着新的严峻考验。

监管者的职责是公平、公正、透明地把公众信息传送给所有投资者，美国市场的电子化数据收集、分析及检索（Electronic Data Gathering，Analysis，and Retrieval，EDGAR）系统是向所有投资公众同时发送上市公司信息的披露系统，不允许付了订阅费的机构收到信息的时间比公众免费的在其网站获取的时间要快，即使快了一秒之内，也有可能被监管处罚，甚至国会的金融委员会调查。

在美国，利用金融科技在高频交易中欺骗投资者的监管案例是美国监管科技非常有代表性的。在前文介绍的高频交易中，不法分子利用交易速度的科技优势在市场上通过虚假报单达到其营利的目的。这类虚假报单主要分为两种：幌骗（Spoofing）和塞单（Quote stuffing）。根据美国《商品交易法》第4c（a）条和第4c（a）（5）（c）条的定义，幌骗是指不以成交为目的的报撤单。这一策略的实现很大程度上依赖于高频交易技术能够在以毫秒为单位的时间里迅速报撤单的特点。高频交易者会同时在市场上下达两笔方向相反且数量不同的订单，其中数量大的一笔足以影响到标的价格，被用来扰乱市场，欺骗其他投资者，数量较小的一笔则反映其真实的交易意图（见图6-3）。

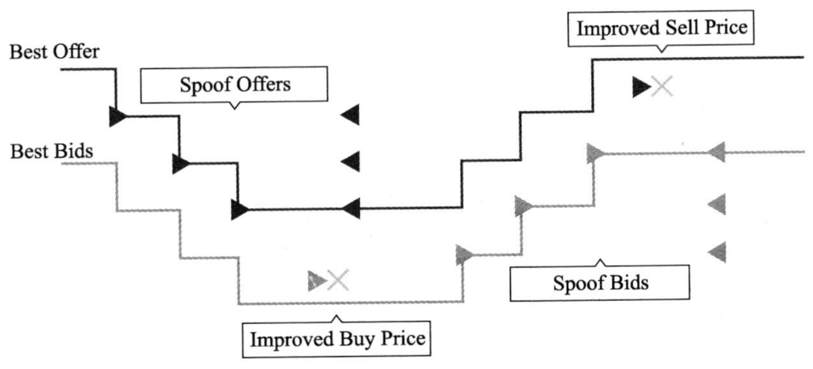

图6-3　幌骗示意图

如，高频交易者同时对一个标的下达大量高价买单和很少数量的卖单。当标的的市场价格被抬高后，高频交易者立即撤销买单，使其无法被执行，并在被抬高的价格下执行卖单，以此获利。由于交易速度极快，高频交易者可以不间断地实施这一策略，给其他投资者带来持续的损害。

塞单是指高频交易者利用其高速交易程序，在不到一秒钟的时间内发出数量巨大的标的的买单和卖单，随后立即撤单（见图6－4）。大量的订单会超过交易所服务器的承受能力，交易速度和信息传输的速度随之降低。在这种策略下，价格信息传递的速度降低，其他交易者获得的市场信息不再是实时信息，信息不再具有可信度。高频交易者接下来就可以利用这种信息不对称，进行与获取了滞后信息的交易者相反的交易，由此获利。

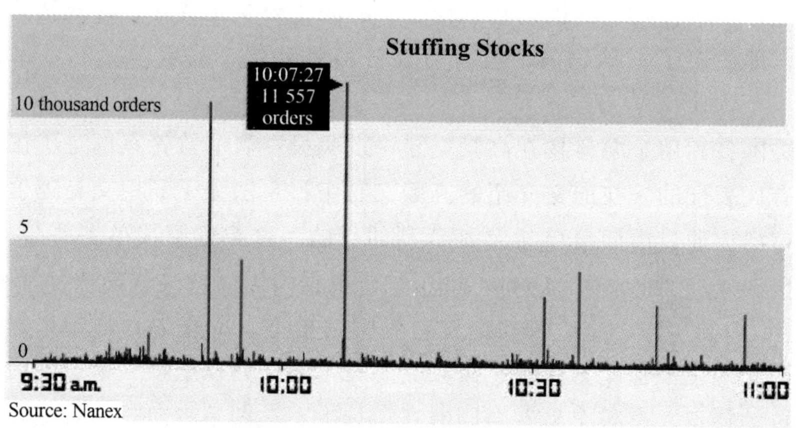

图6－4　塞单示意图

美国证券交易委员会在2016年通过了建立综合审计追踪（Consolidated Audit Trail，CAT）系统的计划。在这一系统下，包括证券交易所等在内的自律监管组织（Self－Regulatory Organization，SRO）必须在每个交易日的8：00之前，对上一交易日所有订单从发出到执行或撤销的全部动态进行上报。虽然自律监管组织只被要求以交易日为单位上报交易信息，并没有使美国证券交易委员会真正获得实时的交易信息，但是相对于之前信息完全不透明的情况，美国证券交易委员会已可以相对及时全面地跟踪和监控美国股票市场上的交易行为，更加有效地进行相关研究、识别和调查违法行为，这对高频交易的监管起到了一定的促进作用。

2014年3月11日，美国高频交易公司Virtu Financial向美国证券交易委员会提交首次公开募股（IPO）申请文件。数据显示，该公司2013年营业收入约为6.65亿美元，同比增长8%；净利润为1.82亿美元，同比增长一倍以上。由于实时的风险管理策略和技术，从2009年年初到2013年年底，该公司在总共 1 238 个交易日里只有 1 天出现亏损。这让我们对于科技和金融结合的神奇力量叹为观止。

2014 年 4 月 15 日，欧洲议会通过了包含一系列限制高频交易措施的《金融工具市场指导Ⅱ》，内容包括限制报价货币单位过小、强制对交易算法进行测试、要求做市商每个交易日每小时上报交易额，以及当价格波动超过一定限制时的熔断机制。该项法令涵盖的管理范围包括股票市场、衍生品交易和各类新型交易平台。根据欧盟的立法机制，欧盟层面通过法令后，该项法令将下放到各个主权国家等待签署。当时预计法令实际生效时间在 2016 年年底，个别条款会给予做市商更长的过渡期。

2016 年 6 月，美国证券交易委员会批准投资者交易所（IEX）成为全国性股票交易所。IEX 是美国首家对股票交易订单施加 350 微秒延迟的交易所。尽管这一极短时间的延迟对于普通投资者来说基本没有影响，但是对于高频交易来说则冲击很大。投资者交易所表示，高频交易者能够通过技术手段在速度上远远领先于普通投资者，这种交易延迟的设计就能够阻碍高速交易策略。虽然目前投资者交易所的市场份额还没有超过 3%，但它所宣传的维护投资者公平交易的机制无疑会吸引越来越多的交易量，从而“倒逼”越来越多的企业选择在投资者交易所上市。投资者交易所的创始人就是前文提到的纽约畅销书《闪电小子》（Flash Boys）中的充满人文主义正义感的主人公 Brad Katsuyama，其自愿放弃 100 多万美元的高薪，为了使交易市场更公平而白手起家创立了投资者交易所。

另外，美国证券交易委员会还使用了市场信息数据分析系统（Market Information Data Analytics System，MIDAS）（见图 6－5），用以获取更详细的股票交易信息。市场信息数据分析系统可以收集全美 13 个交易所的股票交易数据，获得每一笔股票交易订单的报单、撤单、执行信息，交易信息的时间可以精确到微秒，适用于对高频交易行为实施监管和分析。

美国作为监管科技的先行者，在交易监控、流程自动化、审计函证、反欺诈等多个领域发力。在近些年，市场上涌现出大量的中小型初创公司，发力于各自业务版块。

当今是一个不折不扣的、万物互联（IOT）的大数据时代，数据无论对于金融从业者还是监管方都是一切的开始，监管科技首先要攻克的难题就是如何有效处理金融监管拿到的纸质数据和随着个人计算机（PC）端进化到移动端而产生的大量互联网非结构性数据。数据收集和清洗、数据挖掘就成了科技监管的"敲门砖"。因此，对于金融监管机构来说，思考如何开发使数据结构化的数字信息输送系统，提高分析处理这些数据的效率变得尤为重要。新加坡金融管理局已经发表声明，它们正在开发一个可以同时读取中文和英文的系统，以便分析大量的可疑交易报告，从而在大量违规交易发生之前识别可疑交易的模式。这就是监管科技，即利用创新科技实现更好的监管效果。

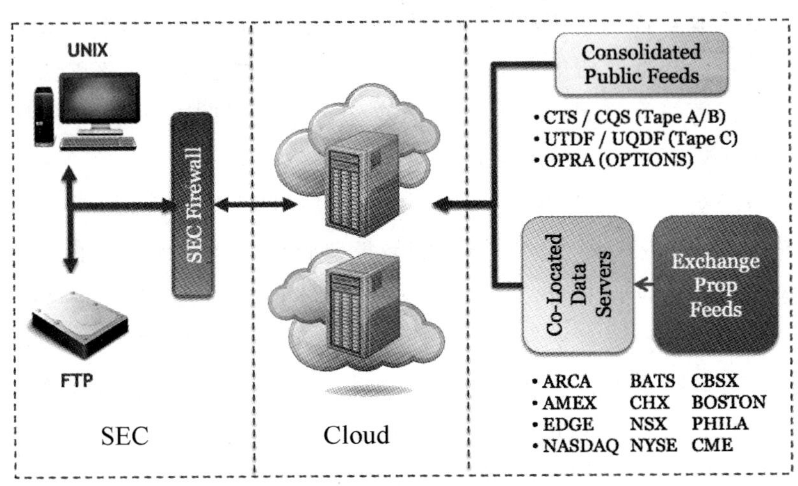

图 6－5 美国市场信息数据分析系统

除了美国，世界其他各地的监管科技企业亦是百花齐放、百家争鸣。成立于葡萄牙的 Feedzai 通过机器学习帮助银行和企业发现并预防支付诈骗。初创不到两年，Feedzai 获得的投资超过 3 000 万美元，并已积累了 Capital One、花旗银行等知名金融机构客户。此外，还有其他监管科技企业在各自领域中发展、进步。如，丹麦的 New Banking 公司，其以监管合规为基准，为电子支付和游戏公司提供 KYC 及反洗钱服务。另外，还有为瑞士银行机构提供数字化合规性和风险管理解决方案的 Quumrm 公司、为银行机构提供反欺诈解决方案的德国 Risk Ident 公司以及提供信贷风险分析和合规报告解决方案的荷兰 OSIS 公司等在欧洲细分市场中享受盛名的监管科技公司。

2018 年下半年生效的欧盟的《全面数据保护法规》（General Data Protection Regulation，GDPR），其目的是综合监管、保护欧盟所有公司的数据，同时它也是有域外效力的。根据《全面数据保护法规》，每个人都有删除自己数据的权利，但为了监管的目的，会有一些例外。这些新的监管法规都是为了适应新的监管经济环境，跟上科技不断前进的步伐而制定的。

伴随着大数据和云计算的普及，数字加密货币的推出，金融资产越来越数字化，促使网络安全一跃成为当今最大的风险之一。这种风险既是金融风险，也是经济风险，还是国家、企业、个人安全风险，因为无论是个人还是机构乃至国家，网络就是其的“生命线”。网络环境下的抢劫案更大、更猝不及防，涉及的人群更广，目的和进攻的手段也更多样。系统遭受黑客或者其他不良群体攻击的频率越来越高，维护系统安全成为一个重大的挑战。因此，越来越多的国家正在构建国家网络安全中心以及行业网络安全中心以预防主要基础设施受到攻击，这也毋庸置疑地成为金融监管在科技创新时代的首要挑战。

2008 年金融危机之前，国际通行的监管思路是推行微观审慎监管，其认为只要金融机构自身资本符合充足率等硬性监管要求，就能抵挡和隔离其他金融机构破产带来的风险。而随着金融自由化进程的深化，金融机构间、金融部门与实体部门间、全球资本市场间的关联性急剧加强，完全突破了微观审慎监管原则下机构独立性的前提假设。因此，金融危机后主要海外发达国家都不约而同地提升了宏观审慎的重要性，并将这一职能纳入中央银行的职责范围。美国的《多德—弗兰克法案》将美联储确定为系统重要性金融机构的监管主体，并针对其制定一系列更加严格的审慎监管标准。英国将金融机构审慎监管的职能移交至英格兰银行下设的审慎监管局（PRA），实行央行的宏微观审慎统一监管。南非是发展中经济体中对监管模式实施较早改革的国家，其进行金融改革过程中，也将审慎监管局纳入南非中央储备银行，突出强调协调合作、全面监管的功效。

金融危机过后，主要国家的监管体制改革中均体现出了监管协调合作的特征。美国设立金融稳定监督委员会（FSOC），一方面，通过财政部新设金融研究办公室，获取所有银行和非银金融机构数据信息，全面监测金融体系内外部风险来源，识别和防范系统性风险；另一方面，确定系统重要性金融机构，由美联储直接监管。英国建立多层次监管协调机制，审慎监管局、金融行为管理局与金融政策委员会之间建立定期沟通机制，以解决宏微观监管间的衔接；审慎监管局与金融行为管理局之间签订监管合作谅解备忘录，对在系统重要性机构的双重监管下避免重复监管和监管空白做出明确规定。南非也在改革中设定金融稳定监督委员会，统筹协调信贷监管局、南非储备银行、金融服务局和金融行业行为管理局，定期审查金融行为监管的边界与范围。一方面，从全球金融监管制度的演进过程可以看出，随着金融市场的不断深化整合，注重以系统性金融风险防范为监管导向，以规则的协调性、公平性和一致性为原则的功能性监管和行为监管成为全球各主要经济体制定金融监管制度的关注点；另一方面，也需要客观认识到，在统一的监管理念下，各国的金融监管改革方案不尽相同，在保留原监管框架的基础上，都不同程度地进行了监管机制的调整和修正，这反映出不同国家间市场基础的差异性。

改革监管体制不是简单的机构撤销、合并，而是结合改革的宏观环境与行业自身发展特点，通过监管框架重塑，从机制和规则上提升监管能力，达成监管的既定目标。

越来越多的国家开始寻求如何改变本国的金融系统，许多发展中国家的央行都在追寻金融基础设施的设计。如，印度可能和其他国家一样，受到了中国成功发展的激励。中国采用了相对自由的方式发展数字金融，而印度采用的是国家主导的方式。印度的这种方式被称为“印度堆栈”，包含以下几个层面：首先，数字识别框架。从 2010 年开始，印度发行了至少 10 亿张的数据生物识别，几乎涵盖了印度所有人口；其次，将生物识别与印度央行建立的新电子支付系统相结合，任何人都可以使用；最后，生物识别和电子支付系统又和银行开户以及融资渠道相结合。对于印度来说，从现金支付过渡到电子支付，是巨大的改变。除印度外，孟加拉、肯尼亚、马拉维以及巴基斯坦等国家都在建立类似的系统。因为在这些国家，智能手机的渗透率比银行的开户率要高很多。随着金融科技的不断发展，特别是大数据、云计算、区块链及人工智能等技术在金融领域的落地及应用，泛化了监管科技的范围，深化了监管科技的内涵，在狭义范畴的监管科技概念的基础上，进一步生成了与金融科技平行的广义范畴。相较狭义范畴来说，广义范畴的监管科技内容增加了监管机构的角度，即监管机构可以主动应用适当的新技术开展有效监管工作，包括对金融科技企业甚至全部金融机构进行有效监管。

第四节　展望未来：数字化时代的监管科技

人类科技的进步是永恒的，像时间一样，只有起点，没有终点。金融监管唯有与时俱进、不断提升，才能做到和金融创新交互促进、相辅相成。2014 年 10 月，英格兰银行首席经济学家安德鲁·霍尔丹（Andrew Haldane）在一次演讲中分享了他对于未来金融监管的愿景：“一张《星际迷航》式座椅和一排五颜六色的显示器，（用显示器从座椅上）近乎实时地追踪全球资金流动，与全球天气系统和全球互联网流量监测如出一辙。居中的是一张全球资金流动地图，标注出各种外溢效应和相互联系。”诚如霍尔丹本人在演讲中所言，这一设想“是未来主义的，但也是现实主义的”。

人的好奇心是一切科学发展的源泉，我们每一个人都对未来充满好奇，未来的科技会发展出哪些新产品，金融有哪些创新，监管的未来趋势是怎样的？

监管科技在未来更深入应用取决于监管理念和监管模式的深刻变化，即从单向度、集中式的传统监管模式向交互性、分布式的数据驱动型科技监管转变。现有的依赖监管机构命令—控制和监管对象强制披露信息的自上而下的监管模式，将逐渐被基于数据共享、实时合规的更加平等的多方参与型监管取代。监管部门、金融机构乃至金融消费者都是平等的参与主体（区块链的分布结构），监管模式由监管方单一主导治理转为利益相关方共同治理，监管扁平化、网络化结构取代层级制结构，使金融监管过程更加多元、开放、透明、公正。

分布式账本技术或称区块链技术，是当下金融科技中的一项关键技术。概言之，区块链是一种时序数据区块，相互连接组成一种链式结构，用密码学方式确保分布式账本的不可篡改和不可伪造。区块链技术的核心是所有当前参与的节点共同维护交易及数据库，交易基于密码学原理（前面提到的代数几何里的椭圆曲线理论）而非基于信任，任何达成一致的双方均能直接进行支付交易，而不需要第三方（信任中心）的参与。区块链把分布式账本技术和密码技术结合起来。分布式账本技术有一个中心资料库，每个人都可以通过一个软件端口对账本有一个完整的视图和记录。区块链的分布式去中心化的结构天然地保证了信息的安全性。一个中心化、集中化的系统容易遭到破坏，但如果每人都有一个完整的账本，这些分布账本全都遭到破坏的可能性是非常小的。另外，区块链提高了信息的透明度，每个链上的参与者对于所有的账目信息都有一个完整的备份。密码技术能够让分布式账本中的交易记录变成永久性不可改变的。也就是说，一旦信息录入并且加密，它就是不可以篡改的，是不可逆的。用通俗的话说，区块链技术就是一种全员参与记账的方式。区块链技术源自比特币，但作为一种中立的基础技术又不仅限于支撑比特币，而是有着更为广阔的现实和潜在应用场景。

区块链是一个安全、透明、永久的信息系统。它一旦建成就可以最大化地降低信息不对称性，也就是降低了风险（以前端主动自发共享的方式），在这样的系统记录之上就可以构建一系列应用，帮助用户进行包含在区块链系统记录中的各种交易，无论是钻石、艺术、证书、文凭还是各种场外交易衍生品。

区块链的缺点：第一，区块链为了核实一件事必须得到大多数人的共识，共识的取得就必须消耗大量资源和能源，且这种消耗依区块链的规模呈非线性增长。第二，透明度并不是在所有的时候都是必需的。如，从监管机构的角度来说，透明的所有权是必要的，但这对于行业参与者来说不是必需的。第三，虽然永久性是区块链最大的特点之一，但很多用户并不希望自己所有的个人历史都是永久的。另外，在永久性的情况下，如何修正错误也成为一个挑战。所以，区块链虽然在有些方面是有益的，但还不能解决全世界所有的问题。

区块链技术在一定程度上改变了金融交易的基础。传统上的金融逻辑为，金融交易是跨时间、跨空间的人际价值交换，是把交易双方在不同时间的收入进行互换，彼此信任是交易成功的关键和基础，只有基于信任才能进行交易、签订合约。在此过程中，信息的充分和对称至关重要，否则就会出现风险。

信任不仅体现为交易达成之前双方的相互信任，还体现在合约签订之后，在履行过程中若发生分歧或争议，需要通过双方共同信任的第三方——监管部门、仲裁机构或法院对合约的内容和效力进行解释、判断和认定。区块链技术具有的分布记账、“全员参与”、公开透明、不可篡改等特点，颠覆了传统意义上的信任与信用机制，使交易无须信任亦可安全达成并如约履行。区块链技术提供了一种去中心化、去信任化的交易机制，或者说将传统上的对交易对方及权威第三方的信任，转化为基于共识机制的、对于技术本身的信任。

区块链 1.0 阶段的代表是比特币，区块链 2.0 阶段的区块链技术的代表则是智能合约（Smart Contract）。智能合约是一种以计算机语言（代码）替代法律语言来记录约定条款的合约。智能合约可以由计算机系统在条件满足时自动、自我执行，无须第三方强制执行。智能合约的核心特征在于其自动执行性。尽管智能合约的理念早在 20 世纪 90 年代即已出现，但直至同区块链技术相结合才真正有了用武之地。在传统的中心化体系中，智能合约的价值甚微，因为保存在中心化系统中的合约可以被系统所有者随时修改乃至删除，而利用区块链技术，智能合约可以被事先写入分布式网络体系中，当约定事项发生时，智能合约会被触发并自动执行相应的合约条款，任何个人或机构均无法修改或者删除合约，也无法阻止合约的自动执行。智能合约大大简化了合同内容的证明（对于计算机而言，除了事先输入的不可更改的代码，不可能存在其他约定，这就避免了“口头证据”问题）及合同条款的执行等问题，有助于提高交易的效率和确定性，极大地消除了信用风险和操作风险。

在支付结算领域，区块链技术的逐步应用将使每一笔系统内交易都被记录在案并且难以篡改，从根本上改变了传统监管中依托各方自行进行信息披露并由监管机构集中进行信息审核的集中模式，大大降低了各方之间的信息不对称程度，实现精准收集信息的目标。不仅如此，区块链技术所具有的“全员参与”、公开透明、不可篡改等特征还有助于防范网络攻击，保障信息安全。区块链是未来发展的关键。在中国，区块链服务于实体经济被定为国家的发展战略。

鉴于区块链被更多地应用到金融和实体产业，以及加密数字货币和加密数字资产的出现，对于这些划时代的金融科技创新，监管政策和监管科技也必须迎头赶上，不能掉队。

2018 年 12 月 16 日，瑞士联邦委员会发布《瑞士分布式账本技术和区块链的法律框架：以金融部门为重点视角》（以下简称《区块链法律框架》）。《区块链法律框架》分为区块链基本原理、区块链金融应用、民事法律、金融市场法、反洗钱与反恐怖活动融资等内容，主要对“加密资产”（Crypto Assets）以及区块链金融基础设施的法律适用与法律修订问题进行了详细说明。

世界各国面对这一轮全球数字化浪潮，都摩拳擦掌准备做领先的弄潮儿，利用数字化的先进科技推动传统产业和金融质的飞跃。针对区块链特别是加密资产全球有两种不同的监管策略和态度；一是直接推动实施系统性、法典化的加密资产监管法律，代表者为泰国、俄罗斯以及美国纽约州；二是对加密资产的法律适用和修法问题发布指南或报告，之后再在原有法律中增加或修改加密资产相关的规定，代表者为英国、新加坡和瑞士。其中，瑞士的法律适用与修订报告涉及民法、金融法以及反洗钱法，体系化最强，内容也最为详细。

瑞士的区块链及加密资产行业自 2010 年迅猛发展，加密资产的发行与交易给瑞士的现行民事法律、金融市场法律以及反洗钱法律带来了前所未有的冲击，如加密资产是否属于无形资产或证券类、加密资产交易所是否适用现行金融市场基础设施法律等问题亟待解决和明确。

瑞士联邦委员会认为，数字化是创新发展、持续结构性的变革以及长期国民经济竞争力提升的关键驱动力，数字化区块链技术被更加广泛地运用，将提升金融部门以及其他经济部门的创新和效率的潜力。联邦委员会希望创造最佳的监管框架条件（监管政策法规体系和先进的监管科技），以便瑞士能够在区块链等金融科技方面处于全球领先、创新和可持续发展的地位；与此同时，联邦委员会十分重视、珍惜瑞士作为金融与商业中心的诚信和声誉，积极防控与新技术发展有关的风险，不遗余力地打击新技术的负面应用。

2017 年，瑞士政府为金融科技公司，包括数字货币交易商、区块链技术商在内的行业，制定了一个法律框架。新法规已经在 2017 年 7 月 5 日通过，并在当年 8 月已经生效。在已经推出的计划中，瑞士政府建立一个数字货币监管“沙箱”，旨在为比特币初创企业创造一个更为宽松的环境，计划规定不到 100 万瑞士法郎（约合 100 万美元）的公司“将免于授权”。联邦委员会明确表示，这些公司的客户资金不会被纳入国家的存款保护规定中。

从更深的层次上来看，监管科技不仅意味着监管合规手段更加丰富和合规成本的降低，更意味着监管实质高效的全面提升和监管方式的本质转型。

在我们生活的这个环境中，不变的就是永恒的变化和人性的贪婪。在 2008 年金融危机之后，美国金融风暴横行一时的场外金融衍生品 CDO CDS 的产品的复杂性和交易对手相互盘根错节交织在一起，难以分辨，导致产品的市场风险触发交易对手信用风险（CCR），最后以市场风险、流动性风险和信用风险同时爆发，相互作用的极端方式，把风险的非线性杀伤力推到顶峰。欧美各国监管为了控制交易对手信用风险采取了中心报备、中心清算 CCP 的解决方式，从操作性方面来看，为应对更为广泛的产品类型和更大的清算交易量，实行中央清算迫使 CCPs 相应地进一步提升了交易所监管风险监控的清算技术水平。

美国和欧洲先后建立了美国存托与清算公司（DTCC）、伦敦清算所有限公司（LCH Clearnet）和欧洲期货交易所清算公司（Eurex Clearing AG）。中心化场外交易市场（OTC）衍生品贸易信息数据仓库可确保即使交易一方出现破产该项交易也能够顺利完成。CCPs 使场外衍生品交易风险的透明度不断提高，意在把分散在中心交易所之外的场外交易市场衍生品都推到交易所内，这是传统金融中心化交易中介的思路。

随着区块链数字化的来临，存托与清算公司开始转变商业模式以面对颠覆性区块链技术，其不惜改变公司经营模式，希望通过与银行和其他机构的合作，推动区块链技术融合，为更多行业和公司带来有用的方案。存托与清算公司首席技术架构师 Robert Palatnick 告诉 Coindesk 公司：“我们的部分责任是帮助行业创新，如何使用去中心化账本解决行业问题。如果这意味着我们需要改变商业模式，那就是这个行业需要我们做的。”为了发挥区块链技术的颠覆性潜力，存托与清算公司在 2015 年 12 月加入了非盈利 Linux 基金会的超级账本项目，存托与清算公司系统总监 Pardha Vishnumolakala 成为此项目技术指导委员会的一员。超级账本目前仍然处在初级阶段，其主要使用区块链技术提供开源金融解决方案。Palatnick 说：“但这只是公司推进计划的开始。”存托与清算公司的监管科技的例子非常具有代表性和说服力，一家被美国监管钦定为中心化交易所传统金融交易中介的机构，本应该是去中心化科技区块链的“死敌”，对去中心化噤若寒蝉，如临大敌，但存托与清算公司能够认清新时代科技带动的数字化监管的时代趋势，主动拥抱以区块链去中心化技术为主导的监管科技，谱写了老牌金融公司自我蜕变的历史新篇章。

未来前沿的监管科技的核心技术主要包括云计算、大数据、人工智能、区块链等。云计算为监管科技提供廉价的计算和存储资源，通过数据集中提供大规模的数据资源，提升监管工具的共享程度。大数据实现大规模数据的挖掘分析能力、高效实时的处理能力。人工智能进一步提升数据的智能分析能力，以及提升客户交互能力。区块链的设计架构维护在数字化领域中信任以崭新的方式存在，保证获取的基础信息的真实性和效率，保证业务的合规性，同时提高业务办理的效率。未来的监管科技有助于监管政策及合规准则的有效落实，提高监管的规范性，以最小扰动的方式进行监管。

未来的监管科技的应用场景主要包括用户身份识别、市场交易行为监测、合规数据报送、法律法规跟踪、风险数据分析、金融机构场景分析和压力测试几大方向，每个场景都需要多种技术共同支撑，都会在金融监管机构和金融从业机构中进行广泛应用。

我国目前亦已开始尝试应用监管科技。如，2018 年 4 月 27 日中国人民银行、中国银保监会、中国证监会、国家外汇管理局联合印发的《关于规范金融机构资产管理业务的指导意见》（银发〔2018〕106 号）第二十三条明确规定“金融机构应当向金融监督管理部门报备人工智能模型的主要参数以及资产配置的主要逻辑”，并规定了金融机构在由于人工智能算法缺陷导致异常交易时的人工干预义务。但是，监管部门对上述规定的实施执行，无疑需要相应的监管科技作为支撑。这也正是中国人民银行金融科技委员会 2019 年第一次会议强调“持续强化监管科技应用……增强金融监管的专业性、统一性和穿透性”的原因所在。

此外，未来在国际和区域合作方面，一些最大的机遇和挑战将存在于科技金融领域中。首先，网络效应和可扩张性会转变为范围经济和规模经济，这意味着有可能形成自然的垄断或寡头。我们已经在中国和美国看到了这样的现象。问题是，如何应对这些垄断或者寡头公司？其次，非传统基础设施的兴起。如，亚马逊网络服务、微软云平台以及阿里巴巴的云服务等。越来越多的金融机构在这些非传统基础设施上经营业务，它们的数据信息安全和用户的隐私都会成监管科技下一阶段关注的重点。

第七章　新金融发展趋势与展望

第一节　未来金融，在路上

凡是过往，皆为序章。站在新的起跑线上，未来金融的发展将是一段全新的征程，充满希望，也充满了风险。

一、新金融的确定性

立足新金融发展的当下，科技对传统金融的颠覆式影响还处于爆发的初级阶段。从行业的角度来讲，一边是传统金融业务渐渐褪去旧日光鲜的外衣，另一边是新金融业务的冉冉升起；一边是迟暮英雄，一边是新生宠儿。当科技和金融的赛道越来越靠近，当硅谷的英雄和华尔街的精英同台表演，最终金融还是会回归金融本质，但是金融会越来越科技化。不是东方压倒西风，也不是新事物替代旧事物，而是借助于科学技术的推动，金融系统在社会经济系统中的作用和功能不断演化，金融业将会形成一种全新的业态，它在社会经济中所起的作用也会在新时代被赋予新的意义。当前正是金融行业剧烈变革的时代，新生力量正在冲击传统金融体系，传统的金融功能正在被强化和改造。金融中的新技术、新业务、新思想正在被创造出来，而一些传统的技术手段、业务模式和底层逻辑正在被颠覆，这是“创造”效应和“破坏”效应共同作用的叠加效应，通过“创造性破坏”塑造未来金融。

依托先进的区块链、云计算、大数据等技术，强大的金融基础设施可以支撑智能和高效的金融服务和产品。基于大数据和人工智能的金融服务和产品，将会给金融消费者带来更加便捷、精准和个性化的体验，这意味着金融消费更加自由的时代将会来临。在过去以及现在，金融系统提供的资本和资金是经济生产和经营活动中的稀缺资源，往往只服务于少部分企业和人群。在未来，金融将会成为一种比较丰饶的资源，大多数企业和人群的合理金融需求都可以得到满足，经济生产和经营活动受到的金融约束将进一步减轻，人类社会将进入“金融更加自由的时代”。彼时，居民的消费和支出行为受到的资金约束也会减轻，消费和支出行为更加自由化。新金融的发展将会从金融的角度推动经济生产和经营活动的自由，促进个人生产力的提高，促进人的自由化发展，一定程度上进一步解放个人和社会的生产力。

从政策推动的角度来看，各个国家和地区会越来越重视金融科技的发展，出台更多关于金融科技发展的战略规划。在落地实施金融科技战略规划的同时，世界各国也开始推动金融监管政策的制定，创造更稳健的金融科技生态环境，推动新金融的发展，提升国家金融科技竞争力，为未来金融铺路。2017年1月，美国国家经济委员会（National Economic Council）发布了《金融科技框架白皮书》（A framework of Fintech）。2018年10月18日，美国证券交易委员会成立了创新与金融科技战略中心（Strategic Hub for Innovation and Financial Technology，FinHub），为公众参与美国证券交易委员会与金融科技相关问题和举措的讨论提供资源。英国是较早在政策层面推动金融科技发展的国家。2016年6月，英国中央银行——英格兰银行成立了金融科技加速器（FinTech Accelerator），支持英国金融科技领域的创业公司。2017年4月6日，英国财政部发布了《监管创新计划》（Regulatory Innovation Plan），明确表明了英国监管部门对金融科技创新的支持。据毕马威2019年7月发布的数据来看，2019年上半年英国在金融科技领域的投资总额达到39亿美元，占欧洲总体的68%。

国际金融机构也敏锐地捕捉到以大数据和人工智能为代表的科学技术对金融体系的冲击，非常关注全球金融科技的发展。2018年10月11日，国际货币基金组织和世界银行联合发布了《巴厘岛金融科技议程》（Bali Fintech Agenda，BFA），指出各国和其他国际组织应该重点关注的在金融科技领域的12个优先事项。随后，国际货币基金组织针对这些事项对成员国进行问卷调查，并于2019年6月27日发布了《金融科技现状体验》（Fintech：The Experience So Far）的研究报告。报告表明在金融科技的许多方面，亚洲领先于其他地区。尤其是中国，得益于庞大的人口基数和巨大的市场规模，消费者对金融服务的需求旺盛，为金融科技的发展提供了肥沃的土壤。中国还拥有领先的互联网技术、IT技术和电信基础设施，为新技术在金融领域的应用提供强大的技术支持和基础设施支持。中国金融科技起步时间较早，在金融科技发展早期监管比较宽松，当前已经形成了规模巨大的金融科技市场，在支付、消费金融等领域的发展处于全球领先水平。

在中国，金融科技战略已经上升到国家级战略层面，并落实到实际的发展和促进政策中。2019 年 8 月，中国人民银行印发了《金融科技（FinTech）发展规划（2019—2021 年）》（以下简称《规划》），明确 2019—2021 年中国金融科技发展的指导思想、基本原则和发展目标、重点任务以及保障措施。《规划》指出到 2021 年，我国将建立健全金融科技发展的“四梁八柱”，增强金融业科技应用能力，实现金融与科技深度融合、协调发展，增强人民群众对数字化、网络化、智能化金融产品和服务的满意度，推动我国金融科技发展居于国际领先水平。中国金融监管层也积极部署新金融的应用，尤其是在中国人民银行行数字货币方面，中国人民银行的推进速度领先于世界上其他国家和地区的央行机构。中国在 2014 年就开始研究央行数字货币的发行，并在 2019 年基本完成了研发工作。据 2020 年 4 月中国人民银行官网发布的消息得知，数字人民币正在深圳市、苏州市、雄安新区、成都市及未来的冬季奥运会场景进行内部封闭试点测试。在不久的将来，中国人民银行很有可能成为世界上第一个发行数字货币的央行。

在未来，更多的国际金融组织如世界银行和国际货币基金组织等，将会越来越关注科学技术对传统金融的影响，捕捉新金融的发展趋势。中国人民银行行长易纲在第十一届陆家嘴论坛谈道：“未来，全球金融增长点在于金融科技，国际金融中心的建设也在于金融科技。”金融科技战略也将成为各国在金融领域角逐的新战场，西方发达国家在短期内依然占据金融领域和科技领域的制高点。而在中国、东南亚国家和非洲国家，由于其体制的支持和灵活性，已经在金融科技的一些细分领域处于领先地位。根据安永 2019 年发布的《2019 年全球金融科技应用指数》（Global FinTech Adoption Index 2019），亚洲在金融科技应用率方面拔得头筹，中国的金融科技应用率高达 87%。在金融新的角逐场上，全球金融格局必然会发生一定的变化，国家之间的相对地位将会发生变动。

总的来说，技术具有不可逆向发展的特性，新技术将会推动金融业不断优化自身服务和产品，优化金融系统效率，更好地服务社会经济。金融科技对于高新技术的大规模、持续的需求也将推动科技的创新发展，引发新的科技革命。金融系统提供的资本和资金是经济活动中的稀缺资源，这种资源并非像自然资源那样具有确定的数量约束，而是随着技术发展和社会经济发展成为越来越丰富的资源。人类经济活动受金融的约束将会减轻，从而释放更大的生产力，逐渐进入“金融更加自由的时代”。各国家和地区，以及各类机构和个人都将参与这个变化的过程，成功踏上这趟通往未来的列车，以便能更好地享受发展带来的利益。同时，这并非是一趟绝对安全的列车，途中隐藏了诸多不确定性，风险难免，这应该引起所有参与者的重视。

二、新金融的不确定性

正如耶鲁大学威廉·戈兹曼教授在其著作《千年金融史》中所称：金融是一种技术——一个工具和制度的网络，用以解决复杂的文明问题。本质上，金融史其实就是一部技术创新的历史。放眼未来，金融发展的未来也将是一段技术创新驱动的故事。从技术发展的角度来看，新金融在科技方面有三个不确定性：数据的不确定性、硬件的不确定性和算法的不确定性。

数据、硬件和算法是人工智能等计算机应用技术的三个基本内容，对应了新金融发展在科技层面面临的三个不确定性因素。金融领域的数据积累速度很快，而且可使用的数据范围也逐渐扩大。传统金融分析使用的数据主要是财务方面的数据，而随着金融科技的发展另类数据越来越多地应用到金融场景中。另类数据包括图像数据、语音数据、卫星数据、行为数据、线上交易数据和线上浏览数据等。另类数据在金融中的应用逐渐被开发出来，未来将会有更多类型的新数据纳入金融分析中。金融大数据除了在体量方面的不确定以外，还存在数据孤岛现象带来的不确定性，影响数据之间的整合关联，制约金融大数据的发展。另外，新金融跨市场、跨行业、多维度的特点使行业之间的界限越来越模糊，各领域之间的数据交互共享也越来越频繁，对于数据隐私权、归属权的保护，平衡数据共享与数据安全之间的关系也成为新金融发展在数据层面上的另一个不确定性。

过去，计算机运行能力主要由CPU决定。随着摩尔定律的失效，CPU晶体管数量的增长速度下降。然而，计算机运算的需求越来越高，传统的由CPU决定的方法不能满足计算需求的增长。尤其是机器学习等人工智能算法在金融大数据上的应用，金融对计算机基础设施的运算能力有更高的要求。如果系统需承载的计算量的增长速度大于摩尔定律的预测，那么在未来的某一个时间点，集中式系统将无法承载所需的计算量，而灵活的分布式系统是这个问题性价比较高的解决方案。GPU（图形处理器）、TPU（张量处理器）、NPU（嵌入式神经网络处理器）等新型处理器与传统CPU的运算逻辑不同，加入了并行运算或者某些专业化的运算（与CPU的通用运算相对应）机制，进一步提升了计算机的运行能力。金融体系本身是一个复杂的体系，金融的应用场景也会越来越复杂，需要大量快速和专业化的运算能力做支撑。因此，新型计算机硬件的发展将会对金融发展注入不确定性。

算法的不确定性是人工智能技术在金融领域应用的一个重要特征。金融业对安全的要求高于大多数行业，而以神经网络为基础的人工智能算法的一个重要特征就是不易解释性。如，基于大数据的智能风险评估效果往往要好于传统信用评估方法，但大数据智能信用评估的结果却难以解释，无法直观地理解其背后的原理和机制。再如，智能算法在金融交易中的应用，虽然很多智能算法交易回测的结果已经显示其优越性，但智能算法在金融交易中的应用依然存在一定的局限性。由于其算法和交易机制的不易解释性，需要谨慎地在真实交易中使用。基于智能算法的自动化交易一旦在市场中出现错误，将造成难以挽回的损失。若多数投资者采用了同质化的智能算法进行投资策略的制定，会导致市场出现“一边倒”的倾向，增加市场单向波动的风险，降低了金融系统的稳定性。

新金融的这种不确定性反映了人类认知在智能时代的局限性。硅谷风险投资公司CEG Ventures的创始合伙人王维嘉在《暗知识：机器认知如何颠覆商业和社会》一书中提出“暗知识”的概念。他将知识按照可表达和可感受两个维度进行划分，可表达的部分是“明知识”（如可感受的浮力定律和不可感受的量子力学），不可表达但可以感受的知识称为“默知识”（如骑自行车和绘画），而占整个知识体系最大的部分是既不可表达也不可感受的知识即为“暗知识”。比较复杂和高深的人工智能算法得到的知识通常属于“暗知识”范围，既不可以用逻辑的方式去表达，也不可以被感受。“暗知识”超出了人类直接感知和逻辑推理的范围，它的副作用和重大风险具有不可知性。“暗知识”的应用自然需要更为谨慎，但由于其在实际应用中的有效性，相关应用正逐渐落地到一些金融场景中。算法本身带来的不确定性是技术发展不确定性中最重要的，它涉及技术的公平和伦理等问题。近些年，关于人工智能的伦理问题越来越受到人们的关注。

新金融的不确定性也反映了相关法律法规的局限性，应尽快推动经济系统和社会系统相关法律和理论的完善。新金融为用户带来了便利和更加多元的金融服务，但同时也为不法分子洗钱、金融欺诈、非法集资等金融犯罪活动提供了更多的渠道。如，网络电信诈骗通常选择网络支付的方式，相关监管部门难以追踪和定位；一些投资者利用电子账户系统，通过场外资金配置实现高杠杆运作，增加金融市场的脆弱性，容易引发系统性金融风险。颠覆式科学技术对于金融的赋能，使金融市场的原有秩序、权责分配、利益机制等都发生了不同程度的改变。相关的法律法规需要适时跟进新金融的发展，及时规范市场并保证金融市场稳步运行。

金融历史是一部技术创新的历史。在过去，我们看到金融发展为社会经济创造了很多的正向外部性。展望未来，金融将继续在技术的推动下取得重大的发展，进而推动人类社会经济的发展。然而，金融的发展是一个复杂系统的演化过程，身处浪潮中的单个机构或者个人对系统知识和信息的掌握通常是片面的，对整体系统发展的助推作用也是有限的。在确定的方向的指引下，行进的道路却充满了不确定性。对于未来，唯一确定的是不确定性。

第二节　未来未知，做好准备

历史长河，汹涌向前。跻身剧烈变化的时代，我们如何应对？不畏将来，不念过去，拥抱变化，创造未来。

一、金融机构展望

金融机构作为金融市场最重要的主体，处于新金融浪潮的洪流正中。尤其对于中国金融机构而言，中国的金融机构在改革开放 40 多年中几乎从无到有、从单一到复杂，完成了金融助力经济发展的历史使命。站在新的历史起点，中国金融机构一方面需要面对技术颠覆式冲击，另一方面也需要面对国内宏观经济形势变化和国际金融与贸易格局变化的冲击，因而中国金融机构面临着更加复杂的挑战。

在中国金融发展的早期，金融机构受到政策的保护，同时市场对金融的需求也快速增长，使中国金融机构的规模得以迅猛发展。随着经济下行，当前中国经济发展的一个基本特征是从高速度增长阶段迈入高质量发展阶段，金融发展也需要相应地从体量的发展转向质量的发展。金融业需要深化供给侧结构性改革，提升金融产品和服务的供给水平，符合市场金融需求，缓解供需矛盾，增强金融服务实体经济的能力。积极拥抱技术创新，充分利用大数据、人工智能等手段，驱动金融机构自身的转型，促进金融渠道下沉，增加金融产品和服务的覆盖范围和便利性。目前国际金融形势的变化剧烈，中国金融体系对外开放进一步打开，逐步放宽外资进入中国金融市场的准入条件，国外金融机构越来越深度地参与到中国金融市场中，中国金融机构将处于一个更加严峻的竞争市场中。

金融机构信息技术变革历史已久，中国现代金融体系起步较晚，中国金融机构的技术能力在很大程度上还落后于西方发达国家的金融机构。近年来，中国金融机构在技术变迁过程中还受到国内一些非金融机构（尤其是互联网企业）的冲击。中国金融机构内部已经形成激烈的同行竞争格局，同时还承受着激烈的异业竞争。在过去 10 年，中国很多金融机构提出了各自的“金融 + 科技”转型战略，主动拥抱技术驱动的金融创新。传统金融机构的科技转型是比较困难的，因为其本身就有非常庞大和复杂的体系，转型的制度成本较高，战略的推动也较困难。

当前比较流行的一种金融机构转型方式是成立科技子公司①，尤其是集团型金融机构。成立科技子公司可以壮大金融机构的科技人才队伍，提供符合市场的薪资条件，招揽更加专业的技术人才。金融科技子公司发展到一定程度后还可以对外技术输出，获取一定的收益。目前，各大金融机构的科技子公司处于发展的初级阶段，大多数还依靠母公司补贴。金融科技子公司成立初期，主要依靠母公司内部的项目扶持，其普遍还没有找到合适的市场定位和自身发展的优势。在技术积累和人才队伍上，难以与互联网机构派生出来的金融科技公司对抗。这种现象是“硅谷英雄和华尔街精英同台表演”现象的中国版本。金融机构和互联网科技公司在金融科技方面具有不同的优势，金融机构的优势在于金融，其科技能力相较于互联网科技公司还有较大的差异。在未来的发展

---

① 黄卓和沈艳在“数字金融创新促进高质量经济增长”一文中总结了十大银行系金融科技子公司：2015 年 12 月兴业银行成立的兴业数字金融服务（上海）股份有限公司、2015 年 12 月平安银行成立的上海壹账通金融科技有限公司、2016 年 2 月招商银行成立的招商云创（深圳）信息技术有限公司、2016 年 12 月光大银行成立的光大科技有限公司（实际上归属光大集团）、2018 年 4 月中国建设银行成立的建信金融科技有限责任公司、2018 年 5 月民生银行成立的民生科技有限公司、2018 年 5 月华夏银行成立的龙盈智达（深圳）科技有限公司、2018 年 8 月北京银行成立的北银金融科技有限责任公司、2019 年 5 月中国工商银行成立的工银科技有限公司、2019 年 6 月中国银行成立的中银金融科技有限公司。

中，金融科技终归需要落地到金融上，而金融机构对金融的应用场景有着更为深刻的理解，在结合业务与技术方面有较强的优势。随着技术的不断发展，相关技术应用的门槛会越来越低，金融机构的金融优势会更加明显。但如果金融机构没有赶上未来技术驱动的金融创新，难免会遭遇淘汰或者市场份额挤压的风险。应对这种技术冲击，最好的方式就是促进传统金融机构和科技公司之间的合作，找到双方的互补点，实现共赢。金融科技终究是以服务金融业务为使命的，科技与金融之间应为协同共性、优势互补、互相推动的关系。因此，金融机构应该积极参与金融技术创新的浪潮中，构建金融机构自身的核心能力。

中国金融系统是以银行为主导的间接融资体系为主，银行业金融机构受到的挑战最能反映中国金融体系的变化。目前银行业正受到新型“类银行企业”的冲击，一些科技类公司通过申请银行牌照和并购银行等方式参与银行业务，通常借助于金融科技手段在某些细分领域抢占传统银行业务，这类公司在英国被形象地称为“挑战者银行”（Challenger Bank）。英国四大“挑战者银行”分别是 Atom Bank、Starling Bank、Monzo 和 Tandem，前三者分别于 2015 年、2016 年和 2017 年获批了英国银行业牌照，后者于 2018 年通过收购 Harrods Bank 而获得了商业银行经营资格。从业务总量和公司规模来看，“挑战者银行”对传统银行业金融机构的冲击暂时还不明显，但随着“挑战者银行”的发展，如果传统银行业金融机构不能用数字化、智能化等方式提升自身金融产品品质和服务能力，那么其市场份额和营收利润将受到一定程度的影响。因此，“挑战者银行”需要着力充实自身金融业务能力，而传统银行则需要结合自身业务优势提升科技能力。

中国金融机构在过去 40 多年的发展过程中，形成了各自不同的竞争优势，如银行业中的中、农、工、建、交、邮六大银行已经在各自不同细分领域占据了较大的市场份额。金融机构在科技化转型过程中应该从各自的市场优势着手，充分利用已有客户群基础，将技术创新加入占优的业务中。深化对金融行业的理解和金融产品的思考，在自身优势的金融场景中开展技术创新，才能发挥比较优势并有效地形成新金融时代的竞争力。一味地任由技术创新浪潮的推动，将会使自身处于被动状态，并丧失原有竞争优势。传统金融机构应在金融科技的转型过程中开放自身、拓宽业务渠道。但这并不意味着要降低风控标准，走粗狂型发展道路，而是应结合科技的手段，将更加全面的信息纳入风险判断的范畴，提升风险预警的实时性和可追溯性，强化金融机构防范化解金融风险的能力。

二、金融监管展望

中国金融创新的快速发展在一定程度上得益于中国金融监管部门的支持。金融科技公司既有金融属性也有科技属性，在消费金融、网络贷款、互联网众筹等新金融业务发展的早期，中国金融监管部门普遍采用开放的态度应对它们的发展。这些金融科技初创公司名义上是科技公司，但此类公司除高新技术的研发外也会开展相关金融属性的业务。作为科技公司，原则上不受中国金融监管部门的直接监管。但当这些新金融业务发展到一定规模，对社会经济会产生一定外部性之后，经营不当可能会对社会经济产生严重的危害和不良影响，监管部门开始介入管理。中国早期宽容的监管态度促进了新金融业务的萌芽，也在恰当的时候及时调整并遏制住不良的发展。中国金融监管部门开放的态度还体现在央行数字货币上，中国极有可能成为全世界第一个发行中央银行数字货币的国家，可见其对新金融业务的接受能力和开放的态度。

尽管中国监管部门宽容的监管方式促进了创新金融业务的发展，但是在快速发展的过程中依然付出了较大的社会经济代价。一些创新金融业务由于没有受到正式的监管，滋生了许多非法集资、财务欺诈等不良行为，造成了不良的影响。其中，负面影响最大的便是 P2P 网络借贷，在 2018 年 850 家 P2P 企业暴雷，波及 1 500 万投资者，涉及 8 000 亿元。一旦监管部门对某一类创新金融业务进行严格监管，就会对其他创新金融业务造成影响，降低创新意愿。这种影响在众筹行业表现最为明显，2011 年点名时间的上线拉开了中国众筹的帷幕，2014—2015 年中国众筹行业得到爆发式增长。其后，随着监管部门对互联网金融行业的严格监管，尤其是对 P2P 行业的肃清，众筹行业也进入洗牌阶段，正常运营的平台数量骤减。相对而言，消费金融行业的发展一直稳步进行，2010 年 1 月 6 日中国银监会（现中国银保监会）首次在上海市、北京市和成都市试点消费金融，并给 3 家消费金融公司发放金融牌照。截至 2020 年 4 月 9 日，中国银保监会批复了平安消费金融有限公司的开业申请，中国持牌消费金融公司已达 29 家。

对创新金融业务的监管，如果监管过早，则会抑制其发展；如果监管过晚，则可能引发不良社会经济影响。监管科技也是中国进一步规范发展新金融的着力点，由技术创新推动的金融创新需要配备技术创新推动的监管创新，才能打造健康的金融生态环境。借鉴国外监管沙盒的方法，探索中国金融的监管科技，为新兴金融科技创新提供试验田，实现金融科技创新和有效监管之间的平衡。监管沙盒为创新金融业务提供了一个安全的虚拟空间，在保护消费者权益的前提下，为产品提供真实的市场环境，避免产品风险外溢，监管机构可以适当地放宽金融管制，减少创新业务推行的制度障碍，既鼓励了金融创新，也严控了风险、保护了消费者。中国版本的监管沙盒于 2019 年 12 月在北京市启动首次试点工作，2020 年 1 月 27 日入驻了 6 项创新项目，2020 年 4 月 27 日金融科技创新监管试点推广到上海市、重庆市、深圳市、雄安新区、杭州市和苏州市。未来，金融科技规范监管成为大势所趋，督促新金融企业规范经营、控制风险、严守合规底线。

发展监管的技术创新不仅仅是由金融市场发展的技术特征决定，还源于中国货币政策在新时代的困境。2008 年国际金融危机之后，中国采取了一系列的货币政策救市。2008—2018 年，中国还经历了金融市场的剧烈波动，这一系列的事件倒逼金融监管的改革。当前正处于金融供给侧改革的关键时期，也是中国金融政策面临巨大挑战的时期。监管机构需要引导金融市场和金融机构朝正确的方向转型，同时积极应对传统监管方法和货币政策失灵的挑战。2008—2018 年，由于常规货币政策工具的失效，中国央行采用了一系列非常规货币政策工具。通常这些非常规货币政策工具只是在一段较短的特殊时期使用，随后退出，但是很多非常规货币政策一直未能退出央行的政策工具箱，成为常用的货币政策手段。货币政策的失灵一方面是由于经济发展的失衡和方式转变导致的，另一方面也是金融体系受到了技术创新的影响。

在复杂的形势下，中国金融监管机构应该更多地尝试使用科技手段，以科技促合规。利用大数据、人工智能先进技术识别金融市场的潜在危机，借助科技的力量应对科技的发展。此外，科技的手段也可以用于打通货币政策的传导渠道。传统货币政策失效的一个重要原因就是技术创新引起金融创新，使金融体系内部关系更加复杂，导致传统的货币政策传导渠道被堵塞。无论是基于价格的货币政策工具还是基于数量的货币政策工具，其政策传导效果都低于预期。发展监管科技有助于识别和修正货币政策传导的梗阻渠道，提升货币政策的有效性。

大数据、人工智能方法也可以用于货币政策传导机制的研究中。经济系统是由相互联系和相互作用的若干经济元素有机结合而成的复杂系统，传统计量方法不适用于复杂系统的建模，无法全面、整体地从系统的角度研究其性质和演化规律。互联网和新媒体的发展已经改变了人类社会的信息获取和人际交往方式，也改变了人类经济行为的决策规律。现代金融体系也变成了一个错综复杂的系统，从前观察到的简单线性关系在新的系统中可能不复存在，甚至出现正向相关关系转变为负向相关关系的现象。复杂系统很难被人们直观地理解，也很难用清晰的逻辑表述系统内部的关系。基于大数据、人工智能的方法可以拓宽我们的认知范围，有助于提升当前货币政策的有效性和精准性。

三、金融消费者展望

金融消费者是消费者概念在金融领域的延伸，是指为了满足个人经济生活或者个人投资需要，购买金融机构提供的金融产品与服务的个人。金融消费者最直观的变化是人群的变化。在美国，人们习惯称 1980—1995 年出生的人为“Y 世代”（也称为“千禧一代”），他们是随着互联网的崛起而成长的，被称为互联网的原住民。另外，将 1995—2010 年出生的人成为“Z 世代”，“Z 世代”是数字技术的原住民，互联网、即时通信、数码产品等是他们与生俱来和日常生活的一部分。在中国，人们也普遍称“90 后”“00 后”为互联网的原住民。如今，这些和互联网与数字经济同步成长的人，已经成为消费市场、劳动力市场的中坚力量，正在影响和改变经济生产与消费的模式。在金融消费方面，金融产品和服务更多地依靠数据驱动和智能驱动，金融消费者的消费行为也更多地依赖于数字化形式。中国银行业务的离柜率已经高达 90% 左右，若将统计对象锁定为“90 后”“00 后”的消费者，该值将会更高。

2020 年必将是在历史上留下深刻印记的一年，新型冠状病毒感染肺炎疫情在全球范围内的爆发，引发全球经济金融的剧烈动荡，美国股市在一个月以内出现四次熔断，全球各类金融市场同步下跌，恐慌指数、失业率等经济金融危机指标达到历史极值。该病毒的高传染性使大部分线下经济活动不得不暂时停滞，互联网医疗、在线教育、云办公等线上数字经济一时爆发。金融行业的数字化转型已经开展了 10 年左右的时间，新型冠状病毒感染肺炎疫情的爆发瞬间将金融数字化转型提升到了新的高度，许多以往需要面签的金融业务纷纷转移到线上办理，或采用先线上办理后补面签的方式进行。中国 2020 年第一季度 GDP 同比下降 6.8%，而金融业增加值增长了 6%。这说明了金融业本身已经积累了充分的数字化转型基础，并且在新型冠状病毒感染肺炎疫情期间中国金融业的数字化转型上升到了一个新的高度，顺利地渡过线下经济停滞的危机，实现行业增加值的正向增长。同时，金融业是“借危转机”，实现转型升级，加速了未来金融到来的脚步。

数字金融的发展会颠覆金融消费者和金融机构之间交易的地位。如果说传统金融是卖方市场，即提供金融产品和服务的金融机构在交易中占有利地位，那么未来金融是买方市场，即购买金融产品和服务的消费者在交易中更具有主动权。传统金融产品和服务具有标准化、统一化的特点，客户需要核对自身条件，只有符合产品和服务标准的客户才有机会成为消费者。未来金融产品和服务更具有个性化、多样化的特点，金融机构通过获取客户多维度数据，利用人工智能算法挖掘客户独特的需求，从而推荐甚至设计个性化产品，提升用户体验。在大数据的帮助下，金融机构可以通过数据挖掘掌握客户潜在的金融需求，也可以在众多金融产品中挑选出最符合客户需求的产品。

经济生活最主要的两个活动是生产和消费。在经济生产和经营活动的过程中，需要投入各种必要的社会资源，主要包括资本、劳动力、土地和企业家才能，其中资本要素在很大程度上依赖于金融系统供给。在消费过程中，自然是需要消费者提供货币资金，通常也需要金融系统提供支付和流转的支持，消费者也可以从金融机构获取信贷以支持消费支出。总而言之，金融要素是社会经济活动中重要的投入品。类似于人类农业生产力的提高带来农产品的极大丰富和消费自由，未来金融发展的结果是金融资源的极大丰富和金融消费者的金融消费自由。消费者合理的金融需求都可以得到满足，意想不到的金融需求也会被进一步开发出来。正如尤努斯发现金融资源的缺乏是制约孟加拉国一些贫困人口摆脱贫困的最重要的因素，反过来金融消费的自由将会带动人类经济活动的更大自由。

我们正在迈入金融消费越来越自由的时代。在这个过程中，尽快掌握金融知识，做出适当的消费选择，对于提升个人社会经济生活更加有利。金融不仅可以帮助弱势群体摆脱贫困，也可以促进低收入人群的教育发展，尤其是低收入家庭未成年人的成长。只有在全社会金融极大自由的背景下，弱势群体才有可能享受到金融资源的福利。金融知识可以更早地纳入基础教育阶段，有助于减轻个人成长过程中的（金融）资源约束。当然，金融自由化时代的到来不是一蹴而就的，在金融发展的过程中，风险和不确定性是必然存在的。金融消费者应该注重提升自身金融素养，提高个人风险意识，避免造成过多的失误。

当下，金融消费者尤其需要注重提升自身数字金融素养、熟悉数字金融应用模式、掌握数字金融使用技巧和培养数字金融风险意识。“数字鸿沟”是指数字化发展过程中，由于不同主体对数字化适应能力的不同而造成的两极分化现象。金融消费者应该主动提升数字金融素养，避免被排斥在金融服务体系之外，错过金融资源自由化发展的红利。2020 年，新型冠状病毒感染肺炎疫情的爆发加速了金融业的数字化转型的步伐，凸显了金融消费者提升数字金融素养的紧迫性和重要性。

总而言之，新金融的发展会使金融要素在更大范围内通过更多元化的方式形成，金融机构会提供更全面、更个性化、用户体验更优质的金融服务和产品。参加社会经济的主体受到金融资源的约束会越来越低，尤其是长尾客户的金融服务体验将得到改善，合理的金融需求将尽可能地得到满足。同时，金融消费者应该主动提升自身金融素养，顺应新金融发展的趋势，享受金融资源自由化发展的时代红利。

后记

数据驱动的金融创新是一支射向未来的开弓箭，打破传统金融的底层逻辑、业务模式、产业结构和监管框架，指向普惠、高效、精准和产品丰富的金融未来。置身于金融产业变革的时代潮流中，新兴的金融运营模式和服务模式竞相迸发，依托信息科技的便利和年轻化的消费者结构，中国金融科技市场在国际上占据着越来越重要的地位，呈现出广阔的发展前景。浪潮中的我们应该主动掌握新技术和新金融的基本理论，思考并行动起来，积极提升个人新金融素养、把握新金融发展趋势，在实践中探索、总结和展望，拥抱新金融时代！

本书力图为读者全面展现金融大数据理论与实践的发展进程，呼吁金融从业人员、金融监管人员和金融消费者直面以大数据为基础的金融业变革，展望新金融时代的美好愿景，警惕发展中潜在的风险。

本书由顾晓敏、杨廷干、石永彬等组织撰写，是全体课题组成员共同努力的成果，各章作者为：石永彬（第一章和第七章），李舰（第二章和第四章），赵国庆、董骝焕、张正琦（第三章），张晶（第五章），陆晨（第六章）。

2020 年 9 月